图们江国际合作系列丛书

图们江合作二十年

TWO DECADES' COOPERATION IN TUMEN RIVER REGION

主　编／李　铁
副主编／王维娜　邱成利

策　划／中国国际贸易学会图们江分会
　　　　吉林省长吉图战略实施领导小组办公室

社会科学文献出版社
SOCIAL SCIENCES ACADEMIC PRESS (CHINA)

图书在版编目(CIP)数据

图们江合作二十年 / 李铁主编 . —北京:社会科学文献出版社,2015.12
 (图们江国际合作系列丛书)
 ISBN 978 – 7 – 5097 – 8383 – 2

Ⅰ.①图… Ⅱ.①李… Ⅲ.①东北亚经济圈 – 区域经济合作 – 研究 Ⅳ.①F114.46

中国版本图书馆 CIP 数据核字(2015)第 279464 号

·图们江国际合作系列丛书·

图们江合作二十年

主　　编 / 李　铁
副 主 编 / 王维娜　邱成利

出 版 人 / 谢寿光
项目统筹 / 陈　颖
责任编辑 / 陈　颖

出　　版 / 社会科学文献出版社·皮书出版分社 (010) 59367127
　　　　　 地址:北京市北三环中路甲 29 号院华龙大厦　邮编:100029
　　　　　 网址:www.ssap.com.cn
发　　行 / 市场营销中心 (010) 59367081　59367090
　　　　　 读者服务中心 (010) 59367028
印　　装 / 三河市东方印刷有限公司

规　　格 / 开　本:787mm × 1092mm　1/16
　　　　　 印　张:22.75　插　页:0.75　字　数:367 千字
版　　次 / 2015 年 12 月第 1 版　2015 年 12 月第 1 次印刷
书　　号 / ISBN 978 – 7 – 5097 – 8383 – 2
定　　价 / 98.00 元

本书如有破损、缺页、装订错误,请与本社读者服务中心联系更换

版权所有 翻印必究

2014年9月17日，大图们倡议第十五次政府间协商委员会部长级会议在中国吉林省延吉市召开。

以国家发改委为组长单位的中国图们江地区开发项目协调小组成员在研究进一步深化图们江地区开发工作。

来自科技部等国家部委的专家参加《中国图们江区域合作开发规划暨长吉图先导区规划》专家咨询会。

2015年2月8日，中国图们江区域合作开发专家组会议在北京召开。

曾经主导图们江地区开发工作的联合国系统官员

金学洙 原联合国副秘书长、联合国亚太经社会总干事

素帕猜 原联合国贸易和发展会议秘书长

云盖拉 原联合国工业发展组织总干事

沃伦·萨希 原联合国助理秘书长兼财务总监

马和励 联合国系统原驻华协调总代表、联合国开发计划署原驻华代表

中国商务部（外经贸部）负责图们江地区开发工作历任主管部长

谷永江 外经贸部原副部长

龙永图 外经贸部原副部长

魏建国 国家商务部原副部长

易小准 国家商务部原副部长

俞建华 国家商务部原部长助理

王受文 国家商务部副部长

2015年3月18~20日,中共吉林省委书记巴音朝鲁到延边州调研,加快推进长吉图开发开放先导区建设步伐。

2012年5月29日,中共吉林省委常委、延边州委书记张安顺在中国图们江区域(珲春)国际合作示范区启动暨重点项目开工仪式上致辞。

2015年4月24日,由中国国际贸易学会图们江分会主办的"2015图们江国际合作学术研讨会暨《图们江区域合作蓝皮书》发布会"在北京举行。

2014年11月19日,大图们倡议(GTI)四国学术机构网络预备会议在俄罗斯符拉迪沃斯托克召开。

《图们江合作二十年》编委会

顾　　问　　蒋正华　朱佳木　魏敏学　张景安　张安顺
主　　编　　李　铁
副 主 编　　王维娜　邱成利
编委会成员（以姓氏笔画为序）

　　　　　丁智勇　王　伟　王铁虹　王小平　毛　泽
　　　　　尹建华　叶晓峰　石浩男　刘国会　刘曙光
　　　　　任　晶　孙　猛　闫亦贵　朱　岩　高玉龙
　　　　　高　霞　张琏瑰　张慧智　陈云雾　邹　勇
　　　　　李寅权　李锟先　李春根　李　壮　吴可亮
　　　　　杨臣华　杨正伟　金香丹　徐青民　赵永利
　　　　　欧阳玉靖　林士光　梁旭彦　蔡旭阳

　　　　〔韩〕林虎烈　金俊永　崔　勋

　　　　〔蒙〕恩科拜盖莉·巴亚巴苏　卓赛罕·贡布
　　　　　　　图莫普鲁夫·杜拉姆巴扎

　　　　〔俄〕叶甫盖尼·古辛　娜塔丽娅·亚契斯托娃
　　　　　　　巴维尔·卡多奇尼科夫

主编简介

李 铁 现任吉林省人民政府参事、中国图们江区域合作开发专家组成员、中国国际贸易学会副会长、吉林省图们江国际合作学会会长。吉林大学东北亚研究院、外国语学院（兼职）教授，为硕士研究生进行《国际区域经贸合作实务》教学。曾任舒兰市委书记、白城市副市长、吉林省商务厅副厅长、吉林省政府发展研究中心主任、吉林省经济技术合作局局长、吉林省图们江地区开发领导小组办公室主任等职，现兼任《图们江合作》刊物主编。有近40年经济工作和国际经贸工作经历，长于经济研究。其组织完成的《中蒙"阿尔山—乔巴山"（两山）铁路通道建设研究》课题成果获吉林省第十届社会科学优秀成果咨询报告类一等奖。出版了《吉林沿边开放问题研究》专著，组织编撰出版了《图们江区域合作蓝皮书：图们江区域合作发展报告（2015）》《中国东北地区面向东北亚区域合作开放战略研究》《长吉图战略的"东进西连"发展战略研究》《新形势下中俄区域合作研究》等图们江国际合作系列丛书。

副主编简介

王维娜 大图们倡议秘书处主任。曾在中国驻法国大使馆经商处工作，负责与法国大型企业的合作、中国与经合组织关系和中法政府间经贸关系。完成欧洲经贸联盟、法国私有化发展、法国粮食储备等多项调研，参与编写《法国经济》一书，获得商务部驻外机构经贸调研二等奖；先后11年在商务部国际司任职，负责中比、中卢和中欧发展援助项目以及经合组织、亚欧会议、中亚区域经济合作、大湄公河区域经济合作和大图们倡议区域合作业务。2011年至今，在大图们倡议秘书处担任主任。

邱成利 中国图们江区域合作开发专家组执行副秘书长。经济学博士，多所高校兼职教授、研究员。美国威斯康星大学访问学者。长期从事国家科普政策、科技政策和科技人才政策研究、科技发展规划制订、科普宣传和管理工作。国家"十二五"科普发展规划和科技人才规划主要起草人。曾参加中组部第五批博士团赴贵州挂职锻炼，任贵州省科技厅厅长助理。

目 录

序 言 …………………………………………… 蒋正华 / 001

总 论

图们江区域合作 20 年回顾与展望 ………………………… 李　铁 / 003

高端论坛

加快图们江地区开发　推进东北亚区域经济合作 ………… 魏敏学 / 021
组织开展前期战略研究与协调工作　为图们江区域合作奠定基础
　………………………………………………………… 张景安 / 025
深化中俄合作　推进图们江合作开发 ……………………… 朱佳木 / 034
积极融入"一带一路"建设　打造我国面向东北亚开发开放的
　桥头堡 ………………………………………………… 张安顺 / 036

GTI 记述

发展在望　经验可鉴 …………………………… 〔蒙〕卓赛罕·贡布 / 047
大图们倡议对东北亚地区可持续发展所做的贡献
　……………………………………… 〔俄〕娜塔丽娅·亚契斯托娃 / 050
构筑"后 GTI"体制的意义与东北亚经济合作 ……… 〔韩〕崔　勋 / 059
大图们倡议合作情况及发展构想 …………………………… 王维娜 / 072

部委聚焦

加强统筹协调　推动图们江合作不断走向深入 …………… 邹　勇 / 085

打通互连互通节点　夯实区域合作基础……………………欧阳玉靖 / 090
锲而不舍推进图们江地区开发合作
　　………………………… 赵永利　李锟先　王　伟　吴可亮 / 095
中国图们江区域合作开发专家组积极推动图们江区域开发
　　……………………………………………………… 邱成利 / 101

国别视野

大图们倡议与韩国之 20 年历程……………〔韩〕林虎烈　金俊永 / 109
大图们倡议：未来新角色与法律地位
　　………〔俄〕巴维尔·卡多奇尼科夫　〔俄〕叶甫盖尼·古辛 / 119
蒙古国积极参与图们江地区开发合作
　　……〔蒙〕恩科拜盖莉·巴亚巴苏　〔蒙〕图莫普鲁夫·杜拉姆巴扎 / 132

区域行动

辽宁省：深化东北亚经贸合作　开辟外向型发展新天地 …… 毛　泽 / 141
吉林省：参与图们江合作开发进程与前景展望
　　………………………………………………… 李寅权　任　晶 / 156
黑龙江省：参与图们江区域合作　建设向北开放窗口……… 刘国会 / 167
内蒙古：发挥在中蒙俄经济合作中的门户作用
　　………………………………… 杨臣华　宝　鲁　刘兴波 / 179
实施长吉图开发开放先导区战略取得的成效与对策………… 陈云雾 / 191
充分发挥珲春国际合作示范区龙头带动作用………………… 高玉龙 / 201

学者建言

融入"一带一路"建设　开创东北亚区域合作新局面……… 叶晓峰 / 213
朝鲜参与图们江区域合作的历史、现实与未来 …… 张慧智　金香丹 / 221
图们江通海问题回顾与解读…………………………………… 刘曙光 / 232

附件资料

一　图们江地区开发三个纲领性文件 ………………………………… 245

二　中国历任党和国家领导人关注图们江地区开发与合作 …………… 252

三　大图们倡议（图们江地区开发项目）历次政府间协商委员会部长级
　　会议报告 ……………………………………………………………… 254

四　图们江区域合作开发组织体系沿革 ………………………………… 288

五　大图们倡议各专业委员会工作纪事 ………………………………… 290

六　大图们倡议中、韩、俄、蒙四国学术机构网络成员简介 ………… 298

七　图们江区域合作开发20年大事记（1995~2015） ………………… 300

八　图们江区域合作开发20年重要文件 ………………………………… 329

九　中国图们江区域合作开发专家组成员 ……………………………… 331

十　中国图们江地区开发项目协调小组工作简况 ……………………… 332

十一　中国商务部（外经贸部）组织图们江区域国际合作历任
　　　负责人 ……………………………………………………………… 338

十二　中国国际贸易学会图们江分会简介 ……………………………… 339

十三　吉林省长吉图开发开放先导区战略实施领导小组办公室
　　　简介 ………………………………………………………………… 341

后　记 ……………………………………………………………………… 343

序 言

图们江区域合作开发从 20 世纪 90 年代初由联合国开发计划署（UNDP）发起并支持至今，已经走过了二十几年的历程。经过我国及图们江区域其他各国的共同推进，内涵不断深化，规模不断扩大，呈现良好的发展态势，图们江合作机制成为中国与东北亚各国交流、合作和发展的良好的平台和便捷的通道。东北亚各国不断加大交通、经贸、旅游、能源、农业、金融等领域的合作，区域内的铁路、公路、港口等基础设施得到较大改善，立体交通运输体系初步形成，有效促进了贸易、旅游及物流产业的快速发展。图们江区域合作为促进东北亚地区的经济文化等诸多领域交流与合作，发挥了不可替代的作用。

1995 年 12 月 6 日，在图们江地区开发项目管理委员会第六次会议上，中、俄、朝三国政府代表签署了《关于建立图们江地区开发协调委员会的协定》，中、俄、朝、韩、蒙五国政府代表签署了《关于建立图们江经济开发区及东北亚开发协调委员会的协定》和《关于建立图们江经济开发区及东北亚环境准则谅解备忘录》。三个文件的签署，表明了各缔约国对共同合作开发这一地区的态度，标志着 UNDP 从 1991 年开始倡导和支持的图们江地区国际合作开发项目，由前期研究论证阶段转入区域合作开发的实施阶段。

2005 年，在 UNDP 组织召开的第八次图们江地区国际合作项目政府间会议上，中、朝、韩、俄、蒙五国一致同意将 1995 年签署的两个协定和一个备忘录再延长 10 年，并签署了《大图们江行动计划》，将"图们江区域开发"更名为"大图们江倡议"，即东北亚地区的政府间合作机制。这也是东北亚地区唯一的政府间经济合作平台，促进了该地区的和平、稳定和

---

* 蒋正华，十届全国人大常委会副委员长，中国图们江区域合作开发专家组组长。

可持续发展。

2016年，大图们倡议将转变为独立的政府间国际组织，标志着图们江国际合作将步入一个崭新的历史发展时期。

2015年3月，我国发布了建设"一带一路"的战略规划，这是我国今后对外开放和对外经济合作的总纲领，要求东北四省区"建设向北开放的重要窗口"。这是东北四省区参与图们江区域合作纳入"一带一路"建设的战略序幕，图们江区域合作将与"一带一路"战略紧密对接，以大图们江国际通道建设为核心，打造中国北方的大图们江"丝绸之路经济带"和"21世纪海上丝绸之路"。

由图们江区域开发合作专家组成员、中国国际贸易学会副会长李铁同志担任主编的《图们江合作二十年》一书，全面记录图们江区域合作开发历史进程，系统总结20年来图们江区域合作的经验教训，深入研究我国实施"一带一路"战略以及大图们倡议（GTI）转变为独立的政府间国际组织后给图们江区域合作带来的历史新机遇及其发展趋势，提出在新形势下参与东北亚国际合作及多边、双边合作的主要方向、领域和路径，具有重要的现实应用和理论研究价值。

党的十八届三中全会提出"加强中国特色新型智库建设，建立健全决策咨询制度"。2015年5月，国家提出，打造对外开放战略智库。发挥智库作用，增进国家间智库研究交流，打造拥有国际视野和战略意识的智库力量，提高对外开放战略谋划水平和国际经贸合作服务能力。加强对有关国家、区域、重点合作领域的前瞻性研究，为我国政府和企业提供政策建议和智力支持。

作为我国目前唯一从事图们江区域合作研究的学会机构，中国国际贸易学会图们江分会（图们江国际合作学会）充分发挥其智库专家的资源优势，在进一步推动长吉图战略实施以及图们江区域务实合作中起到了专业化智库作用。相信《图们江合作二十年》一书的出版，一定会为推动我国深化图们江区域合作发挥开阔眼界、启发思路和建言献策的作用。

图们江合作二十年

总 论

图们江区域合作 20 年回顾与展望

李 铁*

图们江地区开发是在联合国开发计划署倡导下开启的,是在中国改革开放的大潮中进行的,至今已经走过 20 年的发展历程。在这一历史进程中,既有突破也有困局,既有机遇也有挑战。在中国实施"一带一路"战略的新形势下,认真分析和总结图们江区域合作的经验教训,应对和破解该区域合作的困难和矛盾,谋划和展望该区域合作的对策和愿景,具有重要的历史意义和现实意义。

一 图们江区域合作的历史进程

在图们江区域合作开发的 20 多年里,联合国开发计划署(UNDP)以及大图们倡议各成员国一直在努力使图们江区域合作机制不断健全,合作领域不断拓展,合作方式不断创新,图们江区域正成为中国与东北亚各国多边经济、人文、旅游、能源等交流、合作、发展的良好平台和便捷通道。

20 世纪 90 年代至今,图们江地区开发大体经历了以下几个阶段。

1. 图们江区域合作开发的考察与论证阶段

1991 年,UNDP 分别在蒙古国的乌兰巴托和朝鲜的平壤召开会议,决定将图们江地区开发列为联合国开发计划署近期唯一重点支持项目,并计划筹资 300 亿美元,拟用 20 年时间,把图们江地区建设成第二个香港、新加坡、鹿特丹,使东北亚 3 亿人民受益。并在美国纽约设立了图们江地区开发项目(TRADP)办公室,积极协调东北亚各国,先后召开了 6 次委员

---

* 李铁,中国国际贸易学会副会长,中国图们江区域合作开发专家组成员,吉林省人民政府参事,中国国际贸易学会图们江分会(吉林省图们江国际合作学会)会长。

会会议，10多次专家研讨会，逐步得到了周边国家的认同和国际社会的支持。中、朝、俄各自出台了一系列政策措施，对图们江地区进行了初步的开发。

1992年2月27~28日，UNDP在韩国汉城主持召开图们江地区开发项目管理委员会第一次会议。中、朝、韩、蒙四国派代表参加了会议，俄罗斯、日本和亚洲开发银行作为观察员列席了会议。会议讨论了第一次会议以来图们江地区开发项目的进展情况和项目未来的发展方向。管理委员会同意四个主要原则：一是图们江地区项目参与国政府在保留主权情况下出租土地；二是土地出租协议参照有关国家主权法律；三是出租土地实行国际管理；四是最大限度地吸收国际投资。

2. 图们江区域合作开发的协调与实施阶段

1995年12月4~7日，UNDP在纽约总部召开了图们江地区开发项目管理委员会第六次会议，中、俄、朝三国政府代表一起签署了《关于建立图们江地区开发协调委员会的协定》，中、韩、俄、朝、蒙政府代表签署了《关于建立图们江经济开发区及东北亚开发协商委员会的协定》和《关于建立图们江经济开发区及东北亚环境准则谅解备忘录》。三个文件的签署标志着图们江地区开发项目从以前期研究为主转入以实际开发为主，表明了相关国家共同开发这一区域的政治态度，意义重大。

3. 大图们倡议区域合作开发阶段

2005年，在UNDP组织的第八次图们江地区开发项目政府间会议上，中、朝、韩、俄、蒙五国一致同意将1995年签署的两个协定和一个谅解备忘录再延长10年，并签署了《大图们江行动计划》，将"图们江区域开发"更名为"大图们江区域合作"，合作范围进一步扩大，包括中国的东北三省和内蒙古自治区、朝鲜罗津经济贸易区、蒙古国的东部三省、韩国的东部港口城市群和俄罗斯滨海边疆区。图们江区域合作进入大图们倡议区域合作的开发阶段。

大图们江区域合作阶段除了合作区域扩大之外，图们江区域合作的主导方也由UNDP转变为成员国。UNDP在2005年宣布将逐步由主导方过渡到支持伙伴，各方一致同意建立由各国出资的共同基金，制订了《2005~2015年战略行动计划》。

4. 图们江区域合作机制转型升级阶段

大图们倡议自成立以来，即成为东北亚地区唯一的政府间经济合作平台和重要多边框架。

2009年以来，经过多轮磋商，大图们倡议各成员国就建立独立的政府间国际组织达成一致。2014年9月，在中国吉林延吉召开的第十五届大图们倡议（GTI）政府间协商委员会部长级会议批准通过了大图们倡议法律过渡概念文件和相关路线图，确定了新机制的级别、组织框架、过渡时间表和人员管理等基本原则。成员国拟于2016年下半年完成内部审批程序，建立独立的政府间国际组织，图们江区域国际合作从此将步入一个崭新的历史发展时期。

二 图们江区域合作的重要意义

图们江区域合作对于中国经济、亚洲经济乃至世界经济发展都十分重要。近年来，在世界政治经济形势的影响下，图们江区域合作使区域内各国之间经济往来增多，东北三省一区与区域内各国陆海联运合作不断增强，进而推动图们江区域互动合作和产业集聚发展，这对于促进东北亚各国经济繁荣与区域经济合作十分有利。同时，中国政府正在实施"一带一路"倡议，图们江区域合作将从中获益。

1. 有利于东北亚地区的和平稳定与经济繁荣

一直以来，东北亚地区既是世界经济发展的亮点区域，也是地缘政治复杂区域，存在国与国之间的多重博弈、领土纷争和历史纠葛。图们江区域东北亚国家关系极具复杂性和敏感性，如朝鲜半岛核问题、日韩领土问题、日俄北方四岛问题、中日钓鱼岛问题、东海油气田争端等，成为影响东北亚地区安全的关键因素。图们江区域合作开发，将促进东北亚各国经贸合作，有助于图们江区域各国形成利益共同体、责任共同体和命运共同体，减少区域冲突的危险和隐患，维护东北亚地区和平稳定，共谋繁荣发展。

2. 有利于开创新的经济一体化模式

图们江地区地处东北亚地区的地理中心，其国际合作开发将开创出既符合东北亚地区实际情况，又有别于欧盟、北美自贸区与东南亚联盟的创新型经济合作模式。依托中朝、中俄两条出海通道与中蒙国际大通道，以外向型经济为目标，在图们江下游地区中、俄、朝三国交界处辟建跨国自由经济贸易区，促进东北亚六国间的经济合作。图们江区域合作是在开放型区域经济合作体制下，建立东北亚地区次区域范围的局部地区一体化。这种局部地区一体化模式的创立，无疑是对经济一体化理论的丰富和发展，必将为社会制度和经济体制不同的国家之间经济合作的深入发展，提供一个前所未有的范例。

3. 有利于增强我国在图们江区域合作中的综合实力和主导权

经过 20 多年的开发建设，图们江区域已成为我国参与东北亚地区合作的重要平台。牢牢把握区域经济一体化不断加快的大趋势，统筹国内和国际两个大局，在东北三省一区加快培育基于图们江、面向东北亚的开放载体，有利于增强我国参与图们江区域合作的综合实力，不断提升合作开发的层次；有利于生产要素跨境流动和优化组合，加强我国与东北亚国家经济互补关系，实现互利共赢，进一步营造东北亚地区和平发展的国际环境。

东北亚地区是大国势力交集的地区，必须增强我国在区域合作中的影响力和主导权。目前，我国一方面积极展开对朝、俄、日、韩、蒙的双边合作，另一方面积极策划和推动多边合作。这样，就可以使我国在图们江区域合作开发中发挥主导作用，增加我国在东北亚区域国际合作中的主动权，形成"以我为主，牵动中、日、韩三国合作，带动中朝、中俄、中蒙合作"的战略布局。

4. 有利于促进东北老工业基地振兴，形成新的经济增长极

近年来，中国进一步加大力度，全面实施振兴东北地区等老工业基地战略，东北地区经济重新焕发了生机与活力，取得了重要的阶段性成果。以推进长吉图率先发展为重点，全面推进图们江区域合作开发开放，促进我国与东北亚国家资源互补合作，挖掘对外开放合作的潜力，形成具有发展活力的新的增长区域，必将极大地提高这一区域的整体经济实力，促进东北老工业基地的全面振兴，进一步推动东、中、西联动发展，在全国形成协调互动发展的良好局面。

5. 有利于加快沿边地区经济社会发展，促进边疆少数民族地区繁荣稳定

改革开放以来，沿海地区取得了很大的成功，但是沿边地区开放进程相对缓慢、开放程度较低。按照党的十七大提出的"提升沿边开放"要求，长吉图区域沿边近海，加快图们江区域的开发开放，有利于促进沿边地区经济社会发展。支持边疆地区和少数民族地区加快发展，一直是我国区域经济工作的重点，延边州既是边疆地区，也是我国唯一的朝鲜族自治州，随着图们江规划的实施，延边州将成为直接受益的区域，有利于密切我国与周边邻国的经贸关系，提升开放水平，扩大合作领域，实现兴边富民，构建和谐边疆。

三　图们江区域合作 20 年取得的成果

经过 20 多年的积极努力和推动发展，图们江区域合作开发在国际合作、通道建设、对外投资、转型升级等领域取得了极大成就和实质性进展。

1. 国际合作取得突破性进展

苏联解体以后，冷战结束，中、俄、蒙等国家之间的关系也得以缓解，特别是 20 世纪 90 年代初 UNDP 把图们江开发列为重点支持项目，图们江区域合作 20 多年以来，图们江区域各国的经济开发区建设不断推进，国际合作取得突破性进展。

中俄方面，两国历届元首都保持密切沟通，政治和战略互信不断增强，全方位合作不断扩大和深化，尤其在能源、电力、航空、通信、金融、基础设施建设等一系列合作方面实现了历史性突破。俄罗斯一直以远东地区为载体参与图们江合作。2013 年 3 月 20 日，随着"新蓝海号"成员抵达中俄珲春口岸，连接中、俄、韩三国的珲春—扎鲁比诺—束草航线正式宣告复航。2014 年，吉林省与俄罗斯苏玛集团签署了合作框架协议，双方合作共建扎鲁比诺万能港，实现"借港出海"，畅通图们江出海大通道。

中蒙方面，近年来，中、蒙两国领导人多次会面，提出把建设"丝绸之路"经济带倡议和蒙方"草原之路"倡议对接起来，优先推动互联互通、矿产、电力、农牧业合作，推进通关和运输便利化，促进过境运输合作，致力于将中蒙关系提升为全面战略伙伴关系。蒙古国参与图们江开发一直关心"两山"铁路通道建设，并以此作为构建连接中、蒙、俄图们江国际合作大通道的关键点，从而建成直通欧洲的新亚欧大陆桥。

中韩方面，两国一直是图们江区域合作的重要力量，近年来，中韩战略合作伙伴关系进入"合作升级"新通道，2014年11月，中、韩两国完成了中韩自贸区实质性谈判，2015年6月1日，中韩自贸协定正式签署，预计在2015年年底前生效实施。中韩自贸协定不仅为推动双边经贸关系实现新的飞跃，还将为图们江区域经济发展做出贡献。

中朝方面，2010年，在中、朝两国领导人的大力推动下，两国在国家层面设立了中朝共同开发和共同管理的罗先经济贸易区和黄金坪、威化岛经济区联合指导委员会，这为双方合作构建了体制框架。俄朝方面，2013年俄罗斯哈桑通往朝鲜罗津港的铁路开通运营，为发展朝、俄两国友好合作关系做出重大贡献。朝韩方面，2013年朝鲜、韩国重启开城工业园区，朝韩关系得以缓解。此外，珲春经俄罗斯扎鲁比诺至韩国釜山、日本新潟的航线，则为环日本海地区经贸交流往来注入了新的活力。吉林省还建立了中国图们江区域珲春国际示范区，开辟了沿边地区跨境经济合作模式。

2. 对外通道建设取得实质性进展

近年来，图们江地区不断加快对外通道建设，使这一地区初步形成了海、陆、空交通运输体系。公路运输方面，开通了珲春—朝鲜罗津、珲春—俄罗斯斯拉夫扬卡—扎鲁比诺和延吉—俄罗斯乌苏里斯克客货运输线路。铁路运输方面，修筑了图们—珲春的地方铁路，与俄罗斯铁路接轨，中俄珲春—卡梅绍娃亚国际铁路已分别与国内铁路联网并投入运营；海上运输方面，吉林省利用俄罗斯和朝鲜沿日本海的诸港口，开辟了珲春—俄罗斯扎鲁比诺—韩国束草陆海客货联运航线，2015年5月24日，珲春—俄罗斯扎鲁比诺—韩国釜山航线正式开通运行，为吉林省和黑龙江省东部地区开辟了一条通往日本、韩国及北美国家的便捷运输通道，初步实现了借港出海；空中运输方面，吉林省对延吉机场进行了改造扩建，使延吉机场年运输能力达130万人次，开通了延吉—韩国首尔航线，打通了中国图们江地区与境外联系的空中通道。

加强中朝、中俄通道建设。中俄珲春—马哈林诺铁路也成为东北亚地区一条重要的国际铁路运输干线。组织企业积极利用该铁路开展对俄贸易及与东北亚各国的过境贸易和转口贸易，使之成为发展东北亚地区和俄罗斯经贸交流的重要窗口；筹划中的珲春至俄罗斯海参崴高速公路，将进一步畅通对俄通道；规划推进的珲春至朝鲜罗津高速公路建设，会进一步促进与朝鲜地区的经贸等合作。

3. 中国与东北亚各国经贸合作日益深化

中国与东北亚各国深化经济开放，加快了经济开发区和经济特区建设。经过20多年的发展，东北亚区域内双边经贸关系迅速发展。如，中国是蒙古国最大贸易伙伴，2002年，中蒙双边贸易额为3.24亿美元；2013年这一数字升至60亿美元，占蒙古国对外贸易总额一半以上。中国、韩国分别是朝鲜第一、第二大贸易伙伴国，两国对朝贸易额占朝鲜贸易总额的70%以上。日本目前是中国第五大贸易伙伴，2014年中国对日本双边贸易进出口总值占中国外贸进出口总值的比重为7.3%，中日双边贸易额为3017亿美元；中韩双边贸易额为2354亿美元；中俄贸易总值突破950亿美元。

在双向投资领域，2014年，中国利用外资1200亿美元，对外投资近1400亿美元，这意味着中国已开始成为资本净输出国。吉林省作为中国参与图们江区域国际合作重要地区，2015年上半年对外投资额实现14.65亿美元，同比增长近8倍。这些数据表明，中国进入大规模"走出去"时期，与东北亚国家双向投资规模也在不断扩大，2014年东北亚国家对中国投资规模合计83.36亿美元，占中国吸收外资的6.5%。其中日本对华投资43.25亿美元，中国对日本投资2.34亿美元；韩国对华投资39.66亿美元，中国对韩投资4.94亿美元；蒙古国对华投资16万美元，中国对蒙投资2亿美元；俄罗斯对华投资0.41亿美元，中国对俄投资7.9亿美元。日本和韩国分别是中国第二大和第三大外资来源国。

4. 大图们倡议将升级为独立国际组织

大图们倡议将在2016年前升级为独立的政府间国际合作组织，这一历史性转变，为图们江合作开发提供了坚实的组织保障，推动图们江合作开发向着"互利共赢""多国合作"加速迈进。

图们江合作的升级，有利于目前4个成员国（中、韩、俄、蒙）的相互利益需求的实现。东北亚成为世界经济亮点后，这一区域需要建立一个国际合作组织，而以图们江区域为基点，其共同的利益需求点较为明显和集中。大图们倡议的升级，是各成员国的共同愿望。大图们倡议升级势必加快图们江合作进程，也将增强朝鲜重返和日本加入的吸引力。经过20年的运作，已具备一定的合作基础，在此基础上，将这一组织由"务虚型"向"务实型"转变，将对解决制约图们江开发面临的国际合作问题发挥至关重要的作用，进而加速开发这一全球最具发展潜力的区域之一。

5. 长吉图战略作用日益凸显

2009年8月30日，中国国务院正式批复《中国图们江区域合作开发规划纲要——以长吉图为开发开放先导区》，标志着长吉图开发开放先导区建设已上升为国家战略，使图们江区域成为中国东北面向东北亚区域开发开放的前沿和窗口。6年来，长吉图建设各项工作扎实推进，初步形成了有力的政策支撑体系，基础设施建设加快，平台打造粗具规模，初步构建了全方位、宽领域、多层次、高水平的对外合作开发格局。进一步突出长吉图开发开放先导区的战略地位，用好用足国家赋予的先行先试政策，真正把先导区做实做强，做出成效，有利于深入推进图们江国际区域合作，进一步完善我国对外开放格局。

2012年4月，中国国务院正式批准设立中国图们江（珲春）国际合作示范区，中国图们江区域合作开发进入了新的历史时期。珲春国际合作示范区范围约90平方公里，包括国际产业合作区、边境贸易合作区、中朝珲春经济合作区和中俄珲春经济合作区等功能区。示范区现在已经成功拓展了保税物流、出入境加工等领域的合作，与朝鲜、韩国、日本、俄罗斯、欧美等国家和地区在海产品和木制品方面开展了经贸合作，现在已与境外49个国家有贸易往来。示范区重点从开发开放、项目建设、互联互通等方面入手，带动有色金属、水产品、纺织服装、商贸物流等百亿级产业加速崛起，推动珲春实现转型升级和率先突破。示范区成为我国面向东北亚合作与开发开放的重要平台，东北亚地区重要的综合交通运输枢纽和商贸物流中心，经济繁荣、环境优美的宜居生态型新城区，我国东北地区重要的经济增长极和图们江区域合作开发桥头堡。

四 图们江区域合作面临的困难和挑战

从20世纪90年代以来，图们江地区一直被视为全球最具增长潜力的经济区域之一，是东北亚的核心区域。但不稳定的半岛形势和错综复杂的周边地缘政治等制约因素，使图们江区域多边合作发展面临许多挑战。

1. 图们江区域复杂的地缘政治环境使各国合作一直不畅

图们江区域汇聚了中、俄、蒙、韩、朝、日、美等国家的战略利益，中日、日韩、日俄、美韩朝等双边或多边关系存在严重的结构性矛盾。美、日、韩在该区域的军事合作不断加强，尤其美韩联合军演、朝鲜核问题加剧了朝鲜半岛的紧张局势。同时，美国为了自身利益和出于大国博弈的需要，采取亚太再平衡战略，利用日本牵制多边合作，使东北亚区域经济一体化进展缓慢。

2. 缺少高层介入是该区域合作进展缓慢的重要因素

在中国积极参与的三大次区域合作中，上海合作组织是国家元首级，大湄公河次区域合作逐步上升为总理级，而图们江区域合作20年来，仅停留在副部长级层面的国际协调协商。图们江区域合作大量的经常性的工作，也仅限于省级地方政府的接触谈判，缺少相关各国高层介入的协调机制是该区域合作进展缓慢的一个重要因素。

3. 东北三省一区联合开发、上下互动的势头没有真正形成

图们江区域合作开发包括中国的吉林省、辽宁省、黑龙江省、内蒙古自治区，而这4个地区目前的开发状态是以自己为中心，各行其是。目前，东北三省一区开始形成了自西向东、由北向南的连片开发态势，应进一步加强四省区协调合作，成为连接俄、韩、蒙、朝、日等国的东北亚中心区域，形成四省区联动，参与图们江区域合作开发。

4. 图们江国际大通道一直"通而不畅"

图们江国际大通道特别是海运交通物流"通而不畅"的现象仍很突

出，图们江目前虽已形成国际陆海联运交通物流走廊，但由于货运量不足、口岸建设不配套不规范等问题，海运通道尚未真正发挥作用。中蒙"两山"铁路建设一直处于调研阶段，没有实质性进展，成为图们江国际大通道的一大缺口，中国东北地区与东北亚周边国家的区域合作受到很大影响。

5. 开发资金匮乏是该区域经济发展缓慢的核心问题

图们江地区发展需要大量开发资金，巨大的资金是图们江区域各国家政府财力无法承受和筹措的。俄、蒙图们江区域的地方政府财政紧张，无力向该区域投资开发，外国的投资也没有在中方图们江区域进行基础设施建设投资。国际金融组织、私人资本也没有对图们江区域基础设施进行大规模投资。开发资金严重匮乏极大地影响了国际合作开发的进程。

五 推进图们江区域合作的对策

20世纪中期以来，国际区域经济一体化的趋势不断加强，双边或多边的区域合作日益增强。图们江区域各成员国政府纷纷加大开放和开发的力度，图们江区域已经由冷战时期的军事禁区发展成为促进投资、贸易发展的新型区域。必须进一步突破制约图们江区域合作的"瓶颈"，最终实现图们江区域合作的多边化、制度化和机制化，促进该区域的加速发展。

1. 进一步完善图们江次区域合作机制

世界政治多元化、经济全球化与区域一体化的潮流正在向纵深方向发展。在和平与发展的主旋律下，各国都重视通过加强区域经济合作获得更多的发展机遇，中、朝、蒙、韩、俄五国，特别是中、朝、俄三国在图们江区域合作方面缺乏有效的协调合作机制，阻碍了图们江区域合作开发的进程。要建立有效的沟通合作机制，通过首脑定期会晤、地方政府长官定期会晤、省级地方相关部门对等协商等制度，加强中、俄、朝三国工作的相互协调能力；建立互信机制，图们江次区域各国应高瞻远瞩，长远考虑区域共同利益，推进相互信赖，先搁置历史遗留问题，以经济合作逐步推动其他方面的合作；设立权威的组织机构，协调涉及各国利益的重大问题并做出具有约束力的决定。

2. 图们江合作机制逐步吸引朝鲜回归和日本加入

进一步推动提升图们江区域合作层次，离不开朝鲜和日本的积极参与和支持。特别是曾经作为图们江国际合作重要成员国的朝鲜，2009年因核试验退出了图们江地区开发项目。朝鲜控制着出海口，没有朝鲜的合作，中国获得出日本海通道就无从谈起。朝鲜半岛的分裂和朝鲜的未开放状态，成为我国与东北亚区域相连的屏障，由于海上运输通道不畅，很多企业不愿意来这里投资，不可能建立现代化的产业结构，这是东北三省所面临的重大难题。2014年，朝鲜外交、经济、对外合作政策均发生了一系列变化，在图们江领域以罗先地区为中心，积极推进与中、俄、韩的经济合作，朝鲜虽未加入图们江合作，但其推进的相关项目的确是图们江合作内容，中国应积极参与朝鲜罗先地区的合作开发，掌握图们江区域合作开发的主动权。加快建设与罗先地区互连互通的公路、桥梁等基础设施，加快建设罗津港，吸引企业到该区域投资，保证人流、物流、信息流的畅通，从运输通道逐步进化为经济增长走廊。

日本虽然积极参加UNDP和大图们倡议组织的相关活动，但出于种种考虑，迄今为止还只是一个积极的观察员身份，对直接参与图们江区域合作开发持谨慎态度。其注意力主要集中在"环日本海经济圈"的构建上。为了吸引日本参与图们江地区的国际合作，中、日两国可以在贸易、投资、能源等领域进行合作。为了形成完整的图们江合作机制，应注重发挥图们江四国历史合作基础，延续、完善、提升图们江机制，积极吸引朝鲜回归，整体推进图们江合作水平。适时再进一步推动中日经贸合作，逐步由图们江次区域合作扩大到东北亚区域合作，使之成为完整的图们江合作机制。根据国际形势，在中日关系、日韩关系明显改善时，吸纳日本进入图们江合作机制，形成最终的东北亚国际合作。

3. 加强各国中央政府间的支持建立定期会晤机制

虽然图们江区域合作各国签署了"两个协议"和"一个谅解备忘录"，但并没有紧密的合作，而图们江区域合作只有副部长级协调机制，重大的问题难以达成共识。地方政府出面推动受到很大的限制。从目前图们江地区的合作现状看，中、朝、俄三方缺乏引导和推动合作的核心。尤其中、朝、俄三国交会处的图们江地区是各国经济发展的落后地区，如果得不到各参与国中央政府的支持,地方政府间的合作很难收到良好效果。图们江区域合作发展过程中出现的很多问题,都是涉及国与国之间的问题,必须由各国中央政府来解决,图们江区域合作应加强中央政府间的合作,提升合作水平,设立各项目成员国中央政府部门参与的紧密型区域合作组织机构,建立新型的区域合作国家协调机制,解决区域合作中遇到的各种问题。

目前,图们江区域合作过程中出现的一些"瓶颈",都是通过各国地方政府向各自中央政府报告。由于在双边、多边的合作中,特别是经贸合作过程中,问题、纠纷随时出现,而通过年会的形式加以解决,常常制约经贸活动的开展,影响本区域的形象。因此只有建立定期的会晤机制,才能及时解决经贸合作中出现的问题。

4. 进一步加强通道和通关建设

图们江区域作为全球经济发展最具活力的地区之一,中国、日本、韩国、俄罗斯、蒙古国和朝鲜等国的图们江区域发展潜力巨大,但由于受到通道不畅因素制约,该区域内双边和多边经贸合作发展一直比较缓慢。近年来,随着中俄珲卡铁路、中朝圈河至罗津港公路等项目的推进,图们江区域通道建设正在迎来新机遇,该区域经贸合作也随之呈现良性发展态势。

沿边开放,通道先行。通道建设是图们江区域合作的基础工程和先决条件。近年来,尤其是吉林省,目前已经开通了国际海陆联运定期航线,实现了中、朝、俄、韩、日五国水陆相通,实现了"借港出海",从陆路通道来看,打开铁路通道具有战略意义。其中,对朝、对俄、对蒙铁路通道是重点。加强通道建设,不仅要解决资金筹措问题,还要解决物流规模、贸易便利化及通关的问题。

要推动内陆同沿海沿边通关协作,实现口岸管理相关部门信息互换、监管互认、执法互助。应对图们江区域实施海关、检验检疫、边防等统一的通关查验制度和落地签证制度,以此来简化客货跨境运输的手续和费用,打造"绿色通关"的便利环境,缩短通关时间,提高运输效率。加强与各国对应口岸的衔接与配合,改善口岸的设施条件,确保口岸双向物流畅通。加快电子口岸建设,进一步优化通关环境,提高通关效率。

5. 抓住"一带一路"战略给图们江区域合作带来的新机遇

"一带一路"是我国今后对外开放和对外经济合作的总纲领,也是国内各区域寻求开放发展面临的新一轮重大历史机遇。图们江地区开发一直致力于打造贯穿中、俄、蒙、朝的大图们江国际通道，这条通道包括向西与西伯利亚大铁路连接直通欧洲的陆路国际运输大通道，向东利用俄朝港口连接日本、韩国和欧洲北美的海上大通道，这两条大通道与"一带一路"在战略意义上、目标指向上、推进路径上高度契合，不仅是图们江区域融入"一带一路"战略的核心载体，也是对国家"一带一路"战略的重要补充。图们江区域应立足该地区整体在地理区位、工业基础、文化传统等领域的优势，在内部建立蒙东、黑、吉、辽四大区域的统筹机制，全面加强和俄、蒙两个"一带一路"重点成员国之间的基础设施、经济、金融、文化、教育等方面的全方位合作，将图们江区域建成和蒙古国、俄罗斯全境合作的主要桥头堡。依托陆海联运国际大通道，加强图们江区域各国的货物贸易。应发挥综合保税区等开放平台功能，使图们江地区各国的服务贸易和投资合作更加紧密。提升中国—东北亚博览会等合作机制效能，推动大项目落地，将图们江区域打造为"一带一路"在东北亚的重要门户。

6. 应把经贸合作放在首位

20年的开发实践，图们江地区开发取得了长足的进展，也使图们江区域的周边国家已从传统安全模式中走出来，转向重视经贸合作。图们江区域各国把经贸合作放在首位，能够满足区域各国经济利益诉求，调动民间资本加入的积极性，推动东北亚经济一体化进程。图们江合作应寻求区域内各国利益契合点，从加强资源合作开发利用、推进跨境经济合作区建设、加快国际产业合作园区建设、加强智力和文化及旅游等领域交流与合作、创新图们江区域国际合作机制等方面积极推进。

经贸合作将把区域合作推向新阶段。建立中、日、韩自由经济贸易区，带动整个东亚地区的发展，也会使东北亚区域经济合作有一定的坚实基础。中、日、韩合作建立自贸区先行发展，在条件成熟时可把俄、蒙、朝吸收进来，带动图们江区域经济的整体发展。图们江区域合作从铁路、能源一体化联营着手，将在一定时期内取得较好效果，带动图们江区域一体化的发展。在能源和基础设施建设方面，图们江地区蕴藏着极其丰富的地下资源，应科学开采能源资源，建立能持续对内以及向外的能源供给机制，在此基础上，发展铁路、公路和港口等物流基础设施，使之形成完整的供应合作体系，带动图们江区域一体化的发展。推动相关国家和地区的项目合作，既要有中央政府一级的合作，也要有多国跨国公司的合作。加强各国地方政府间的合作，以其政治、经济、文化影响力带动各国投入图们江区域开发。

7. 优化招商引资，解决融资"瓶颈"

图们江区域的开发除铁路、公路等基础设施建设由政府出资外，主要的资金来源还是要立足于引进外资和国内民间资本，鼓励和强化企业的招商主体作用，把企业推向招商引资第一线。建立完善的招商引资制度，积极宣传，寻求国际上的自然资源、技术资源和资金资源，通过吸引资金来推动图们江区域开发。改善投资环境，包括口岸通道建设、海上航线建设、国际铁路建设以吸引境外资金。制定优惠政策和营造宽松的投资环境，吸引国内企业在图们江区域投资建厂。

图们江区域开发的基础设施建设需要大量投资，可探索采取BOT融资方式。建立和完善政府协调机制，积极利用国际机构营造良好的国际融资环境，促进发达国家和地区跨国公司积极参与到BOT融资方式的运作中来，设立专门机构对项目进行管理，采取宽松的开发政策，从项目审批、项目建设、项目经营、相关法规及税收方面给予最大的优惠，打造图们江地区基础设施建设运用BOT融资的新模式。

8. 东北三省一区形成合力，共同推进图们江区域开发

要改变东北地区各自为战的状态，四省区合力，共同推进图们江区域合作开发，建立完善的协调发展机制，共同研究建立区域市场发展机制。东北地区应合力打通东北东部由丹东港直接出海、由珲春经俄罗斯扎鲁比诺港和经朝鲜罗津港、由绥芬河经俄罗斯符拉迪沃斯托克4条对外交通运输通道。统筹规划东部17个边境口岸城市建设，增强对俄罗斯和朝鲜的贸易集散功能，推动陆海、江海联运。东北三省一区应相互开放市场，优先准入，共同扶持战略性新兴产业并做大做强。东北三省一区应鼓励重点园区和大型企业共建多种形式的专家工作站，解决企业技术难题，研究开发新产品、新技术。

9. 积极开展人文交流推进跨境旅游合作

一个区域的经济合作乃至一体化的形成，都有其共同的文化底蕴做支

撑，经济合作越来越需要以文化交流为先导，文化交流在某些时候可以逾越国界、穿越时空、跨越历史。要开展图们江区域文化交流与合作。东北亚地区拥有较多的共同历史和文化记忆，中、日、韩、朝四国有着极为相似的文化渊源，有着共同的儒教文化基础，各国的传统文化甚至节日安排都有相同或相似之处。俄罗斯作为亚欧"大陆桥文化"，与东方文化的交融性也显而易见，尤其是东北地区，与俄罗斯远东地区有着非常密切的交往。要进行东北亚区域的文化研究，挖掘共同的文化记忆，实施文化交流的基础工程。

图们江地区经济合作的突破口是跨境旅游，跨境旅游是图们江区域合作的最佳切入点，如果运作成功，将会实质性地推进大图们江乃至整个东北亚地区的合作，进而开辟其他领域的合作。图们江地区具有极其丰富的旅游资源，有许多尚未开发的原始自然风光，同时，由于其处于中、俄、蒙、朝边境，其多元神秘的文化景观对民众有着很强的吸引力。跨境旅游是图们江次区域经济合作的重要内容和组成部分，也是比较容易开展合作和具有巨大发展前景的领域。中、俄、朝三国应以旅游基础设施建设、陆海空联运航线通畅、旅游市场培育、多语言旅游信息平台开发等为重点，打造图们江区域跨境旅游合作圈，要真正实现这一地区的无障碍旅游，简化跨境手续。各国之间还应出台相关政策，在完善这些地区的旅游设施、培养导游人才等方面给予倾斜和扶持。

10. 抓住长吉图开发开放这一中国图们江区域合作开发的着力点

长吉图先导区战略应充分发挥长春、吉林两个城市和图们江区域的比较优势，以珲春为开放窗口，延吉—龙井—图们为开放前沿，长春—吉林为发展引擎，东北腹地经济为支撑，通过小区域合作带动大区域合作，双边合作促进多边合作，用新思路、新体制、新机制和新载体，探索建立我国内地对外开放新模式，打造东北地区对外开放新门户，闯出开放带动老工业基地振兴之路，构建中国面向东北亚区域国际合作新格局。

抓住长吉图开发开放这一中国图们江区域合作开发的着力点，首先要开辟通道。合理布局东北亚地区的三大枢纽，优化利用东北亚区域的南北运输通道。其次要打造新平台。充分发挥各类产业园区、文化园区以及东北亚博览会的支撑作用，打造以长吉新区为载体的创新平台，以文化产业园为载体的人文交流平台，以东北亚博览会为载体的经贸合作平台，以各类国际产业合作园区为载体的产业合作平台。最后要建立新门户。将长吉图地区建设成为东北亚区域开发开放门户。应发挥珲春国际合作示范区的开放前沿作用，设立中国（珲春）自由贸易园区和重点开发开放试验区，有效提升珲春影响力。同时，积极筹划在图们江江口建设东方枢纽大港，实现与国家"一带一路"战略的深度融合。加快制定图们江地区开发开放的总体战略思路和发展规划，把图们江地区建设成为一个经济贸易的新增长极和国家间政治交往的新平台。

图们江合作二十年

高端论坛

加快图们江地区开发
推进东北亚区域经济合作

魏敏学[*]

20世纪90年代，中国政府对打通图们江、建立新的对外开放战略通道高度重视，部署相关部委协力推进，通过参与东北亚区域国际合作，加快东北地区对外开放步伐，发展外向型经济，从而推动东北亚地区经济发展。90年代中后期直至跨入21世纪，我任吉林省副省长分管外经贸、外事工作，曾主抓图们江地区开发工作，亲身感受了当年推进图们江地区开发开放的热潮，记忆颇深。

一 图们江地区开发开放初期历程回顾

回顾20世纪早期图们江地区开发开放历程，大体经过三个阶段。

一是20世纪80年代中后期至90年代初，在联合国开发计划署（UNDP）积极倡议下，吉林省积极推动和配合国际社会、周边国家，围绕图们江地区进行的大量研究论证工作。

1984年，在国家改革开放形势的推动下，吉林省的专家学者从地理经济理论出发，提出了开发图们江、寻找出海口、进入日本海的研究课题，并组成了课题组进行研究论证。1986年12月，由国务院发展研究中心主持，在长春召开了第一次图们江地区开发研讨会。

1987年3月5日，国家海洋局严宏谟局长两次带队来吉林省考察图们江地区，研究解决图们江出海问题，为图们江出海航行考察做好了前期准备。同年5月14日，省政府正式向国务院提交了《关于解决我国图们江出海口问题的请示》。时任国务委员宋健同志对图们江地区开发高度重视，

---

[*] 魏敏学，吉林省原副省长，吉林省政协常务副主席。

督促有关部委研究论证，积极推进相关工作。在不断加深研究论证的同时，吉林省还做了大量务实的推动工作。

1990年7月和1991年8月，两届"东北亚地区经济技术发展国际学术研讨会"均在长春举行。来自中、俄、朝、韩、蒙、日、美等国的专家学者（多为政府支持）以及UNDP驻华代表出席了会议。国务委员宋健应邀参加了第一次会议。在第二次会议上，UNDP总部三名国际专家以观察员身份列席了会议，并在会后向UNDP总部提交了有关报告。该报告为UNDP决定支持图们江开发项目提供了直接的依据。

二是20世纪90年代初期，随着国内研究的不断深入，图们江地区开发引起了国际社会的广泛关注。UNDP从开发东北亚资源，发展东北亚经济出发，积极倡导图们江地区开发项目的研究。先后在中国长春、朝鲜平壤、蒙古国乌兰巴托召开大型国际研讨会，还举行了交通、通信、资源开发利用和人才培训等多方面的专业研讨会。图们江地区开发研究论证越来越深入，也逐步得到了周边国家的认同和国际社会的支持。

1991年10月24日，UNDP在纽约联合国总部召开新闻发布会，向全世界宣布，拟筹资300亿美元，联合多国共同开发图们江地区，图们江地区开发项目正式列为UNDP重点支持多国合作开发项目，并设立图们江地区开发项目管理委员会，具体负责推动该项目的研究和实施。此后，连续召开了6次图们江地区开发项目管理委员会会议。

1992年10月，UNDP在北京组织召开了图们江地区开发项目第二次管理委员会会议，来自中、朝、韩、俄、蒙的代表以及日本、亚行、世行的观察员出席了会议。会议形成了图们江地区开发的三种模式，即中、俄、朝三国各自建立自由经济区；建立整体统一的跨国经济区；在中、俄、朝三国国土上各划定区域建图们江自由经济贸易区。

1995年12月6日，在UNDP纽约总部召开的第六次图们江地区开发项目管理委员会上，中、俄、朝三国政府代表正式签署了《关于建立图们江地区开发协调委员会的协定》，中、俄、朝、蒙、韩五国政府正式签署了《关于建立图们江经济开发区及东北亚开发协商委员会的协定》和《关于图们江经济开发区及东北亚开发保护谅解备忘录》。三个文件的签署是这一地区各国政府参与图们江地区国际开发合作的庄重承诺，标志着图们江地区国际合作开发项目从前期研究论证阶段转入合作开发的实施阶段。

三是20世纪90年代中后期至世纪之交,在联合国总部关于图们江地区开发的"三个文件"签署后,UNDP撤销了图们江地区开发项目管理委员会,设立了"两个委员会"秘书处,称为联合国开发计划署图们江地区开发秘书处。

1996年4月18～19日,图们江地区开发第一次政府间部长级会议在北京举行。中、朝、蒙、韩、俄政府代表团和UNDP官员参加了会议,日、澳、芬等国作为观察员国参会。会议第一任主席、中国外经贸部部长助理龙永图主持会议。会议决定筹建图们江信托基金,以保证该地区政府间合作活动的资金来源,会议还决定图们江地区开发"两个委员会"秘书处设在中国北京。

1998年3月16～17日和1999年4月26～27日,吉林省和俄罗斯滨海边疆区混合工作组会议两次都在珲春召开,我当时任中方混合工作组组长,俄方混合工作组以滨海边疆区副长官别尔丘克为组长。双方就珲春—克拉斯基诺口岸正式通行旅客、完成中俄珲马铁路建设并尽快开通运营、吉林省利用俄方港口转运货物、建立珲春—哈桑互市贸易,保证边境通信线路畅通等事宜进行了会谈,并达成共识。

这一时期,中国首次将图们江地区开发纳入《国民经济和社会发展"九五"计划和2010年远景目标发展纲要》。吉林省政府围绕《"九五"计划和2010年远景目标发展纲要》,积极推动周边国家合作开发,重点加强了图们江地区的基础设施建设,使得该地区的基础设施建设有明显改善。

二 对图们江地区开发的未来充满信心

高层推动是图们江地区开发启动的关键。图们江地区开发开放一直受到中央政府的重视和支持,党和国家领导人曾多次深入图们江地区进行视察,进一步表明了中央对图们江地区开发开放的重视和我国参与图们江国际合作开发的积极态度,为这一地区的今后发展指明了方向。

国家相关部委的大力支持,加快了图们江地区开发的进程。在国务院的直接领导下,依靠相关部委的通力协作,图们江地区开发稳步推进。当年,国务院批准设立的图们江开发项目前期研究协调小组由国家科委、国家计委、外经贸部、交通部、吉林省政府、国家海洋局等组成,后又重新调整设立了由国家计委（后为发改委）牵头的中国图们江地区开发项目协调小组，至今仍在图们江区域合作开发中发挥着重要作用；吉林省先后三次组织的图们江出海航行考察，为图们江地区开发收集科学依据，也是在国家科委、外交部、海洋局等有关部委的具体支持下进行的；在国家外经贸部支持下，在珲春成功举办了'95中国图们江地区国际投资贸易洽谈会。

国际环境有利，使图们江地区五国走到了一起。从当年的国际形势看，周边国家都表现了积极的态度，为图们江地区开发开放提供了有利条件。图们江地区开发进入实施阶段以后，俄罗斯态度日趋积极，把参与图们江地区开发提高到介入亚太事务切入点的战略高度，加大对图们江地区的投入；朝鲜于20世纪90年代初设立了面积达746平方公里的罗津—先锋经济贸易区，出台了有关法律和政策，并与国际组织合作，两次举办了"罗津—先锋国际投资贸易洽谈会"；韩国对参与图们江地区开发一直持积极态度；蒙古国参与图们江地区开发最关心的就是尽早连接乔巴山到中国阿尔山的铁路，寻找出海口出口资源；日本对图们江地区开发表现出极大兴趣。周边国家的积极表现，使图们江地区的国际合作开发呈现既有互补性的合作，又有互补性的竞争的新形势。

吉林省整体动作，省里和延边州、珲春市共同努力，形成合力。吉林省委、省政府把图们江地区的开发开放作为实施开放带动的重点，摆在重要位置。国家赋予延边州享受西部开发的优惠政策，为吸引外资、内资，加速图们江地区经济开发都创造了更加宽松的政策环境。珲春作为一个国家级的边境开放城市，积极推进以实施大通道、大经贸、大市场战略为主要内容的开放带动战略。

图们江地区经过多年的开发建设，不论是基础设施，还是政策环境，都有了一定的进步，为以后图们江地区开发的深入推进奠定了基础。作为早期参与图们江地区开发的过来人，我始终对图们江区域国际合作的未来充满信心，更对图们江开发合作所取得的丰硕成果感到欣慰。衷心祝愿图们江合作在新的基础上，更上层楼，不断发展。

组织开展前期战略研究与协调工作为图们江区域合作奠定基础

张景安*

图们江入海口对我国东北地区实施海洋战略具有重要意义，图们江三角洲是东北亚多国的枢纽，有可能成为东北亚甚至世界经济中心，具有深远的战略意义和国际意义。我曾任科技部党组成员秘书长，之后又任中国图们江区域合作开发专家组副组长，多年来参与了图们江区域合作开发开放的推进工作。可以说是一个亲历者，回顾近30年我国在图们江区域开发和开放中所做的工作，科技部（前身为国家科委）在图们江开发前期阶段的工作为图们江区域合作开发发挥了重要作用，奠定了坚实的基础。

早在20世纪80年代后期，国家科委就开始关注和研究图们江开发问题，并启动了图们江开发的战略研究。当时国家科委首先协调有关部委向国务院汇报并获准同意，从而使这项具有战略意义的工作迅速开展。当时国家科委作为国家图们江地区开发项目前期研究协调小组组长单位，在与联合国开发计划署合作，协调相关部门和吉林省推进图们江区域合作开发战略研究方面做了大量工作，为促进图们江区域的开发开放和国际合作，促进东北亚地区的稳定与发展做出了重要贡献。

一 图们江开发的前期科研工作

图们江入海口地区是中、俄、朝三国的接壤地区。20世纪80年代后期，国内外专家学者对图们江开发进行了前期研讨，提出多个建议，国家科委及有关部门也开展了前期工作，这样拉开了图们江工作的序幕。

---

* 张景安，中国图们江区域合作开发专家组副组长，科技部原党组成员，科技日报社原社长。

联合国开发署 UNDP 立项并出资 350 万美元（芬兰政府资助 100 万美元）进行前可行性论证，这个图们江项目研究组由 7 个国家专家组成。与此同时，国内有关学者也提出利用图们江开辟吉林省对外贸易口岸的建议。1989 年 2 月，国家海洋局在北京召开了图们江通海航行权利及日本海政治经济形势研讨会。国家科委与吉林省、国家海洋局、交通部、中国社会科学院等单位的 20 多位专家学者，就图们江通海航行权利、东北亚政治经济形势以及我国在日本海的合法权益等问题进行了深入讨论。国家科委政策法规司张登义同志与孔德涌同志找吉林省和交通部、国家海洋局商议，启动对开发图们江航道立题论证。1990 年 5 月和 1991 年 6 月，国家科委、国家海洋局、吉林省政府组织专家进行了两次图们江出海复航科学考察。1991 年 5 月，中苏签订的东段边界协定中，重新明确了中国船只具有自由出入图们江通海航行的权利。

二　图们江地区成为国际关注的焦点区域

1990 年和 1991 年夏末，在长春成功召开了两次国际会议。会议由中国亚太研究会和美国东西方中心主办，国际与会者的踊跃程度出乎预料。除了中、俄、朝三国外，蒙、日、韩、美的有关专家都积极参会。世界银行和亚洲开发银行也表示了极大兴趣。联合国开发计划署参加了第二次长春会议，并且认为这一地区的开发有非常重要的意义。联合国开发计划署主持的前可行性论证工作进行了十几个月，有些方面就取得了大进展，尤其是在世界区域开发中产生了很大的国际影响。当时有外国专家提出设立图们江国际开发区，还有专家提出筹资几百亿开始建设。这一条新闻在国际上流传很快。虽然由于个别国家不积极难以启动，种种原因让全世界都耳目一新为之震惊的国际开发区错过了机会，但这一宏伟国际构想至今仍然具有其特殊的国际意义和研究价值。

1990 年 7 月，由中国亚洲太平洋研究会、美国东西方研究中心联合主办的"东北亚地区经济发展国际学术研讨会"在长春召开，来自中国、俄罗斯、朝鲜、韩国、蒙古国、日本、美国等国家和地区的知名专家学者出席了会议。中方代表首次提出了"图们江三角洲"的观点，同时介绍了该地区进行国际合作开发的情况，提议开展广泛的国际性学术研究，共同推进该地区的开发建设。从此，沉睡多年的图们江地区得到了国际社会的关注。

1991年8月，在长春再次召开了"东北亚经济发展国际学术研讨会"，图们江地区开发是这次会议讨论的热点。国家科委副主任惠永正到会并发言。联合国开发计划署邀请国际知名专家到会并实地考察，形成的考察报告对未来联合国开发计划署支持与推动图们江地区开发项目奠定了基础。1991年10月24日，联合国开发计划署在纽约总部举行了记者招待会，向全世界宣布了多国共同开发图们江三角洲这一宏大设想。联合国开发计划署助理署长辛格先生指出：这件事是由中国首先提出来的，并立即得到蒙古国及朝鲜、韩国的积极响应。由此，图们江地区成为举世瞩目的焦点。

这两次国际会议从全球来看可以说规模并不是很大，但是其国际影响非常巨大。会后图们江三角洲地区的开发成了国际社会关注的热点。也成了国际社会众多专家学者研究的热门课题。它不仅对该地区的发展具有十分重要的经济和社会意义，也具有深远的国际政治意义。现在看当年"图们江热"不是偶然的，与当时全球经济发展密切相关，并且是全球深层问题的一个反映。图们江有得天独厚的区位优势，各国经济利益在此汇聚，既可以成为全球经济金融和贸易的聚散地，也可以成为全球经济新的增长极。当时多位国际知名专家学者发表文章和演讲，阐述世界经济中心由大西洋移到太平洋，而在太平洋经济起飞寻求大发展之时，多国交汇有可能成为太平洋发展中心的图们江三角洲，刚提出时就成为国际关注和讨论的焦点。不仅在我国东北三省和科技界，尤其是国外各种论点、蓝图、设计、幻想喷薄而出，我当时就是异想天开的一位。我主张设立图们江国际经济技术开发区，设计一个一切都是国际化的创新园区。两种办法管理园区，一种是多国出资作为股东，全球招聘管理团队的图们江国际经济技术开发总公司。另一种是建立图们江开发国际经济技术管委会，类似联合国的协商协调协作开发管理机构。组建并管理跨国经济技术开发区，当时在世界上还没有先例，到今天还没有，作为科技园区一位研究者，我始终认为是早晚的事。国际化是世界发展趋势，国家间协同创新与发展是世界文明进步的趋势。开发区经济是一种局部优势发展模式。国际开发区可以聚集各国优势，实现国际优势资源优化组合，效益会更好，各方都得益，何乐而不为。当时图们江三角洲搞什么样的开发模式，国内国外都有多种理论设计。

1992年2月，当时我国的专家国家科委中国科学技术促进发展研究中心主任孔德涌，著名系统工程专家于景元和周元联名在中国软科学发表文章，论述了世界各国对图们江三角洲开发的意图。进而又发表图们江开发战略选择，分析了在图们江地区可能出现的国际联合开发情景，总结出国际国内众多专家学者提出的6种情景组成的"预选情景组"，并论述了"松散型经济合作区"和"紧密型经济合作区"的可行性及可操作性。1993年初，我与国家计委地区司潘文灿司长在香港主持讨论图们江开发，会议热烈非凡，多国专家各抒己见，很多观点具有较高的学术价值和未来实践可能性。综上所述，国内国际大量实例证明，当年全球"图们江热"是历史事实。

三 开展图们江地区开发项目前期研究协调小组相关工作

1. 领衔组成前期研究协调小组

1992年4月13日，经国务院领导同志同意，国务院办公厅正式发函，批准我国参加联合国开发计划署（UNDP）图们江地区开发项目，同时责成国家科委、国家计委、经贸部、交通部、吉林省人民政府、国家海洋局等单位组成前期研究协调小组。国家科委为组长单位，国家科委副主任惠永正为组长，办公室设在国家科委政策法规司。同期，我国组成出席UNDP图们江地区开发项目管理委员会中方代表团、中国专家组和中国项目办公室。

2. 主持协调小组的相关工作

其一，主持小组会议。1992年7月10日，UNDP图们江地区开发项目前期研究协调小组召开第一次会议，会议由协调小组组长、国家科委副主任惠永正和副组长、国家计委副主任刘江同志共同主持。会议就前期的工作进行回顾总结，并就今后图们江地区开发的规划问题、人才的培养和挖掘问题、UNDP图们江地区开发项目中方提案问题、开展研究的基本原则问题等进行了研究和部署。1993年7月26日，中国图们江地区开发项目前期研究协调小组召开第二次会议，会议由协调小组组长惠永正和副组长陈耀邦主持，会议总结了前一段工作情况，对联合国开发计划署提出的《关于图们江地区开发的协定》进行了研究和修改，讨论了拟上报给国务院的《关于签署联合国开发计划署图们江地区开发项目两个协定的请示》。会议讨论了我国对签署协议的几种对策，对应采取的立场和策略形成了一致意见。

其二，制订行动计划方案。1995年1月，中国图们江地区开发项目协调小组制订出1995年行动计划方案，其主要行动有：推动与两个协定一个谅解备忘录签署有关的活动；组团赴日本参加东北亚经济论坛年会；对《图们江地区21世纪发展战略及分阶段规划方案的系统设计》大型科研课题进行了专题研究，并完成阶段工作；在珲春举办图们江地区开发国际研讨会；筹备在延吉召开国际招商会等。1996年2月，中国图们江地区开发项目协调小组召开会议，制订了1996年协调小组行动计划方案。其主要行动是：协助完成秘书处选址及办公室组建工作；筹备两个委员会在京召开的一次国际会议；出版《图们江地区开发开放——21世纪宏伟工程》。

3. 率团参加UNDP图们江地区开发项目会议

1992年4月28～30日，UNDP在北京召开了图们江地区开发项目（TRADP）第一次专家组工作会议，会议主题是图们江区域发展的概念与战略选择，区域发展的财政战略，项目管理委员会和专家组前18个月的工作计划和工作方案等。国家科委张登义同志、外经贸部国际司龙永图同志、UNDP亚太局伯尔道先生都做了重要讲话，中国专家组组长孔德涌同志在发言中畅谈了图们江地区的开发设想，引起与会代表的很大兴趣。

1995年5月29日至6月2日，图们江地区开发项目第五次项目管理委员会（PMCV）在北京召开。朝鲜、蒙古国、俄罗斯、韩国和中国政府代表团出席了会议，来自UNDP等国际组织的代表和日本、芬兰、加拿大等国的观察员也参加了会议。在会上，草签了《关于建立图们江地区开发协调委员会的协定》和《图们江经济开发区及东北亚环境准则谅解备忘录》。文件的草签表明图们江项目进入新的阶段，进一步完善该地区的基础设施并大力推进投资促进与贸易促进将成为今后的重点，意味着图们江项目的组织管理方式和多国合作的协调机制也将发生相应的调整，图们江流域开发将从可行性研究阶段转入实际操作阶段。会后，国家科委副主任邓楠、国家计委陈耀邦副主任宴请了出席PMCV会议的各国代表，并与各国代表团进行了交谈。

四 上报国务院，推动图们江开发成为国家次区域合作重点

党和国家领导人高度重视图们江地区的开发问题，1990～1991年先后到该地区视察，表明了中国政府积极参与的态度。这一切对该项工作的进一步深入发展有着重大的意义。

其一，邀请国务院及相关部门实地考察及召开研究会议。1991年，国

家科委邀请国务院有关同志赴吉林省珲春、防川等地考察，以便国务院及时了解情况。在此前后，国家科委多次向国务院有关领导同志汇报图们江开发研究的进展情况。1991年12月，国家科委与吉林省共同主持召开图们江地区开发对策研究会议，邀请了国家计委、外交部、外经贸部、海洋局等部门负责人和专家学者参加，集中讨论了图们江开发的特殊政策问题，图们江地区的基础设施、产业结构与布局，投资环境与渠道，图们江地区的周边合作问题，跨国经济区问题，该项目的组织落实等问题。会后国家科委、国家计委、外经贸部、吉林省政府联合向国务院建议成立图们江地区开发项目的前期研究协调小组。

其二，积极就相关问题与情况向国务院请示汇报。1992年1月，就加强图们江地区开发研究工作问题，国家科委、国家计委、外经贸部、吉林省政府正式向国务院请示。1992年12月1日，国家科委、国家计委就关于联合国开发计划署图们江地区开发项目前期研究协调小组工作情况向国务院提交请示报告。1994年3月28日，国家科委、国家计委召集图们江地区开发项目研究协调小组成员单位就签署联合国开发计划署图们江开发项目"两个协定"再次进行了研究，并将《关于签署联合国开发计划署图们江开发项目两个协定的请示报告》上报国务院。

五　积极与其他国家协调推进图们江开发

1992年9月21~23日，国家科委孔德涌同志率领中方专家组与朝鲜对外经济联络部副部长金正宇、国土局局长严基阳等在平壤就图们江合作开发问题进行了讨论。双方达成四点一致意见：一是关于图们江开发的三条原则；二是同意成立图们江地区开发公司；三是朝鲜同意出租土地，准备出租100平方公里；四是同意在三国出租土地上共同开发。于此，中国图们江地区开发项目前期研究协调小组就土地开发、出租，合作开发公司及法律问题进行了广泛深入的研究，并组成了相应专家队伍。

六　国家科委逐步完善推进图们江合作的相关机制

1. 组织有关单位进行学术研究

1992年10月25日，中国图们江地区开发协调小组会同国内有关院校的专家完成了《图们江经济开发区交通网络系统规划》、《图们江经济区交通枢纽系统分析》课题报告，提出了"小三角"、"大三角"地区以及与俄、朝港口群连接的交通基础设施建设规划设想。1993年12月10日，协调小组与专家组共同完成了《图们江经济开发区新亚欧大陆桥建设及沿线经济产业带开发研究》的研究报告，系统分析了以图们江地区港口群为桥头堡的新亚欧大陆桥建设方案，提出了通过中蒙铁路连接的建设项目，将图们江地区开发项目扩展为影响中国东北地区及内蒙古东部地区，并进而将蒙古国东部地区与图们江地区开发联系起来的战略设想，提出大陆桥建设与沿线产业带开发共同进行的总体实施思路。1994年2月10日，协调小组组织国内有关单位进行《图们江地区21世纪区域开发的总体战略框架》研究，从（1）图们江地区区域开发21世纪总体战略规划的框架设计；（2）图们江地区开发的政策效应研究及投资效益分析；（3）图们江地区国际贸易的实证研究；（4）图们江地区铁路、港口协调发展的方案设计；（5）图们江地区开发的国际环境及对我国东北地区影响的利弊分析；（6）图们江地区开发多模式比较研究及信息系统的建立；（7）图们江地区城市可持续发展问题的研究等7个不同的角度对图们江地区开发项目进行了系统深入的研究与探讨。1995年4月20日，协调小组与国内有关单位共同完成了《图们江经济区贸易发展战略》研究报告，全面分析了图们江经济区贸易发展的基本态势，以及该地区贸易发展的可能模式，建立了图们江经济区6种可供选择的贸易发展战略。

此段时期，我国图们江地区开发协调小组专家组还就图们江地区的有关问题进行了大量的学术研究，如图们江地区城市可持续发展问题的研究、图们江地区资源开发及产业开发战略研究、图们江地区通信发展研究、图们江下游珲春地区与东北亚国际贸易的趋势预测及对策研究、图们江地区交通经济一体化发展及其对东北亚发展影响的研究、图们江经济开发区交通枢纽系统分析等，这些研究为我国开发图们江地区从理论上给予了充分的支持。

2. 两次赴香港举办高级管理研修班

1993年11月21日至12月6日，由国家科委、国家计委及吉林省人民政府共同组织的图们江地区国际合作开发高级管理研修班在香港举行。此次研修涉及经济政策与管理体制；工商业及旅游业的发展；外汇、股票及房地产市场的运作；法律制度及实务等众多领域。主要收获可以归纳为以下几条：(1) 对香港的社会经济构架及地区开发有了全面认识；(2) 对市场经济的基本运作机制增长了新的知识；(3) 学到了先进的市场经济管理方式与管理经验。1994年11月15日至12月5日，由国家科委、国家计委和吉林省人民政府共同组织的第二期高级研修班在香港举行。这次研修活动取得了如下方面的收获：(1) 学习了与图们江开发的有关知识；(2) 对香港市场经济的基本法则、法律制度和运行机制有了比较深入的了解；(3) 对香港自由港经济发展模式和香港地区的经济社会结构有了比较全面的认识；(4) 深入了解了香港投资商参与内地开发建设的思路和做法。

七 结束语

1999年，国家对图们江地区开发领导机构进行了调整，将"图们江地区开发项目前期研究协调小组"更名为"中国图们江开发项目协调小组"，成员除原有的单位外，根据工作需要，增加了国务院特区办、国家经贸委、海关总署、口岸办、财政部、中国人民银行、铁道部、建设部、国家土地管理局、国家环保局等单位。组长单位由国家科委调整为国家计委。至此，国家科委圆满完成了国家赋予的牵头推进图们江地区开发的历史任务，所承担的历史角色也由组长单位转变为副组长单位。在之后的推进进程中，科技部作为副组长单位，一如既往地积极参与到图们江区域合作开发的推进工作中。2008年12月28日，经国务院领导批准，中国图们江区域合作开发专家组成立，我有幸被推选为专家组副组长。专家组成立后做了大量的规划设计工作，发挥了积极的作用。正是在专家组的积极建言下，国务院于2009年8月30日批复了《中国图们江区域合作开发规划纲要——以长吉图为开发开放先导区》，这是继我国1992年、1999年后编制的有关图们江开发的第三个规划；于2012年4月批复设立了中国图们江区域（珲春）国际合作示范区。这些极大地推动了图们江区域合作开发的发展进程。当前，图们江区域合作开发正迎来重大发展机遇，有望在2016年转型升级为政府间国际组织。应积极推动中国与区内其他国家的合作，寻求共同的建设目标和利益共同点，确定优先顺序，分步实施，先易后难，寻求合作开发利益的最大化。

图们江是祖国东北一块风水宝地，山清水秀，风景优美，人杰地灵。

又具有得天独厚的国际区位优势。从未来全球发展来看是世界战略要地，是东北亚海、陆、空交通枢纽。有可能成为多国广泛合作与交流的国际经济中心、国际金融中心、国际贸易中心、国际信息中心、国际物流中心、国际制造业协作中心、国际旅游中心、国际文化交流中心等。图们江未来充满了无限的希望，但是目前又有很多难点和不确定因素。图们江既有机遇又有挑战，它的研究与发展都是一篇大文章，一篇国际巨作。

我1986年第一次陪同当时国家科委副主任杨俊与多位专家到图们江调研，之后分别与惠永正、陈耀邦、龙永图、张登义、徐志坚、李学勇等多位领导与专家到图们江调研。我前后5次陪同全国人大常委会副委员长、图们江专家组组长蒋正华到图们江调研。到现在我一共去了图们江17次，对我来说是一个不断学习、逐步认识的过程。我衷心感谢祖国给了我这个难得的学习机会，使我学到了许多书本上学不到的东西，积累了很多信息和案例，前后结识了几代图们江专家学者和领导。作为现任的专家组副组长，我将尽自己的微薄之力，继续推动这项工作向前迈进。我始终认为图们江处于世界战略要地，对世界未来区域合作，可持续发展和协同发展有巨大的潜力。这块地方在未来发展中，对很多国家发展可以起到独特的不可替代的推动作用，对很多国家的经济发展具有重要的互补性，可以实现互利双赢和多利多赢，共同发展。让我们携起手来，加快图们江地区开发开放步伐和国际化进程，共同开创灿烂美好的明天。

深化中俄合作　推进图们江合作开发

朱佳木[*]

2013年10月，我作为中俄友协的副会长曾应邀出席了在吉林省珲春市召开的第一届中俄远东边境市长合作会议，并在会上致辞。从那以后，我同图们江区域国际合作开发事业便结下了不解之缘。

中国古代诗人对松树的成长曾有过这样的形容："自小刺头深草里，而今渐觉出蓬蒿。"对于江河的形成则做过这样的描写："竹中一滴曹溪水，涨起西江十八滩。"回顾图们江区域国际合作开发事业的历程，其成长、发展又何尝不是如此。图们江地区开发，最初起源于1991年联合国开发计划署提出的构想。此后，中、俄两国政府于2007年分别制定了《东北地区振兴规划》和《远东及后贝加尔地区振兴计划》，又于2009年联合制定了《中国东北地区与俄联邦远东地区及东西伯利亚地区合作规划纲要（2009~2018年）》。再往后，俄罗斯政府于2010年批准了《远东和贝加尔地区2025年前社会经济发展战略》；中国政府于2011年出台了《关于支持中国图们江区域（珲春）国际合作示范区建设的若干意见》。2013年以来，在中国吉林省政府和中国国际贸易学会图们江分会的推动下，中国延边州和俄罗斯远东地区连续举办了两届旨在推动此项事业向纵深发展的中俄远东边境市长合作会议。功夫不负有心人，上述努力在2014年终于取得了重大成果。是年上海亚信峰会期间，中国吉林省和俄罗斯苏玛集团在习近平主席和普京总统的共同见证下，正式签订了合作建设扎鲁比诺万能海港的框架协议。这个项目的落实，将使该港年吞吐量提升至6000万吨，从而成为图们江区域国际合作的重要基础设施。展望前景，我相信这一事业在不远的将来必将成长为参天大树，汇聚成奔涌的大江大河。

中、俄两国关系经过20多年的探索和发展，已经有了广泛的政治、经

---

[*] 朱佳木，中俄友好协会副会长，中国社会科学院原副院长。

济和社会基础，尤其在习近平主席和普京总统的热情关注和频繁会晤下，更加凸显这一关系的高水平和特殊性。当前，中俄经贸合作正在由简单的贸易向贸易加联合研究和开发的方向大步转移，中国东北地区与俄罗斯远东地区的陆海联运通道建设已成为中国"一带一路"倡议的重要内容。更可喜的是，图们江合作机制也已处于升级阶段，大图们倡议即将转变为独立的政府间国际组织。尤其2015年，中、俄两国都隆重举办了庆祝二战胜利70周年活动，两国元首相互出席了对方举办的庆祝和纪念活动。作为图们江区域国际合作的重要成员国和直接受益地区，中、俄两国以及中国吉林省和俄罗斯远东地区势必抓住这一历史机遇，加快合作开发步伐。图们江合作中，中俄合作至关重要。中俄广泛、深入地合作，必将大力推进图们江合作。在中俄全面合作的背景下，探讨如何以图们江合作机制推动东北亚区域合作进一步密切和深化的问题，我认为是很有现实意义的，必将为推动东北亚区域合作的发展，起到积极的促进作用。

积极融入"一带一路"建设 打造我国面向东北亚开发开放的桥头堡

张安顺[*]

随着经济全球化的快速推进，国际区域合作已成为当今世界经济发展的大趋势和新模式。特别是我国提出实施"一带一路"战略，为图们江区域各国进一步开放合作提供了宏伟愿景，周边国家和地区参与图们江区域合作开发的意愿更加强烈，合作领域不断扩大，合作方式灵活多样，合作层次不断提升，延边州日益成为国家"一带一路"战略向北开放的重要窗口。

一 图们江区域合作开发在"一带一路"战略中地位凸显

图们江区域地处东北亚核心地带，背靠亚欧大陆，东连日本海，区位环境独特，合作开发由来已久。无论从政治、军事、经济和文化上考量，还是站在维护国家安全及边疆民族地区繁荣稳定大局，都具有极为重大的意义。图们江区域合作开发所涉及的中、俄、朝、韩、蒙、日六国，总人口约占世界总人口的1/4，国土总面积约占陆地面积的1/5，地区生产总值约占全世界的1/4。这一区域俄罗斯、朝鲜、蒙古国资源丰富，日本、韩国资金、技术和管理经验领先，中国、朝鲜人力成本和市场潜力巨大，具有极强的经济互补性。党的十八大以来，中央提出"一带一路"重大战略规划，以"和平发展、合作共赢"为时代主题，积极主动发展与沿线国家的经济合作伙伴关系，共同打造政治互信、经济融合、文化包容的利益共同体、命运共同体、责任共同体。纵观历史渊源、现实基础、发展愿景，特别是国家长期战略需要等因素，图们江区域在国家"一带一路"战略中

---

[*] 张安顺，中共吉林省委常委，延边州委书记。

的重要地位日益凸显。

从历史上看，图们江区域曾是我国东北地区海上贸易的重要通道。早在盛唐时期，我国就开辟了从珲春经盐州（扎鲁比诺港附近）抵达日本的航道（日本道）。清末民初，"跑崴子（指海参崴）"是"闯关东"的重要支线和我国对俄贸易重要通道，"闯关东"与"走西口"、"下南洋"一道成为我国陆上及海上贸易的三大商路。据史料记载，1886年珲春有渔船及货轮经由图们江口去日本海捕鱼，并往返俄国、朝鲜、日本、上海、大连、青岛、威海等地转送货物，进行贸易运输，防川港吞吐量达到200万吨，珲春也一度成为东方自由贸易重镇，直到20世纪二三十年代珲春港始终十分繁荣。在1938年张鼓峰战役后，日本封锁了图们江航道，从此我国利用图们江航道出海被迫完全中断。但我们仍然拥有图们江出海权，20世纪90年代初，先后进行了三次经图们江进入日本海的科学考察。图们江出海问题事关我国对日本海的制海权和东北亚的主导权，加快图们江区域合作开发，尽快实现图们江出海常态化，对于维护国家海洋权益、推动地方发展具有极为重要的意义。

从区位上看，图们江区域是"一带一路"战略向北开放的重要支点。国家"一带一路"愿景与行动文件中，明确吉林省是"一带一路"战略向北开放的重要窗口。延边作为图们江区域合作开发和全省对外开放的核心区域，这个重要窗口实际上就是指向延边。延边区位环境优越，与俄罗斯陆路相连，与朝鲜隔图们江相邻，与日本、韩国隔日本海相望，周边分布着俄、朝两国的10个港口，均可通过公路或铁路与延边的11个口岸相连。图们江是我国内陆进入日本海的唯一水上通道，从图们江口到朝鲜罗津、清津，俄罗斯符拉迪沃斯托克、日本新潟、韩国釜山，均是我国沿海港口到上述各港的最近点。图们江区域也是新亚欧大陆桥东端的登陆点，是"一带一路"规划建设中蒙俄经济走廊的重要组成部分，自图们江区域向西经长春、白城至阿尔山，横穿蒙古国，接入西伯利亚大铁路，直通欧洲，可以形成新亚欧大陆桥，其运距将比现有的从荷兰鹿特丹至俄罗斯符拉迪沃斯托克港的这条亚欧大陆桥缩短了1000多公里。同时，图们江区域也是经北冰洋（北冰洋航线）取道北欧、北美的最近点，从图们江口穿过津轻海峡，到美国旧金山8430公里，比上海或天津近1000~2000公里；到英国伦敦13560公里，比广州近5000多公里。这样，陆地以图们江区域为桥头堡，经中蒙俄铁路，形成丝绸之路经济带的分支路径；海上以图们江区域为起点，经俄朝港口，转达欧洲、北美，拓展"21世纪海上丝绸之路"，形成我国与周边国家全方位开放、共同合作发展的格局。

从发展潜力上看，图们江区域合作开发有利于形成东北地区新的经济增长点。经过20多年的开发建设，图们江区域合作开发已经成为我国参与东北亚地区经济合作的重要平台，对东北地区经济拉动作用日益增强。一方面，可以有效推动东北老工业基地振兴。长期以来，东北经济布局不均衡，中部长吉城市组团在经济总量、产业带动能力上弱于哈大齐、沈大两个城市组团，北起佳木斯、南至丹东的整个东部边境地区资源富集但缺乏有效串联，资源优势未能转化为加快发展的基础。加快图们江区域合作开发，有利于横向打通中蒙大通道，辐射拉动东北中部腹地的沿线城市，纵向通过东北东部铁路通道，带动黑龙江、辽宁东部边境沿线口岸城市群发展，全面推动东北振兴步伐。另一方面，可以带动东北地区全面融入图们江区域合作。当前，图们江区域国际合作机制不断完善，相关国家的政策大幅度向该区域倾斜，区域自身发展能力明显增强。加快图们江区域合作开发，可以从对内、对外两个方面改变东北相对封闭的状况，使长吉图与东北其他地区形成紧密联动，进一步优化东北经济板块布局和经济结构，在我国东北与俄罗斯远东、朝鲜、韩国、日本、蒙古国的区域形成新的经济圈，成为具有发展活力的新的增长区域。

二 图们江区域合作开发成效显著

多年来，延边始终把开发开放作为经济社会发展的主导战略，向开放合作要发展动力、发展空间、发展先机，充分发挥区位、资源、政策等优势，深入实施长吉图开发开放先导区和珲春国际合作示范区这两个"国字号"发展战略，全力畅通对外通道，务实深化区域合作，加快开放平台建设和境外资源转化利用，开发开放取得了显著成就。

一是坚持双向延伸，全面畅通开放通道。我们始终把通道互联互通作为开发开放的先决条件和重要基础，全力推进借港出海、陆海空联运大通道。在跨境公路方面，珲春圈河口岸至朝鲜罗津港二级公路维修改造工程于2012年10月竣工通车；珲春至罗津高速公路国内段正在编制规划。在跨境桥方面，珲春圈河口岸跨境桥年底前将建成通车；图们口岸跨境桥项目前期工作正在加快推进，年内有望开工建设。在跨境铁路方面，中俄珲春—马哈林诺铁路正式恢复国际联运,并实现双向常态化运营,成为吉林省对俄合作的运输主动脉。图们至朝鲜罗津港铁路扩能改造项目扎实推进,珲春甩湾子至朝鲜训戎里铁路正在谋划推进。在海运航线方面,先后开辟了珲春经俄罗斯扎鲁比诺至日本新潟、珲春经扎鲁比诺至韩国束草、釜山的陆海联运航线,打通了环日本海航运通道,使我国东北到日本海的陆航期缩短了一半以上;开辟了珲春经朝鲜罗津港至上海、广州、汕头、泉州等东南沿海城市的内贸外运航线。在空中航线方面,延吉国际空港已开通了至俄罗斯符拉迪沃斯托克,朝鲜平壤,韩国济州、釜山、清州、大邱等多条国际航线,并将延吉至仁川航线与日本东京、新潟进行了对接,空港出入境客流量快速增长,2014年达50.1万人次,占旅客吞吐量的40.4%,延吉至韩国航线的上座率居全国第一位。

二是坚持互利共赢,全面扩大区域合作。我们坚持把区域国际合作作为开发开放的重中之重,充分发挥延边独特的区位优势、政策优势和资源优势,不断提升合作的层次和水平。合作开发建设扎鲁比诺港进程加快,苏玛集团(珲春)国际物流中心前期工作有序推进,中俄跨境合作区全面启动,中朝共同开发管理的罗先经贸区建设稳步推进。充分利用朝鲜劳动力资源优势和加工贸易梯度转移重点承接地政策优势,积极引进朝鲜劳动力,有4户企业享受对朝复进境政策试点,在朝设立了13个加工厂。对韩合作成效显著,浦项现代国际物流园区一期已经竣工,韩国农心二期年产200万吨矿泉水项目即将投入生产,韩正人参加工项目已建成,年加工鲜参能力4000吨。目前,全州共有韩资企业372家,占全州外商投资企业总数的66%。

三是坚持多点联动,全面加强平台建设。我们坚持把开放平台建设作为一项核心任务来抓,全力以赴增强平台承载能力,不断扩大和提升平台的洼地效应、聚集效应和辐射效应。珲春国际合作示范区建设扎实推进。示范区总体规划获得省政府批准,确立了"区市合一"的行政管理体制和领导机制,理顺了权责界限和运行方式,建立了符合国际化、市场化要求的体制机制,吸引了一大批国内外知名企业投资建厂,珲春欧亚商城、大宸水产等项目相继建成,紫金矿业多金属综合回收、循环经济产业园等项目进展顺利,珲春面向东北亚开放的桥头堡作用日益凸显。"十二五"以来,珲春市地区生产总值年均增长11%,全口径财政收入年均增长18.5%,累计完成固定资产投资477.5亿元。各级各类开发区和工业集中区加快发展。经过多年建设，全州建成12个经济开发区和工业集中区，其中3个国家级开发区、4个省级经济开发区和5个工业集中区。现有企业1609户，其中规模以上企业318户，从业人员11.8万人。2014年全州各开发区共实现地区生产总值515.8亿元，占全州的57%；规上工业企业增加值完成327.9亿元，占全州的77%；外贸进出口总额实现19.7亿美元，占全州的74%。同时，图们朝鲜工业园自2010年获省政府批准以来发展迅速，已有惠人电子、华龙科技、康基电子等27户企业入驻园区；和龙国家级边境经济合作区和延吉空港经济开发区正式获批，延吉重点开发开放试验区纳入国家战略，各项工作正在稳步推进。

四是坚持强基固本，全面提升产业支撑。我们立足资源、政策和区位优势，大力实施烟草、医药、冶金、能源、人参、林产、食品、化工等八大百亿级产业跃升工程，2014年八大百亿级产业实现产值947亿元，占工业总产值的75.2%。旅游、商贸物流、矿泉水、跨境电子商务等新兴产业不断壮大，初步形成了以生态、民俗、冰雪、边境为特色的旅游品牌，跨境旅游取得了突破，开辟了珲春至金刚山海上游、图们至七宝山铁路游、对朝自驾游等10余条跨境旅游线路，2014年全州边境旅游人数达35.6万人次；矿泉水产业迅速发展，广州恒大、台湾统一、韩国农心、福建雅客、陕西步长等一大批国内外知名企业在安图矿泉水产业园投资建厂，建成后矿泉水年产能将突破千万吨；物流业实现集聚发展，浦项现代物流园区、图们物流集散港、珲春豪德现代商贸物流城以及延吉、敦化物流园区等项目加快建设，延边正在成为图们江区域商贸物流中心和国际物流陆海联运大通道；全力推进跨境电子商务产业发展，与阿里巴巴集团签署了战略合作框架协议，延吉高新区、延边新兴工业集中区被确定为全省电子商务示范基地，全州电商企业达到116家。同时，充分利用俄朝丰富的资源，建设煤炭、木材、海产品、纺织服装、国际物流五大产业基地。目前，海产品、纺织服装产业已粗具规模，珲春海产品工业园已进驻加工企业41家、贸易企业83家，2014年进口海产品17万吨，加工11万吨，产值23亿元；珲春纺织服装加工企业达到34户，雅戈尔、山东舒朗等服装项目落户珲春；煤炭集散基地、木材加工集散基地和国际物流集散基地正在加快建设，为开发开放提供强有力的产业支撑。

五是坚持外引内联，全面扩大对外贸易。我们以打造对外开放先进地区为目标，不断优化开放环境，加快发展对外贸易，突出对俄、对朝、对韩三个重点，充分利用各级各类开放平台及"图洽会"、延边与俄罗斯远东市长合作会议、大图们倡议部长级会议等合作机制，大力推进与周边国家交流合作和人员贸易往来，努力保持全州外贸进出口总额持续快速增长。着力加强与长吉腹地联动发展，加强与国内其他区域的交流合作，实现资源优势互补、产业合理分工、基础设施协同共建、区域经济协调发展。积极扶持外贸企业发展，大力引进大型外贸企业和加工贸易企业，在企业登记、品牌建设、税收等方面给予优惠政策，专门设立外贸发展资金，中国神华、中煤集团、建龙集团等企业相继落户珲春，总投资3.3亿元的珲春国际商品交易市场投入运营，目前延边州有外贸经营权的企业1600多家，有业绩的进出口企业520多家，是全国拥有进出口经营权最多的自治州。边境互市贸易进一步发展，边民互市商品种类、贸易面积逐步扩大，"十二五"以来累计实现交易额14.8亿美元。外贸环境进一步改善，实施差异化支持政策，建立联席会议制度，推行"一次申报、一次查验、一次放行"的一站式服务，通关便利化水平不断提高。"十二五"以来，全州累计实现外贸进出口总额87亿美元，口岸过货量完成605万吨，口岸进出境人数472万人次。

三　图们江区域合作开发充满生机和活力

当前，图们江区域国际合作持续升温，延边开发开放面临着诸多有利条件。从国家战略上看，加快沿边开放已经成为国家的战略重点。特别是随着国家"一带一路"、新一轮东北振兴等战略的深入实施，为我们在更大范围、更宽领域、更高层次上推进开发开放创造了有利条件。从区域合作上看，周边各国参与图们江区域合作开发的意愿更加强烈。中俄战略合作伙伴关系进一步深化，俄罗斯加速战略东移，持续加大远东地区开发力度，在符拉迪沃斯托克设立经济特区，并计划在远东地区首批建立14个跨越发展区，同时还将出台新的土地政策；中韩战略协作伙伴关系不断升级，中韩自由贸易协定正式签署，延边正在加快推进韩国产业园建设，主动承接韩国产业和技术转移；朝鲜重视加快经济建设，近年来先后设立了10个开放城市、19个经济开发区，金正恩在2015年新年贺词中特别强调要多方面发展对外经济关系；同时，日本、蒙古国也积极参与图们江区域开发，这些都为我们进一步扩大开放创造了良好的外部环境。从自身情况上看，随着长吉图开发开放先导区和珲春国际合作示范区战略的深入实施，延边开发开放的环境更加优越，内生动力更加强劲，发展基础更加坚实，一个开放范围更广、领域更宽、层次更高的开放格局正在形成。面对这样难得的发展机遇，我们将进一步解放思想，积极作为，全力以赴做好开发开放这篇大文章，建设我国面向东北亚开发开放的桥头堡。

延边最大的优势在区位，最大的潜力在开放，我们要把握国家推进"一带一路"建设和沿边开发开放的历史机遇，务实推进与周边区域和国家的政策沟通、道路连通、贸易畅通、货币流通、心心相通，构建国际区域合作新高地，努力建成东北开发开放示范区。

一是大力推进平台建设，全面打造延边开发开放新高地。抢抓国家"一带一路"、东北新一轮振兴、中韩签署自贸协定等历史机遇，进一步加快珲春国际合作示范区建设，加大基础设施投入力度，推动珲春出口加工区升级为综合保税区，不断提升示范区综合承载能力。扎实推进延吉国家重点开发开放试验区、和龙国家级边境经济合作区、延吉空港经济开发区建设，扩大图们朝鲜工业园产业规模，统筹抓好高新区、工业集中区等各类开放平台建设，谋划建立图们、龙井边境经济合作区，形成开放平台齐头并进的良好态势。

二是全面畅通开放通道，加快建设图们江区域国际交通枢纽。围绕实现"借港出海、连线出境、内贸外运"的目标，加快铁路、跨境桥和航线建设，推动珲春至俄罗斯马哈林诺铁路双向常态化运营，把珲春铁路口岸建设成为大进大出的国际铁路中转枢纽；积极促进图们至朝鲜罗津港铁路改造，谋划珲春至符拉迪沃斯托克的高速公路连通项目，开辟对俄对朝贸易新通道。加快中朝圈河口岸跨境桥建设，积极推进图们、三合、开山屯等跨境桥项目前期工作。培育海运航线，稳定运营珲春经扎鲁比诺至釜山航线、至束草航线，扶持拓展内贸外运航线，积极推进朝鲜清津港综合利用；不断拓展空中通道，稳定运营现有航线，争取开辟更多国内外航线，打造图们江区域空中交通枢纽。

三是坚持"引进来"与"走出去"并举，全力培育和发展外向型经济。依托国际国内"两个市场"和"两种资源"，坚持"出口抓加工，进口抓落地"，着力打造"五大产业基地"。即充分利用珲马铁路大力引进俄罗斯煤炭资源，尽快形成千万吨煤炭加工集散基地；充分利用俄罗斯的木材资源，打造木材深加工和集散基地；积极引进俄朝海产品资源，打造海产品加工集散基地；充分利用朝鲜劳动力资源优势和境外加工复进境政策，打造百亿级纺织服装加工基地；依托俄罗斯、朝鲜港口优势，打造东北亚区域国际物流大通道和集散地。同时，大力发展以旅游和电子商务为主的外向型现代服务产业，加大政策扶持和资金投入力度，全力打造新的经济增长点。

四是充分发挥地缘亲缘优势，深化拓展人文交流。立足延边与朝韩人缘相亲、同宗同族的优势，积极推进文化、体育、艺术等方面交流，密切地方政府之间、民间的人员往来，形成多层面的交流合作机制，以此促进经贸合作迈向更高层次和水平。

五是进一步先行先试，全面深化区域国际合作。用好用足用活国家赋予延边的各项优惠政策，坚持先行先试，充分释放政策效应，探索建立更具活力、更加开放，符合市场经济规律、国际惯例要求和投资者需要的新体制和新机制，促进各类生产要素集聚，不断扩大区域交流合作成果。积极推动中俄跨境经济区及中俄工业园区、物流园区以及农业园区等境外合作区建设；充分利用朝鲜劳动力资源，积极扶持图们朝鲜工业园发展壮大，建设朝鲜南阳境外加工贸易综合服务区，加快和龙边境经济合作区及中朝跨境合作区建设；抓住中韩自贸协定签署的历史机遇，充分发挥延边独有的人文、区位优势，依托现有韩资企业基础，建设中韩延边产业园。同时，全力扩大对外贸易，进一步完善差异化支持政策，加大外贸企业扶持力度，积极拓展中俄、中朝互市贸易，持续改善外贸环境，不断提高通关便利化水平。到2020年，延边州外贸进出口总额力争突破50亿美元，口岸过货量突破千万吨。延边州将在图们江区域开发中，发挥积极作用。

图们江合作二十年

GTI 记述

发展在望 经验可鉴

〔蒙〕卓赛罕·贡布*

[编者按] 为了全面记录各个阶段图们江地区开发进程,《图们江合作二十年》编委会克服困难,多方联系,向图们江地区开发项目秘书处原主任卓赛罕·贡布先生约稿。然而得知他已罹患重病,无法执笔。本文由大图们倡议项目官员石浩男博士代笔。

我曾任图们江地区开发项目秘书处首任主任,在回顾图们江地区合作开发20年之际,我十分珍视在驻中国国际组织的工作经历,难忘为图们江区域合作工作的愉悦和艰辛。就像一场接力赛,所有参与、见证图们江地区开发合作的人,对图们江地区开发所做的积极努力和贡献,都将被载入图们江地区开发的史册……

2001年是千禧年的第一年,21世纪之初东北亚区域在政治和经济上都经历了巨大变化。在美国新政府和新政策出台的大环境下,东北亚区域成员国之间在双边和多边关系上艰难前行,因为有了图们秘书处的不懈努力,沉着冷静地带领图们江区域合作成员国积极持续地开展工作,使得这一区域的合作和发展按照既定计划稳步前行。在此期间,我们致力于加强图们江地区开发组织机构的作用,提出了强化图们江地区开发项目架构的具体措施建议,包括发挥国家团队、工作组和国家协调员的作用,得到了各成员国的认同。

在贸易和投资方面,最大的成果是图们江投资服务中心二期工程的实施。这个筹资多达40万美元中心的建立,标志着东北亚三大中俄蒙中心城市(中国吉林省延吉市、俄罗斯符拉迪沃斯托克、蒙古国乌兰巴托)投资贸易一体化的开端。此外,2001年2月,中国国务院批准设立珲春中俄互

---

* 卓赛罕·贡布,图们江地区开发项目秘书处原主任。

市贸易区；在交通领域，等待已久的罗津至元宗公路的可行性报告开始准备；在旅游方面，2001年7月2~3日，第四次旅游工作组会议在蒙古国乌兰巴托召开，会议决议致力于使图们江地区成为有吸引力的旅游目的地。从2001年1月开始，世界旅游组织实施了一项15.5万美元的项目计划，该计划由UNDP提供资金，用于支持图们江区域的旅游发展。在环境保护领域，图们江秘书处更是有了大的突破：2001年之前区域开发计划中，对环境保护的资金微乎其微。2000年全球环境基金（GEF）项目的500万美元环境保护计划一度搁浅，但经过积极努力，恢复了对GEF项目的实施。

在宣传图们江区域以及本身的项目上，图们江地区开发项目秘书处更是不遗余力。2001年，图们江秘书处有数次的公共关系发展，提高了这一区域项目的公众认知度。《图们消息》新闻持续更新，保持与潜在的赞助商、投资者和媒体的联系。图们江区域开发计划纵览作为投资市场的重要工具也保持每年更新。两幅新的地图"图们江流域"和"东北亚"也完成制作并与有关利益团体共享。这一年，图们江秘书处还接受了星空传媒、新加坡《海峡时报》、日本NHK电视台、《华尔街日报》、《亚洲周刊》等媒体的采访，这一切都极大地提高了图们江区域及其开发计划的公众影响力。

在资源的利用与整合方面，此间秘书处工作也有长足的进步。2001年上半年，秘书处与许多在北京的外交团体举行了多次会晤，包括美国、日本、英国、芬兰、挪威、瑞典大使馆以及欧盟代表团、国际金融公司等。在与已有的伙伴关系上，也有加强和提高，比如密切保持与东北亚经济论坛、联合国工业发展组织、联合国亚太经社理事会、世界旅游组织、亚洲开发银行、亚太旅游协会等国际组织的合作。

在政府间的合作上，我们主张对话与交流，认为图们江项目最大的成就在于改变了当地人民对经济合作与交流的认识。当地人民、商人和政府部门逐渐认识到区域繁荣的关键是在跨边界的经济贸易的基础上，一起和谐地工作与生活。

图们江项目是发动和维持区域经济持续发展的动力之一。当时图们江区域开发项目主要面临的挑战是：

（1）项目规模较小，难以吸引国际社会的注意。

（2）项目和基础设施各种资源有限。

（3）区域中一些国家之间有尚未解决的分歧，东北亚政治形势较为复杂。

（4）中央政府和地方政府怎样协调需要深入研究。

当年，我对图们江秘书处自身机构的组织也有想法，包括如何强化图们项目结构，对成员国、工作组以及国家层面的协调员的角色定位和分工。时任中国外经贸部副部长龙永图对我的建议表示认同，认为加强图们项目的机构框架、与咨询委员会一体化非常重要。

总之，在我主持工作的几年间，秘书处积极应对上述挑战，稳步地实现了主要目标：协助成员国发展区域经济合作，着重蒙古国东部的发展。在世界大局势对区域发展有负面影响的情况下，图们江区域开发计划仍然成功地推动了区域合作向前发展。经过秘书处的积极努力，工作范围扩大到东北亚国家之间的合作，扩大成员国在机构内项目中的作用发挥，在联合国开发计划署支持下，更多地发挥秘书处职能作用。

最后，让我用曾经发表的一次演讲主题，作为对图们江区域未来发展的寄语和期望："发展在望，经验可鉴。"

大图们倡议对东北亚地区可持续发展所做的贡献

〔俄〕娜塔丽娅·亚契斯托娃*

大图们倡议(GTI)是东北亚地区的一个政府间合作机制,包括4个成员国:中国、蒙古国、俄罗斯联邦和韩国。成立20年来,大图们倡议从容应对各种挑战,开展多领域的合作,取得丰硕的成果,已经具有相当的知名度。时至今日,其地位不可小觑。

大图们倡议成立之初旨在发展图们江流域所辐射到的几国交界地区的经济合作。后来,其合作地域逐渐扩大到包括各成员国在内的相当大的区域,现统称为"图们江地区",其目标也拓展为发展整个东北亚地区的经济合作①。

区域经济一体化已成为当今国际经济关系中最引人注目的趋势。越来越多的国家签署协议建立自由贸易区(仅仅是在亚太地区自由贸易区的数量就由1990年的5个增加到2015年的200个)②,建立多边区域合作机制;东北亚各国纷纷积极参与。但是,应该指出的是大图们倡议的独特性,即这一机制仍然是东北亚地区唯一的一个政府间经济合作机制。1995年,在联合国开发计划署的支持下,中国、朝鲜、韩国、蒙古国和俄罗斯联邦五国政府共同启动图们江区域开发项目,最初称为《中国图们江区域合作开发规划纲要》(大图们倡议的前身),旨在发展图们江地区的经济合作、促进经济增长③。大图们倡议成立20年来所取得的成绩有目共睹。即使在今天,发展地区经济仍然是重中之重,因此,大图们倡议的发展依然具有重

---

* 娜塔丽娅·亚契斯托娃,大图们倡议秘书处原主任(2007~2010年)。译者万冬梅,吉林大学外国语学院副教授。
① 《大图们倡议》,2013,第3页。
② 《经济学人》第5期,第68页。
③ 《大图们倡议背景报告》,2012。

要的现实意义。

　　本人有幸于2007年4月至2010年11月间担任大图们倡议秘书处主任一职。尽管任职期间的工作并不轻松和简单，但是每每忆起，总是满怀温馨与愉悦之情。在本人到大图们倡议的总部所在地北京任职之前，秘书处主任一职在相当长的时间内一直空缺。事实上秘书处本身就非常"精致"——仅有大图们倡议各成员国派出的几名工作人员。此前项目运行已有十二载，这也是所建立的区域合作机制具有勃勃生机的明证。但是，当时还没有取得切实有效的成绩，尚未充分展开合作项目以及稳定有效的协作。

　　应当肯定的一点是，大图们倡议在成立伊始，便在联合国开发计划署的协助下为未来的合作制定了坚实的法律基础。1995年，各创始成员国共同签署成立图们江地区开发项目协商委员会的协议（由成员国派出高层代表组成）及《谅解备忘录》。大图们倡议在制定法律基础的同时，建立了一套完善的制度体系。事实证明，作为大图们倡议的主要组织机构，该协商委员会每年将各成员国对外贸易部门的领导层召集起来共同议事，已经成为为大图们倡议确定任务和目标，并监督其实施的重要推动力①。

　　如前所述，自图们江地区开发项目启动至今，联合国开发计划署一直给予扶持和帮助。本人在北京任职期间，联合国所派驻华代表马立克·哈立德以极大的热情支持大图们倡议的工作，一直为它的发展建言献策，提出许多中肯有益的建议，并亲自参加了大图们倡议的各项重要活动。马立克·哈立德先生的积极支持与专业态度对我们的工作非常重要，尤其是在初始阶段。对项目工作给予大力支持的还有秘书处所在国——中国，以商务部为首，包括时任商务部副部长易小准先生（现任世贸组织副总干事）、中国东北各省份的领导（尤其是吉林省）等。

　　2005年9月，在中国长春组织召开了第八次政府间协商委员会会议，这是一次对大图们倡议发展具有里程碑意义的会议。会上，中国、朝鲜、韩国、俄罗斯、蒙古国5个成员国一致同意将1995年签署的协定和备忘录有效期再延长10年，还通过决议（亦统称为"长春宣言"），决定将大图们倡议的地域扩大、进行财政体制改革，实现秘书处由联合国开发计划署出资资助逐步转向由各成员国通过成立大图们倡议公共基金的方式予以资

---

① 《大图们倡议——东北亚区域经济合作》，2010，第8页。

助。会议还签署了"大图们江行动计划（至 2015 年前）"，确定了四个优先发展的合作领域，即交通、能源、旅游和投资，还有贯穿各个领域的环境保护。正是在此次会议上，"图们江区域开发项目"更名为"大图们倡议"，即东北亚地区的政府间合作机制。

各项决议的落实工作。2007 年秋，本人在北京工作已半年有余，将要在俄罗斯海参崴召开第九届大图们倡议协商委员会部长级会议。对于这次会议寄予了很大的期望，希望能够进一步推动 2005 年"长春各项协议"的落实工作。对我来说这是一个激动人心的时刻，因为这是我上任后参与组织的第一次协商委员会会议；同时，这次会议能否顺利进行，也决定了整个项目未来的发展。

我们秘书处与联合国开发计划署、大图们倡议各成员国的联系人一同进行即将在海参崴举行会议的筹备工作，同时还要准备其他活动，包括东北亚地区经贸合作论坛、投资论坛、工商咨询理事会（Business Advisory Council）第一次会议。最终，各项活动都取得了丰硕的成果，东北亚各国的领导对各自关切的问题畅所欲言，商贸团体均表示非常有兴趣开展积极、有建设性的合作。当然，对此做出巨大贡献的还有各项活动的参与方：俄罗斯联邦执行权力机构和边疆区政府部门。一幕幕至今仍然记忆犹新：在协商委员会会议举办的前一天，俄罗斯联邦政府向大图们倡议发来贺电（因为时差的缘故，当时是莫斯科时间凌晨 4 点）……

2007 年海参崴会议取得重要成果，签订协议共同实施一系列基础设施建设项目，成立大图们倡议行业研究机构，其中包括能源理事会、交通理事会、旅游理事会及环境保护合作机制。这些机构之后成为东北亚各国开展经济合作的主要推动力之一，还促使各个具体经济领域的专业人士组建固定的、由多国参与的专业协会。同时，还成立了工商咨询理事会，协调图们江地区国家间及私有企业间的友好合作①。

为了能够将 2005 年"长春关于大图们倡议的法律地位以及财政资助等问题的相关协议"以法律文件的形式加以落实，组织了联合国开发计划署与各成员国政府间的签字仪式，签署了《关于大图们倡议协议的国际条约》。不久之后，大图们倡议公共基金开始自己的运作，其财政来源主要由各成员国交纳会费。大图们倡议秘书处的开支以及后来的项目活动经费

---

① 《大图们倡议协商委员会第 9 次会议符拉迪沃斯托克宣言》，符拉迪沃斯托克，2007。

均由公共基金支出。大图们倡议法律基础及财政基础的夯实为图们江地区开发的稳步推进奠定了坚实的基础。

尤其想特别指出的是工商咨询理事会成立之初的各项工作情况。2007年11月16日，在海参崴举行了委员会第一次会议。会议的主要议程是如何吸引外资、改善东北亚地区的投资环境。在理事会主席詹姆斯·齐默尔曼先生的领导下，会议的各项主张和成果在之后的几年得到了很好的落实。工商咨询理事会每年召开几次会议，有时会与大图们倡议协商委员会一同进行。这样，可以为商界人士和投资者提供与东北亚各国政府直接对话的机会，在表达自己愿望的同时可以听取多方信息。在工商咨询理事会的努力下，成功解决了一系列棘手的问题，使得在东北亚各国投资创业的条件变得更为简单、透明。

通过积极努力的工作，2007年成为"大图们倡议发展的转折点"[①]。自此大图们倡议开始由"筹备阶段"向开展务实的区域合作阶段过渡，项目的决定权也由联合国开发计划署转移到各成员国。

大图们倡议协商委员会接下来的几次会议日程同样充实而丰富。2009年，在蒙古国乌兰巴托召开的第十次政府间协商委员会会议为交通理事会的成立奠定了基础。会议通过决议，成立贸易便利化委员会（Trade Facilitation Committee，TFC），旨在简化口岸通关程序。贸促会成立的时机绝佳，可谓顺应时代的潮流。众所周知，2013年12月，世界贸易组织第九届部长级会议在印度尼西亚的巴厘岛举行，会议通过了关于贸易便利化的多边协议，简化海关通关程序、降低贸易中间环节的成本。

2009年，由于联合国安理会对朝鲜实施一系列制裁，朝鲜方认为制裁是不合理的行为，因此，宣布退出大图们倡议，至今仍然没有再加入。

不应该回避的是，还有一个东北亚国家尚且不是大图们倡议的正式成员国，这个国家就是日本，尽管日本的代表也积极参加大图们倡议的一系列活动，其中一些活动甚至就是在日本举行的。大图们倡议中朝鲜和日本的缺席意味着在其框架下进行的区域合作暂时还未涵盖整个东北亚，还有拓展的空间。大图们倡议各成员国曾多次表示希望朝鲜和日本加入，从而进一步加强区域合作[②]；希望待有朝一日时机成熟，大图们倡议这个东北

---

① 《大图们倡议——东北亚区域经济合作》，北京，2010，第2页。
② 《大图们倡议协商委员会第14次会议乌兰巴托宣言》，乌兰巴托，2013。

亚地区的政府间合作机制能够真正将东北亚的所有国家联合在一起。

2010年,在中国长春召开大图们倡议第十一次政府间协商委员会会议上,成员国一致认为,大图们倡议是促进东北亚各国经济合作的重要平台机制,对东北亚地区的可持续发展和区域稳定具有重要意义。协商委员会会议对此前大图们倡议各领域理事会多次召开会议的成果进行讨论,并予以肯定。会议特别指出在交通基础设施建设方面所做工作的重要作用,是开展区域经济合作的基础。正是在此次会议上确定了进一步提升大图们倡议的合作水平,将其转变为国际组织①。自此开始的大图们倡议法律过渡工作之后一直顺利进行,至2016年,大图们倡议将转变为独立的政府间国际组织。

大图们倡议运作过程中启动了一系列重要的交通基础设施建设项目,其中包括由韩国束草经俄罗斯扎鲁比诺港至中国珲春的三国海陆联运航线项目、日本秋田经俄罗斯波谢特至珲春的集装箱航线项目、束草到扎鲁比诺港的国际船运航线的开通、扎鲁比诺港的现代化建设、中俄珲春—马哈林诺铁路恢复通车以及中蒙铁路的建设。

能源领域的合作进一步向前推进。各成员国通过协同合作落实确保能源安全以及能源供给的重要任务。在环境保护方面,对东北亚地区的跨境生态影响进行评估,并制定出台该地区的环保标准。尤其关注界河图们江流域水资源的现状。这条对大图们倡议具有象征意义的图们江(全长521公里)长期以来受到工业污染,水质严重恶化。为改善这一状况,启动了保护图们江流域水资源的科研项目。同时与联合国开发计划署、全球生态基金会共同实施《制定关于保护图们江流域水资源、保护水域的生态多样性以及沿岸地区的重要生态环境的战略行动计划》的项目。实施大图们倡议地区旅游业的发展项目,包括培养会说成员国语言和英语的双语导游,研究简化签证制度,建立该地区的旅游基地。图们江地区旅游发展潜力巨大,因为在世界上很难找到地形地貌如此复杂多样而又美不胜收的地方。"游遍千山万水,独有这里最美"。

大图们倡议框架下的各项活动在不同的国家、地区和城市举办,一直以来,各地方政府、社会组织及科研机构都给予大力支持。一系列活动是在图们江地区的"腹地"进行,至今仍记忆犹新。譬如,在延吉(中国)

---

① 《大图们倡议协商委员会第11次会议长春宣言》,长春,2010。

举行的经济论坛、参观延边大学及美轮美奂的长白山天池，这里是图们江的发源地，亦是中朝边境；俄罗斯哈桑地区的旅游项目推广活动，那里有独一无二的自然保护区；在图们市这座坐落在图们江畔的城市举行经贸洽谈会，造访位于中、朝、俄三国交界的防川镇，从观景台上望去，图们江和整个图们江地区尽收眼底。还有在充满现代气息的釜山（韩国）召开的交通理事会会议，在热情好客的蒙古国召开的能源理事会会议的盛况都历历在目。

除了组织具体的活动之外，大图们倡议秘书处还定期出版社会经济及其他专业领域的刊物，例如，东北亚经济综述[①]、大图们倡议工作信息简报及专题简报[②]。

在所有这些由大图们倡议成员国组织进行的活动中，我们这个人员为数不多，但是由多个国家派员组成的秘书处一直发挥着联系、协调中心的作用。感谢与我同期在秘书处工作的同事们，我们为完成大图们倡议加强东北亚地区，尤其是图们江地区经济一体化、促进该地区经济增长和可持续发展的使命而竭尽所能。

在此，还想感谢志愿者们忘我的工作和无私的奉献，我们这里志愿者的数量一直很充足，他们不仅限于来自东北亚国家，还有来自世界其他国家的志愿者。他们一直倾情参与大图们倡议的工作，并为其间所取得的每一份成绩而欣喜欢腾，这饱含激情的贡献是"沉甸甸的"。之后这些孩子们都找到了很好的工作。我认为，在大图们倡议秘书处的实习经历对他们来说是很好的历练，令他们受益良多。

自此之后召开的几次大图们倡议政府间协商委员会会议已经没有了我的参与。我离任后由其他人接任秘书处主任，但是我仍一如既往地关注大图们倡议的命运，为它所取得的每一份成绩而欢欣鼓舞。这对我来说不仅仅是出于兴趣，还因为我之后的新工作是在莫斯科的欧亚经济委员会任职。这份工作与东北亚地区局势的动态进程有着千丝万缕的联系，其中包括欧亚一体化与中国关于建设"丝绸之路经济带"倡议的齐驱并动。在欧亚海关同盟转型的过程中也经历了类似的情况。自2015年1月1日起，欧亚海关同盟正式改名为"欧亚经济联盟"，并成为国际性组织。

---

① 《大图们倡议经济展望报告》，北京，2010。
② 《图们江地区旅游指南》，北京，2011。

历数大图们倡议近年来所取得的最显著的成就，不能不提及以下事件。2011年，东北亚地方合作委员会（NEA Local Cooperation Committee）成立；2012年，建立由大图们倡议成员国组成的东北亚进出口银行联盟（GTI NEA EXIM Banks）作为该地区项目合作的金融机制，银联体成员包括俄罗斯外贸银行、中国进出口银行、韩国进出口银行和蒙古国开发银行[1]；并在交通走廊建设、旅游业等优先发展的合作领域开展一系列研究和基础设施建设项目[2]。2013年8月，经过中俄铁路边境口岸珲春（中国）—马哈林诺（俄罗斯）以及俄罗斯哈桑至朝鲜罗津港的国际铁路线顺利开通[3]。计划启动一系列项目，包括将俄罗斯滨海边疆区的扎鲁比诺深水港建设成为大型交通枢纽，在俄罗斯的阿穆尔州建设向中国出口电能的热能发电站等。我们欣喜地看到，大图们倡议框架下的工作开展一直保持着很好的延续性，并且遵循着最初设立的目标，规划纲要升级，随之实施一系列创新项目，大图们倡议政府间协商委员会会议定期召开，并取得丰硕成果。

为使区域一体化能够顺利推进，需要具备两个基本条件：客观的经济条件及参与各方的政治意愿。在东北亚地区这两个条件都具备。该地区各国经济上互补互联，譬如，在亚太地区的国家中，中国是俄罗斯的最大贸易伙伴，而日本次之，韩国位列第三[4]。东北亚地区其他国家在经济上同样有着紧密的联系。加快一体化进程的另一个有利因素便是大图们倡议各成员国在国家层面推行的区域政策。其中很重要的一点是挖掘边境地区的经济潜力，使其融入世界经济的发展进程中，并成为积极活跃的一部分。在这方面中国制定的政策取得了良好的效果，做出了成功的示范。从《纲要规划》到东北老工业基地的振兴，再到不久前提出的建立"丝绸之路"经济带的倡议——这一系列政策的推出都是遵循一个目的，即实现与周边国家积极的多边合作。另一方面来说，俄罗斯联邦实施的远东及东西伯利亚地区发展项目，以及欧亚经济联盟（俄联邦为其创始成员国）的启动必将有效推进俄罗斯与其周边各国的经济合作。在2015年5月，欧亚经济联盟与中国政府发表了声明，表示开始进行谈判为《经贸合作协议》的签署

---

[1] 《大图们倡议》，北京，2013，第3页。
[2] 《大图们倡议区域运输战略及行动计划》，北京，2013。
[3] 《大图们倡议协商委员会第14次会议乌兰巴托宣言》，乌兰巴托，2013。
[4] Эксперт（Expert），No 14，Moscow，2015（《专家视角》2015年第14期，莫斯科）。

做准备工作，合作协议将确保未来"欧亚经济一体化"与"建设丝绸之路经济带"两大倡议的联动，其中也包括东北亚区域跨境交通走廊的建设。同时，韩国、中国及日本三国一方面在中、日、韩三方委员会的框架下，另一方面就启动东盟国家在2012年倡导的建立"区域全面经济伙伴关系"（RCEP）的框架下进行沟通谈判，进而将一体化进程向前推动了一大步。俄罗斯和中国参与亚太经合组织就签署《建立亚太地区自由贸易区（FTAAP）的协议》而进行的多边谈判和筹备工作。蒙古国在其国际政策的制定上也考虑到如何配合一体化进程的推进。种种事实表明，时至今日，东北亚地区已经为开展多边经贸合作创造了良好的条件，同时也证明了大图们倡议有能力解决和完成各种新的难题和任务。

启动至今，图们江地区开发项目将在走过整整20年之后，升级为独立的国际性组织，步入一个崭新的发展阶段。正如生生不息的图们江一样，大图们倡议不急不缓、一步步扎实地向前推进，连接起东北亚各国，发挥着促进该地区经济增长、稳定局势的重要作用。未来大图们倡议还面临着许多新的重要任务等待完成，具体包括：

1. 确定大图们倡议为独立的国际组织，需要制定明确的法律、财政及行政运行机制。完成大图们倡议的法律过渡，无论是在成员国国内，还是在国外都尚需做大量工作。现阶段大图们倡议的知名度还不能配合其应发挥的作用，因此，尚且无法充分吸引、利用必要的资源。

2. 显而易见，大图们倡议最重要的工作是仍然是落实基础设施建设项目。对此，于不久前成立的大图们倡议成员国进出口银行联盟将发挥重要的作用，并与之前成立的亚洲基础设施投资银行（Asian Infrastructure Investment Bank，AIIB）协同合作。后者的成员国中也包括中国、俄罗斯和韩国[①]。

3. 大图们倡议优先发展交通、能源、旅游、投资和环境保护等领域的合作，显然即使在今日仍然具有现实意义。而这其中的重中之重是欧亚交通走廊的建设。为此，需要制订明确的中期行动计划。

由于各国经济具有很强的互补性，能源领域的合作在东北亚各国的经济合作中仍然占据重要位置。旅游业合作潜力巨大，应再上一个新台阶，但是目前行政上及物流方面尚存一些阻碍因素。在环境保护方面还有很大

---

① 《经济学人》2015年6月第5期，第47页。

的合作空间。东北亚地区的一些国家已在环境保护方面开展紧密的协同合作,但是这些合作还有待推广至整个图们江地区。

4. 还有其他一些领域可以列入大图们倡议的合作领域之中,比如,抗灾减灾、教育、文化等。大图们倡议各成员国普通民众之间的交往为经贸合作奠定了非常坚实的基础。

5. 吸引朝鲜和日本加入大图们倡议仍然具有现实意义。期望在不久的将来大图们倡议能覆盖所有的东北亚国家。

6. 大图们倡议工作的重点还包括加强其成员国各地方政府之间的直接合作以及与中央机构的紧密协作。在这方面东北亚地方合作委员会将发挥重要的角色作用。

今天,我们可以信心满满地说,20年来,大图们倡议为东北亚地区的经济合作和可持续发展做出了卓越的贡献。未来还面临很多任务亟待解决和完成,而现今已是万事俱备。最后,祝愿在大图们倡议框架下包括国家、地区、企业团体及学术界在内各个层面的合作都能够愈来愈紧密、加强。大图们倡议能够充分挖掘出各成员国的巨大潜力,再展宏图!

构筑"后 GTI"体制的意义与东北亚经济合作

〔韩〕崔　勋*

大图们倡议国际组织的转型①迫在眉睫。2015 年 12 月将举办第 16 届政府间协商委员会部长级会议，在此次会议中"后 GTI 体制"② 有望正式生效。GTI 转型的意义远不是为 GTI 赋予独立的法律转型那么简单。国际组织的建立，即使其规模很小，也需要各个成员国政府间的协商，需要征求各国政府的同意。没有各国政府的强力支撑，很难建立国际组织。从这一点来看，"后 GTI 体制"的建立将成为东北亚经济合作的一个新起点。2014 年 5 月，亚洲基础设施投资银行（Asia Infrastructure Investment Bank，AIIB）正式启动，"后 GTI 体制"如能与 AIIB 有力结合，20 世纪 90 年代以来我们梦寐以求的东北亚经济合作将成为现实。

众所周知，东北亚地区各个国家以海陆边境相连，在政治、经济、社会、文化、历史等各领域具有鲜明的民族性和传统性。GTI 是区域内唯一的多方经济合作机构，在过去的 25 年里经历了诸多坎坷。尤其是，2005 年 UNDP "图们江地区开发项目（Tumen River Area Development Pro-

---

* 崔勋，原大图们倡议秘书处主任（2011~2014 年）。译者金晶，吉林大学外国语学院副教授。

① GTI 的法律转型问题，即转型成为一个独立的国际组织，已经不是什么新鲜的提案了。这可以追溯到联合国开发计划署 UNDP 结束图们江流域开发计划（TRADP），2005 年将其转型为大图们江开发计划（GTI）体制。当时成员国清楚地认识到法律上的不稳定因素相对削减了合作劲头。由于各种现实问题，例如 TRADP 期间显而易见（突出、表面化）的成果不足、各国政策方面的支持力度下降等因素，无法真正推进此项目。直到 GTI 的法律转型问题之前，一直是由负责 TRADP 管理工作的 UNDP 中国办事处进行赞助，起到了后盾作用。如果没有中国政府的支援，无法达成各成员国间的协议。

② 暂未确定继 GTI 之后新的机构名称。但综合考虑以共同开发图们江流域"黄金三角洲"为目的的历史象征性以及过去 25 年间传播的 GTI 品牌效应所带来的区域认知度等，"后 GTI"机构仍将包含大图们江区域的名称。

gramme，TRADP）"转型为 GTI 体制，朝鲜的退出（2009 年）、UNDP 决定终止支援（2010 年）等不利因素接连出现，项目的生存令人担忧。尽管如此，当前仍然要迎接"后 GTI"时代的体制转型，这不能不说是东北亚区域合作进程中饶有兴趣的一个主题。目前，东北亚各国越来越关注区域开发，随之各种构想接踵而来。怎样将这些构想融入"后 GTI"中，具体付诸实践是至关重要的。如果没有实践，我们只能重蹈 TRADP 失败的覆辙。

本文将探讨 GTI 在 20 世纪 90 年代初随着冷战格局的结束、东北亚国际新秩序的产生一直到现在面临的各种障碍，以及怎样克服这些障碍。尤其是 2011 年 GTI 的存在处于紧要关头时刻，本文也是以笔者的亲身经历为基础，重点放在为"后 GTI"时代东北亚经济合作战略提出实践性的应对方案。

一 GTI 的演进：障碍要因及克服过程

东北亚在致力于区域内国家间多边合作的共同开发与区域一体化的步伐还很缓慢。从亚洲开发银行 ADB（2010 年）的数据来看，亚洲在中亚、南亚、东南亚、东北亚、太平洋等各次区域内，充分挖掘地理位置邻近、经济方面互补等开发潜力而建立的合作机构达 17 个，在东北亚只有 GTI 一个机构。[①]

次区域内经济合作的范围包括从共同开发交通、通信等基础设施到环境、贸易、旅游等内容、形式多样，需规划分工明确的各种机构来推行，或者像 GTI 这样的单一机构推进。不管是哪一种方式，这都是合作当事国的选择问题，并不意味着合作机构的数量决定相关区域的合作成果。成员国选择 GTI 的方式，并非出自成员国倾向单一机构或单一机构方式在生产性方面更加卓越。相反，我们要探究其无法激活多边合作的各种政治、经济原因。下面，具体探讨影响 GTI 合作进展的障碍要因，并简要介绍为克服障碍，采取了哪些应对措施以及实践战略的。

1. 区域内国家间的信任问题

GTI 所代表的东北亚地区是具备了开发潜力的优秀区域。然而，在

[①] ADB（2010 年）将次区域划分为全方位（统筹）议题的总体机构和挖掘特定合作领域以及提供政策建议、负责执行的职能机构。包括 GTI 在内的亚洲区域 17 个机构相当于第二种。加上统筹合作机构在内，亚洲区域内共有 21 个次区域机构，东北亚除 GTI 还有"中韩日三国峰会秘书处"。

TRADP时代的25年期间,并没有取得有目共睹的合作成果。其原因,可以涉及朝鲜、韩国、中国、俄罗斯、蒙古国、日本等区域内国家间长期在政治、安保方面的竞争,以及历史、领土等方面的紧张关系。众所周知,中苏边境冲突直到20世纪90年代初才画上句号,朝鲜半岛的朝鲜与韩国目前仍然保持着60年以上的对峙状态,相关的领土争端还在进行。90年代全世界范围内风靡区域主义与经济一体化的趋势,东北亚区域秩序相对稳定,因为地区内国家多以主权性的国家概念为基础,反而对多边合作方式感到生疏。

从GTI的角度来看,日本不加入TRADP与GTI体制成为东北亚地区经济合作缓慢的重要原因。21世纪初以前,日本是东北亚区域内能够提供大规模基础设施开发资金的唯一国家。但是,日本拒绝参与到GTI成员国中。如果说日本以TRADP与GTI的正式成员国的身份继续支持各项开发项目的话,现在的东北亚经济合作水平会有很大改善。

加之,2009年国际社会对核开发进行制裁,朝鲜退出GTI成员国,这大大影响了GTI体制。GTI出台后其覆盖区域不断扩大[①]的情况下仍然使用"图们"这个名称,从中我们可以看出朝鲜的罗津—先锋、远东俄罗斯的哈桑、中国的珲春等图们江出海口三国接壤地区这个"黄金三角洲"的共同开发是代表GTI的核心重点。朝鲜的退出大大影响了GTI的认同性与合作的方向性、项目的可持续性。

区域内各国间的信任将直接影响多方合作的进展。作为区域内改善政治环境、建立信赖关系的一种平台,GTI的作用令人质疑。从历史角度看,国家间的信任问题根深蒂固,不论是成员国政府还是多方区域机构,这不是短时期内能够解决的问题。通过不断强化建立在相互信任基础上的国家间合作,以此达到良性循环的目的,这是尤为重要的。

从整个东北亚区域来看,朝鲜开发核武器、与日本的领土纷争等问题阻碍国家间建立信任的各种矛盾因素尚存,但是从中国、韩国、俄罗斯、

---

① TRADP当时事业区域为图们江流域的"小三角"(中国珲春—俄罗斯波谢特—朝鲜罗先等3个城市1000平方千米区域),"大三角"(连接中国吉林—俄罗斯符拉迪沃斯托克—朝鲜清津的10000平方千米区域)。但随着2005年GTI体制的转变,扩大到中国东北三省一区(内蒙古、辽宁、吉林、黑龙江)、俄罗斯(滨海边疆区)、韩国(江原道、庆尚北道、蔚山、釜山)、蒙古国(东部三个省)等东北亚北方大部分地区(GTI Brochure,2013)。

蒙古国等 4 个 GTI 成员国来看，最近缩小其矛盾的积极因素不断积累。通过确立双方战略关系等形式，相互信任度在不断攀升，正通过在能源、交通等重点领域基础设施的合作，探索区域合作的可能性，由此，对"后GTI"体制的期待值也随之上升。

2. 区域开发展望与成员国内部开发重点不一致

GTI 体制的目标是通过北方地区开发来达到共同繁荣，这与区域内成员国内部开发重点有很大的不一致。中国政府自实施改革开放以来，将开发的重点放在南方地区、上海、长江三峡地带。中国东北三省通海最佳通道设在辽宁省大连，而非吉林省珲春等图们江流域城市。俄罗斯也同样将开发的重点设定为面向欧洲，其重视程度远远高于俄罗斯远东地区。

区域机构与成员国开发重点不一致，这种情况下，诸如 90 年代 TRADP 的图们江黄金三角洲经济自由区开发等大规模开发计划，无法让区域国家参与进来付诸实施[1]。这种情况一直持续到最近，以至于以 GTI 为中心的东北亚开发合作的新尝试，各成员国参与热情不高，最终没能取得显著成就。

进入 21 世纪 00 年代后半期，人们重新认识到北方地区所具有的潜力，各国不遗余力地加强对此地区的开发，对东北亚经济合作的关注程度再次升温。中国指定"长吉图"开发开放先导区计划与"珲春国际合作示范区"、韩国政府出台欧亚倡议、俄罗斯实施"新远东开发战略"，这一系列政策与各国的区域开发战略[2]相吻合。与此同时，GTI 作为多方合作的平台，其价值得以重新审视。

GTI 合作，外部条件可谓友好，内部看来，GTI 在合作推进方式上也发生了战略上的变化，为营造氛围创造了良好的条件。

---

[1] 1992 年 TRADP 颁布了包括投资规模达到 300 亿美元的图们江出海口黄金三角洲开发项目（Tumen River Economic Development Area，TREDA）等一系列战略。除此之外，还有将图们江流域港口打造成"东方的鹿特丹"，通过西伯利亚大陆桥连接欧洲的"欧亚海陆桥计划"；将图们江三角洲共同经济区打造成像香港一样的国际化城市的"新联合国核心城市计划"；对图们江出海口共同开发的事业土地永久租赁后进行管理开发的"图们江开发公司"设立计划等。1994 年 3 月，由中国、俄罗斯、朝鲜等三个成员国组成的统筹委员会因资金筹措等现实原因正式废除了以上计划（大图们倡议秘书处，2007）。

[2] 2011 年以后对东北亚北方地区的战略性关注与中国、俄罗斯、韩国、蒙古国等 GTI 成员国领导换届的时期（2011~2012 年）同步。日本、朝鲜虽不是 GTI 正式成员国，但在此时同样处于领导换届时期。

2005年出台GTI以来，在交通、旅游、贸易与投资、能源、环境等五大重点领域开展工作，但由于当时非友好的政治环境，GTI在人力、财力方面的制约、成员国参与度与关注度不高等原因，没能取得具体成果。尤其是，在全部领域投入有限的资源和力量，所取得的成果在质或量上明显不足，最终导致成员国的参与热情不高。为了扭转此局面，国际上有威望的开发合作领域专家们开始重新研究战略（2011）[①]，其结果开始尝试"选择与集中"的合作激励方式。最重要的是，包括TRADP在内的25年GTI合作期间，成员国们集中资源构筑最紧迫、最重要的交通网，取得了可喜的成绩。具有代表性的研究成果有"GTI广域交通网研究"（2012年）和"GTI交通战略以及实施计划"（2013年）等，由此激发了成员国中央政府与地方政府的足够重视与支援。关闭了9年的中国珲春至俄罗斯马哈林诺（2013年8月）铁路开通，俄罗斯哈桑至朝鲜罗先的铁路改造工程竣工（2013年9月）等，区域内国家间在交通领域的双方合作项目如火如荼地展开。为激活区域内旅游合作而开展的"GTI多目的地旅游项目"、7年多来一直被搁浅的"能源合作基础研究"等重点项目在各个成员国的共同参与下，相继得到了有力的推进。

为更加有效地推进具有直接利益关系的GTI各国地方政府间合作，开始尝试双重合作机制。GTI本是成员国中央政府间的合作渠道，但在2011年设置了"地方合作委员会"，为包括日本、朝鲜在内的关注GTI项目的区域内所有地方政府开放门户。LCC负责挖掘、提议具有现实意义的具体项目，分别提交到GTI各个领域理事会和年度大会的中央政府间合作论坛上。中央政府一般都从国家整个地区均衡发展考虑问题，与此相反，地方政府则关注的是地理相邻性、经济密集性，集中力量关注次区域合作问题，这也为GTI合作实质性的强化做出了很大的贡献。例如，日本政府没有加入GTI成为正式成员国，但日本西岸的鸟取、新潟县等地方城市通过环东海域海上交通连接到GTI区域，这在地理位置与经济方面上看，都涉及其利益关系，因此这些地方政府都积极参与到GTI、LCC项目中，如2014年曾在鸟取县成功举办了第二届LCC大会。对于GTI合作的重要性，中央政府与地方政府间存在很大的认识上的差异。因此，对区域共同开发持有不同立场的地方政府，我们应采取鼓励的态度，让它们积极参与到

---

① Koo Chung Mo et al（2011）.

GTI 的区域共同开发进程中。

3. 治理方面的薄弱环节

自 TRADP 出台以来，GTI 体制因其成员国政府与管理和执行机构间的"代理问题"面临一些困难。TRADP 作为 GTI 的前身，并非来自成员国内部需要组成，而是在结束冷战体制后，尝试东北亚国际关系新秩序的过程中，由联合国主导成立的。TRADP 最初的管理体制原原本本地借鉴了 GTI 体制，由此面临一系列问题[1]。

在 TRADP 期间（1991～2005 年）政策方面的最终决策是由成员国决定，而合作项目的所有权和执行权属于联合国。由此 UNDP 的区域开发目标因与个别成员国的重点不一致而产生了矛盾。相反，GTI 时期（2005～2015 年）成员国政府持有对包括秘书处在内的一切项目的所有权和决策权，但从法律意义上看，对执行机构（GTI 秘书处）无法行驶完整的所有权。加之，GTI 秘书处代表仍持有联合国官员的身份，他们要指挥 UNDP 中国秘书处的各项业务，这对成员国政府秘书处管理是受限的。尤其是 GTI 秘书处没有独立的法人资格，对外是以 UNDP 的名义行使法律行为，因此在独立的资金筹措、建立伙伴关系等方面，机构运营的自主权受到制约。与此同时，法律上代表 GTI 秘书处的 UNDP 中国秘书处的工作管辖范围仅限于中国领土，只能优先开发中国，这也从本质性的职能上产生制约。多数成员国参与的多方机构（GTI）受到特定国家开发而存在的组织（UNDP 中国秘书处）的管理，于是埋下了成员国和执行机构间的利害关系冲突的可能性[2]。

与区域内政治信赖关系的局外变量不同，管理方面的薄弱点只有通过 GTI 成员国自身有意识的努力才能予以缓解。进入 21 世纪 10 年代，GTI 成

---

[1] TRADP 最初是由 1991 年 UNDP 本部直接管理的项目，UNDP 提议的大部分项目都没得到成员国的认可，在搁浅一段时间后，1996 年移交位于北京的 UNDP 中国办事处管理。UNDP 中国办事处设立了"图们江秘书处"来负责项目管理。图们江秘书处通过 TRADP 体制于 2005 年以后将 GTI 体制原原本本地继承下来。UNDP 把所有权限移交到由朝鲜、韩国、中国、俄罗斯、蒙古国等 5 个成员国构成的"GTI 协商委员会"，然而没有确立秘书处的法律地位，向 UNDP 秘书处委托法律援助。

[2] GTI 成员国中除韩国以外的中国、俄罗斯、蒙古国、朝鲜（2009 年退出）分别设立了各自独立、平等的 UNDP 国家办事处，因此也质疑管辖中国的中国办事处能否代表四国共同参与的合作机构。在此过程中，也曾有 GTI 的法律援助应移交到联合国亚太经济社会理事会（UNESCAP）、UNDP 纽约本部等具有代表性的机构的提议。

员国政府通过办事处实质性的独立和加速法律程序移交的方式，致力于缓解管理方面的薄弱点。首先，2011 年新任 GTI 秘书处秘书长由成员国政府人士担任，而非联合国职员。GTI 秘书长从中国秘书处指挥线上退出，也是 GTI 与 UNDP 成为平等的合伙机构的一大转机。不仅如此，GTI 秘书处单独与德国技术合作机构（GIZ）、联合国亚太经济社会理事会（UNESCAP）、韩国的国境管理研修院等主要开发机构扩大了合作伙伴关系[①]。为加强成员国的所有权、改善管理方面的薄弱点，加快探讨 GTI 的法律转型问题，2016 年第十六届协商委员会部长级会议将通过转向"后 GTI"体制的决议。"后 GTI"的出台，不仅明确合作项目的所有权和执行权的法律责任与权限，还能排除 GTI 与外部合作伙伴间的法律不明确性，因此说不管是对改善管理方面的薄弱性，还是对合作水平的提高，都是有益的尝试。

4. 统筹资金机制的缺失

从合作成果来看，GTI 体制最为薄弱的问题，可以说是很难独立筹措到推进项目的资金。这是当年 TRADP 出台时就存在的问题[②]。Kaaria（2007）指出，TRADP"在初期就制定了宏伟的目标，这给整个项目带来负面影响"，对于筹集资金的可能性"没有任何考虑，就对外公开发表 300 亿美元的投资计划，这助长了不现实的希望与期待。结果通过国际金融市场筹集资金告以失败，又增长了成员国的挫败感"。

制订计划与实施计划所需资金筹集的不畅、内部资金筹集机制的缺失，制约了合作的成果。GTI 体制内可操作的资金运作体制如能建立，不仅能提高合作成果，还能提高对 GTI 体制的信任度。到了近期，认识到 GTI 计划与筹措资金手段的一致性问题，开始摸索解决方法。2012 年，在俄罗斯符拉迪沃斯托克召开的第 13 届协商委员会会议上，"东北亚进出口银行联盟"得到认可，这就是近期所取得的成果。GTI 当前的目标是如何通过构建海陆交通网卓有成效地输送人力、商品，并为此建设必要的基础设施。GTI 所面临的大部分紧急问题是，无法从"商业的角度"进行民间融资来解决"公共物资"的特性与政治、经济方面的风险。加之，两个以

---

① GTI 办事处的法律行为能力仍然在 UNDP 上，但没有 UNDP 中国秘书处的干预，而是通过不具约束力的谅解备忘录扩大伙伴关系。

② 《图们江地区开发项目（TRADP）评估报告》，评估报告草案，Ramboll Finnconsult，芬兰，2007。

上国家间开展跨界项目,其中"区域公共物资"性质更为明显,很难由一个国家主导推进项目。邻国间的"搭便车行为"尚存。通过成员国政府间紧密统筹推进项目,聚集各国官方负责海外开发项目的进出口银行,将其纳入 GTI 体制筹措资金的体制中,正是成立协会构想的基本宗旨。2014 年在中国延吉举办的第 15 届协商委员会会议上,签订了进出口银行协会框架协议,各银行间开始探讨具体的示范项目目录,有望在交通、能源等领域的基础设施建设项目上有所突破。

协会无非是会员银行间基于相互信任而产生的磋商组织,尚未出现强制会员银行间共同决策的机制。从这点来看,很难把协会看作解决 GTI 统筹资金这一问题的体制性机制。2014 年 5 月出台的"亚洲基础设施投资银行"(AIIB)有望成为"后 GTI"体制下缓解筹集资金能力薄弱这一环节的重要手段。与亚洲开发银行(Asia Development Bank,ADB)以 GTI 成员国中朝鲜(2009 年退出)、俄罗斯为非会员国为由,忌讳对 GTI 项目的支援不同,亚投行(AIIB)由全体 GTI 成员国以创始成员国身份参与其中,尤其俄罗斯作为亚洲(并非欧洲)的成员国吸收进来,可以在东北亚正式投入资金到区域开发项目,之前亚开行(ADB)等多边开发银行在此未能正式投入资金。

二 "后 GTI"战略课题

前面所论述的是,GTI 演变过程中出现的各种障碍以及为克服这些障碍所做的努力。"后 GTI"体制是否将成为推进东北亚合作的新基础或确保成功的机制,现在提及这些都还为时尚早。至今,据悉"后 GTI"体制的基本结构将会继续秉承现有的 GTI 结构。前面也提到,GTI 的失败经验来自 TRADP 推进体系的沿袭,这一点不容忽视,"后 GTI"体制,如继续沿袭 GTI 管理的薄弱点,只能是过去的错误重规叠矩。我们需要的是,借鉴过去的失败经验,成为名副其实的东北亚唯一的多边经济合作机构,为区域的利益服务并取得具有生产性的成果。为达到此目标,"后 GTI"需要在强化政治地位、确保各国在代表性与均衡性、选择重视成效的合作方式、追求可扩展性和开放性等方面设定战略方向。

1. 强化政治代表性

"后 GTI"如果希望从实质性上强化东北亚经济合作,最重要的一点就是提高最高决策机构——协商委员会的政治地位。合作对象的区域与事业范围在不断扩大的状况下，现行的副部长级结构很难保证得到各国在政治上的支援与代表性。至少，应该由在对内外经济政策的重点调整与资源分配起到政策决定权的部长级以上机构担任。也许会有这样的见解，从现状来看GTI体制下，所推出的成果微不足道，因此在一段时期内继续维持现行的部长级协商委员会体制，在积累了一定的成果之后再探讨政治代表性的升格问题。但是这种现实论，正是忽略了初期起跑线的重要性。对于东北亚经济合作，现在的政治条件是非常友善的，为了最大限度地提高初期成果，我们要增强起跑时的爆发力。

与此同时，为了成员国间的合作势头持续维持，有必要隔年或3年为一周期的举办GTI最高级会议。通过举办会议，重新确认成员国首脑的政治意志，对外提示区域合作战略与方向的一致观点。这不仅为成员国，也可引导朝鲜、日本参与其中，进而使国际社会更加关注东北亚经济合作共同参与其中。

2. 确保国别代表性与均衡性

GTI从根本上讲就是谋求多方利益均衡的体制，秘书处作为执行机构，要确保国别代表性和均衡性，这一点至关重要。首先，秘书处的各国人员构成要具有代表性，能够充分反映成员国的代表性。多方机构从其特征来看，某一个成员国的反对意见会体现到"否决权"上，这会阻碍事业进展。秘书处的人员构成均衡，会在成员国间产生分歧之前进行协调，保证事业的顺利进行。

其次，现行的主任是由各个成员国轮流担任，这个方式有必要改进。现在的各国轮流担任①方式，在成员国所关注领域以及项目特征等方面每三年都有可能产生变化，因此从保证对外信任角度看仍存在问题。"后GTI"出台以后，其合作范围扩大、事业结构复杂，更需要有经验的国际开发专家进行管理。

再次，秘书处成员的构成方面，虽然具备了代表性与均衡性，但在确定合作战略、重点调整、筹集资金方式等主要政策方面，仍然要赋予各领域理事会或委员会权利与责任，予以充分彰显其自主权。

---

① 每三年以中国、蒙古国、俄罗斯、韩国的顺序，由相关国家任命主任，任期为3年。

最后，通过朝鲜、日本的人员常驻秘书处担任与朝鲜以及日本政府的通信联络工作和相关项目的开发工作，来促进朝鲜、日本两国共同参与的热情。到目前为止，两国未曾表示要加入"后 GTI"，但新出台的 GTI 如果想具备完整的区域性，朝鲜和日本理应加入其中。

3. 注重成效的合作方式

第一，"后 GTI"并非是创立并引导区域秩序的国际组织，它的定位应是以实施具体合作项目为中心的机构组织。为此，一切合作活动要考虑在取得"成果"的基础上，完成企划、执行、评价过程，还要分配一定的人力和财政等力量。为了"后 GTI"体制尽早步入稳定阶段，将现在的重点合作领域①根据紧迫性、重要性、可实施性等基准原则，再进行一次划分，并在不同时段做阶段性推进。贸易、农业、能源、旅游等领域都是以建立人力、物流运输网为前提的，因此，交通领域工作应领先在合作之前完成。在 2013 年通过的"GTI 广域交通网实践计划②"便是提前执行的资源集中，需根据其进展程度，调整其他领域的合作速度。

第二，加强资金筹集筹措体制。现在 GTI 进出口银行联合体还属于建立在各会员银行间的信任基础上的"松散"状态，需要一种成员国政府间严格履行达成的协议。最近，在实施交通等领域基础设施示范项目过程中，就有必要研究银行联合体成员与各国金融机关、亚投行（AIIB）等多方开发银行等共同参与的"后 GTI 基础设施开发基金"的改组方案。基金结构与亚开行（ADB）、亚投行（AIIB）等多方开发银行有所不同的是，无须大规模的管理组织，按照不同项目迅速收集、筹措资金来促进项目的发展，这对于 GTI 这样的项目型组织来讲，在功能施行方面是相符合的。现阶段可以考虑在进出口银行联合体成员间签订出资协议、设立基金之后，在具体实施项目时将所需资金通过分期缴纳的方式进行投入。从亚投行（AIIB）成立过程可以看出，成立多方开发银行从调整国家间政治利益

---

① 2005 年，GTI 选定了交通、贸易便利化、旅游、能源、环境等五大重点合作领域，现在正在探讨是否添加农业领域在其中，2015 年有望于创建农业委员会。
② 在 2013 年 8 月俄罗斯符拉迪沃斯托克举办的第 3 届 GTI 交通委员会通过 GTI 中期（2012~2016 年）交通领域战略及实施计划，并与同年 10 月在蒙古国乌兰巴托举办的第 14 届 GTI 总会中获得认可。实施计划选定 GTI 区域内 6 个交通走廊，提议总投资额达 35 亿美元的具体项目构筑铁路、道路、桥梁、港湾等交通网（www.tumenprogramme.org/?info-13-115.html）。

关系到真正出台，需要很长一段时间和很多的财力，因此不适用于"后GTI"的资金统筹机制。

第三，加强与亚投行（AIIB）的合作伙伴关系。GTI前成员国同样参与到亚投行（AIIB）中，从事业方面来看GTI、从筹集资金角度来看亚投行（AIIB），这两者是相互紧密的合作伙伴关系。只有将这种合作伙伴关系正式化，亚投行（AIIB）与"后GTI"体制才会作为一个区域合作机构，能够常态化运行。

4. 扩展性和开放性

第一，GTI所覆盖的范围，从图们江出海口黄金三角洲区域渐渐扩大到俄罗斯远东地区、中国的东北三省和内蒙古、蒙古国东部、韩国的东海岸。"后GTI"只有进一步深化和不断扩充领域，才能使整个东北亚地区通过经济合作，谋求共同繁荣发展，致力于区域内政治稳定与和平。

为此，最重要的是，朝鲜、日本等东北亚重要国家加入"后GTI"体制中。尤其是，连接蒙古国—中国东北区域—朝鲜铁路、连接俄罗斯—朝鲜、韩国的纵贯铁路、构筑东北亚能源输送网、图们江出海口三角洲旅游开发、农业合作、工业园区建设等多个开发项目与朝鲜的罗先地区相连，我们要积极促进朝鲜向GTI的回归。朝鲜回归GTI意味着国际交流的重启，有利于朝鲜的改革开放和改善东北亚区域安保问题的不稳定性。

第二，"后GTI"有必要扩大现在的GTI事业区域。尤其是，强化能源、农业、交通设施等方面的合作，将俄罗斯的合作区域扩大到俄罗斯远东地区与整个西伯利亚地区。同时，从国土面积、人口等角度考虑，对于韩国、蒙古国等无法细分区域的国家，可以采取分阶段方式。第一阶段鼓励本国所有地方政府加入"地方合作委员会"（LCC）、开放门户，第二阶段把整个国土领域纳入"后GTI"区域中，这是一个逐渐扩大、循序渐进的过程。

第三，摆脱现行政府间合作机制在体制方面存在的各种局限性，把地方政府、民间企业与投资者等具有实际利益的相关者吸引到合作中，这种外延扩大战略也是十分必要的。最重要的是，加强GTI协商委员会与各专业委员会、省长级的LCC会议的联系，使松散的合作关系得到进一步的密切和加强。为了激发区域开发项目的相关合作企业的关注度与积极性，有必要加快建立以区域内企业作为参与核心的组织（例如，GTI 工商协会等）。

三 结束语

GTI 成员国决定构筑"后 GTI"体制，对此笔者感慨良多。2011 年 2 月，受聘为 GTI 秘书处主任，笔者访问了 UNDP 中国办事处。有专业媒体的记者让笔者回答对 GTI 体制做一个现实诊断的问题，笔者当时的回答就是处于"生与死的十字路口"。那么对如何走向生存这个原则性的问题，笔者的回答是，合作内容要具有可实施性和具体性，首先重视基础设施方面的合作，进而分阶段地扩大到其他领域，要尽快加强资金筹集体制。在笔者任期内，相当一部分项目都予以实施，在一定程度上取得了可喜的成绩，但这绝不意味着从根本上改变了过去 GTI 体制结构上薄弱的一面。"后 GTI"如没有以充分的研究为基础，继续墨守成规，只能重蹈覆辙，也无法达到各个成员国所期待的效果。若要实现成员国政府与区域内各利益关系方长期以来的美好愿望，实现东北亚共同繁荣的梦想，"后 GTI"作为一个有效机构，在出台初期就应发挥成员国的积极性和主人公意识，全身心地投入更为根本性的、更为果敢的变革中。

参考文献

ADB, *Institutions for Regional Integration: Toward and Asian Economic Community*, Asia Development Bank (ADB), 2010.

GTI, *Integrated Transport Infrastructure & Cross – border Facilitation Study for the Trans – GTR Transport Corridors*, 2013.

GTI, *Regional Transport Strategy and Action Plan*, 2013.

Greater Tumen Initiative (GTI) Brochure, 2013.

Hughes, Christopher, *Tumen River Area Development Programme: Frustrated Micro – regionalism as a Microsm of Political Rivalries*, CSGR Working Paper No. 57/00, Center for the Study of Globalisation and Regionalism (CSGR), U. K., 2000.

Koo Chung Mo et al., *Strategic Review on Greater Tumen Initiative*, Final Report, Greater Tumen Initiative (GTI), 2011.

Kaaria, "Taunno, Project Evaluation of the Tumen River Area Development Program

(*TRADP*)," *Draft Evaluation Report*, Ramboll Finnconsult (Finland), 2007.

Pomfret, R., "Tumen River Area Development Programme, IBRU Boundary and Security Bulletin," *1997 – 1998* (*Winter*), *Durham University*, U. K. , 1997, pp. 80 – 88.

Tsuji, Hisako, "The Tumen River Area Development Programme: Its History and Current Status as of 2004", *ERINA Discussion Paper*, No. 0404e, Economic Research Institute For Northeast Asia (ERINA), Japan, 2004.

大图们倡议合作情况及发展构想

王维娜*

我是从 2008 年开始介入大图们倡议合作，当时刚从国外常驻回国一年多，在商务部国际司负责中亚区域经济合作、经合组织、亚欧会议等区域经济合作业务，刚刚积累了一点儿区域和次区域合作的经验。2008 年，当时商务部易小准副部长决定将大图们倡议区域合作从由商务部下属的交流中心牵头管理，改由负责区域和次区域合作的国际司统一管理，加强对内、对外的协调力度，推动大图们倡议务实合作。于是在工作层面，我开始负责大图们倡议合作事务。

当时的大图们倡议合作面临诸多困难和挑战。一是朝鲜因联合国对其核试验进行制裁，于 2009 年初宣布退出大图们倡议合作，这不仅影响本地区的政治安全，更意味着基础设施等领域的联通合作将面临更大困难。二是联合国开发计划署（UNDP）在 2005 年宣布不再对大图们倡议提供资金支持，并正在协调各成员国签署主要涉及共同基金总额和分配比例的谅解协议，作为 1995 年合作协议的有效补充。但是直至 2008 年我们接手大图们倡议合作时，这一谅解备忘录迟迟未能签署，合作的法律基础还不稳固，未来的合作资金无法保证。当时秘书处的工作也面临很多困难，活动不多，人员较少，如果共同基金不能及时到位，秘书处将随时面临解散。三是 2007 年第九次政府间协商委员会部长级会议批准了一些重点合作项目，但因为缺乏资金和有效的组织运作，所有项目都只停留在纸面上，不能予以落实。四是各国对合作的重视和支持不够，部长级会议的级别难以保证。我至今还对 2009 年在蒙古国乌兰巴托举行的大图们倡议第十次协商委员会部长级会议的参会情况记忆犹新。根据 1995 年签署的合作协议，协商委员会会议是副部长级会议，但那次会议韩国的参会代表是司局级，而

---

* 王维娜，2011 年至今任大图们倡议秘书处主任。

俄罗斯副部长也在最后一刻确认无法参会。当时的一个小插曲是，我和另外一个同事是先行到达乌兰巴托的，当得知俄罗斯的副部长无法参会时，中方代表团乘坐的飞机已经从北京机场起飞了，所以没能在第一时间向部领导汇报这一突发情况。在沮丧中迎来了易小准副部长率领的中方代表团并做了汇报，当时易部长简单而肯定地表示他将按计划参会，并参加所有议题的讨论。这让我们吃了一颗定心丸，并欣慰于所有的准备和努力没有白费。

  这次会议可以说是我接手的第一个重要活动。会前在和大图们倡议秘书处主任娜塔莉亚见面商讨会议的筹备工作时，我们了解到会议日程简单，文件不多，各国尚未提出新的合作建议。为了使这次会议开得规范、有效、务实，我们不仅把中亚和亚欧会议使用的会议文件提供给秘书处作为参考，还与联合国开发计划署和国内的地方政府沟通，提出了项目实施快车道原则，以及建立贸易便利化委员会和举办地方合作论坛等多个倡议。在中方的积极推动下，会议取得了很多务实成果，建立了大图们倡议交通委员会，确定了协商委员会主席国和轮值主席机制，易小准副部长当选为首任轮值主席。

  在中方担任第一任主席国期间，UNDP 又提出了希望大图们倡议拥有完全独立法律地位的建议，这给各领域刚刚起步的大图们倡议合作带来了新的发展难题。大图们倡议能否在没有 UNDP 协调和支持的情况下继续正常运作？是建立一个独立的政府间组织还是建立一个独立的秘书处？是参考 APEC 模式还是其他国际组织模式？这些问题都需要成员国进行认真的思考并做出谨慎的选择。在易小准副部长的领导下，中方经过多方沟通，基本掌握了各方态度，最后成功地完成了首任轮值主席国的任务，签署了前面提到的谅解协议，于 2010 年在吉林省政府的支持下在长春成功主办了大图们倡议第十一次协商委员会部长级会议，并将轮值主席国的接力棒顺利地交给了韩国。此次会议明确将"过渡到独立的实体"写入宣言，通过了贸易便利化委员会工作纲要并建立了贸易便利化委员会，倡议建立地方合作长效机制，并成功地组织了成员国部长与商务咨询委员会的联席会议，以及首届地方合作论坛。之后，我本人有幸先后成为大图们倡议的中方协调员，后来又到秘书处工作，先后担任秘书处副主任和主任，见证和参与了大图们倡议多年来的合作发展历程。我也高兴地看到，这些年在商务部历任部长、司长尤其是我所经历的易小准副部长、俞建华副部长、王受文副部长和张克宁司长、张少刚司长、孙元江副司长的领导下,中方的参与力度不断加强,同时在各成员国、地方政府、秘书处以及相关各方的共同努力下,大图们倡议合作不仅克服了前面我提到的各种困难和挑战,而且迎来了崭新的发展机遇,向独立的政府间组织稳步迈进。

在此也向前任主任俄罗斯的娜塔莉亚女士和韩国的崔勋先生表示感谢,他们尽职尽责的工作不仅调动了俄罗斯和韩国参与大图们倡议合作的积极性,更为我们现在各项工作的开展打下了良好基础。

大图们倡议合作始于1991年,由联合国开发计划署发起,创始成员国有中、蒙、韩、俄、朝五国,当时的目标是通过执行"图们江地区开发项目",推动图们江地区各国的经济合作和发展,在中国、俄罗斯、朝鲜三国交界的图们江三角洲流域建立一个堪称"东北亚地区的香港"的经济开发区。1995年,五国签署了《关于建立图们江地区开发协调委员会的协定》、《关于建立图们江地区的经济开发区及东北亚开发协调委员会的协定》和《图们江地区经济开发及东北环境准则谅解备忘录》三个合作基础文件,标志着图们江区域开发合作进入了实质性操作阶段。

多年来,各成员国一直致力于实现域内资源和域外资源相结合、成员国主导和国际合作伙伴的支持相结合、中央政府和地方政府支持相结合、公共部门和私营部门互动相结合、高层对话和务实合作项目相结合,调动一切积极因素,同心协力,推动图们江区域合作的不断深化,在促进区域经济持续稳定增长、维护地区和平发展和加强各国交流对话方面发挥了积极的作用,主要成果表现如下。

一 UNDP 主导前期合作

从1991年至2005年,联合国开发计划署积极主导大图们倡议合作,并在多边合作框架下筹集资源,牵头实施了中蒙铁路预可行性研究项目、吉林省虎豹调查、图们江地区运输预测、长白山旅游研究、旅游资源清单和市场分析、跨境障碍研究项目、消除图们江污染报告、滨海边疆区投资指南、罗津先锋区投资指南、延边投资指南、旅游营销技术培训、东北亚经济地图、造纸厂的预可行性研究、茂山铁矿现代化调查、图们江地区投资服务网络等近30个项目,为图们江地区的进一步开发合作奠定了基础。

二 成员国主导新时期发展

2000年,UNDP对大图们倡议的前期合作进行了评估,认为成员国缺乏主动性和主导权、缺少可持续资金、合作成果有限和合作潜力有待进一步开发是大图们倡议面临的主要问题。为此,UNDP在2005年宣布将逐步由主导方过渡到支持伙伴,各方一致同意建立由各国出资的共同基金,制订了《2005~2015年战略行动计划》,将"图们江地区开发项目"更名为"大图们倡议"区域合作,合作区域扩大到中国的东北三省和内蒙古、朝鲜罗津经济贸易区、蒙古国的东方省、肯特省和苏赫巴托尔省等东部省份、韩国的江原道、庆尚北道、釜山广域市、蔚山广域市和浦项等东部沿海省市和俄罗斯滨海边疆区等。2009年,大图们倡议正式由成员国主导,建立轮值主席国机制,由轮值主席国的部长担任轮值主席,成员国按照中国、韩国、俄罗斯和蒙古国的顺序轮流担任主席国,牵头大图们倡议总体合作。联合国开发计划署作为支持伙伴,继续负责大图们倡议合作的协调组织工作。在各行业委员会,也实行了由各成员国轮值管理的机制,合作效率和成果显著提高。

三 确立了完善的组织架构

大图们倡议合作机制发展方向明确,对话机制完备,合作内容全面,并拥有较为完善的组织架构。大图们倡议的最高决策机构是一年一度的政府间协商委员会部长级会议,并在北京设有秘书处。大图们倡议的重点合作领域包括交通、贸易便利化、旅游、环境、能源和农业,并相应地建立了交通合作委员会、贸易便利化委员会、旅游委员会、环境委员会、能源委员会,并将于2015年底建立农业合作委员会。为了推动私有部门、地方政府、智库和金融机构更好地参与合作,形成中央和地方之间,公共部门和私有部门的良好互动,大图们倡议还建立了地方合作委员会、进出口银行协会、研究机构网络,并将于2015年底建立大图们倡议商会联盟。

四 实施了一系列务实项目

为了落实《2005~2015年战略行动计划》,大图们倡议各国在上述领域积极合作，通过研究、研讨会、能力建设培训等形式，实施了交通走廊和跨境便利化研究、陆海联运交通研究、罗津—哈桑铁路和港口研究、交通走廊基础设施融资研究、贸易与投资培训和能力建设、多目的地旅游项目、经认证的经营者培训、能源有效性研究、能源领域能力建设培训和图们江流域水资源保护可行性研究等多个优先项目，为大图们倡议各国进一步开展务实合作打下了基础，同时也坚定了成员国深化合作的信心。

五 加强了与国际伙伴的合作

目前，UNDP仍然负责大图们倡议合作的组织协调工作，为大图们倡议提供管理和技术支持。此外，为了调动一切资源，共同推动东北亚地区开发，我们与联合国亚太经社会、联合国贸发会议、亚洲开发银行、德国技术合作局、世界海关组织、三边合作组织和亚欧会议等国际机构和机制建立了密切的合作关系，并与德国技术合作机构、联合国亚太经社理事会和韩国海关签署了长期合作协议。近几年，我们与UNDP共同开展了贸易便利化研究，与亚太经社会每年共同主办贸易便利化国际研讨会，与亚行合作开展地方官员培训，与德国技术合作局在旅游、贸易和人力资源建设上开展一系列合作，可以说，我们的努力吸引了越来越多的国际伙伴的关注和支持。

当前和今后一段时期内，大图们倡议各领域的主要工作包括如下。

1. 进一步加强地方合作

为了给地方政府创造更好的合作平台，共同探讨和规划本地区发展，大图们倡议地方合作委员会于2011年建立，并开展了很多务实合作。为了让地方政府加深对区域和次区域合作的了解和认识，提高其获取信息、制定政策和配置资源等多方面能力，我们与中国商务部和亚洲开发银行合作，开展了地方政府官员能力建设项目。从2013~2015年，地方合作委员会会议先后在中国长春、日本鸟取和蒙古国乔巴山召开，讨论了交通、旅游、投资和贸易便利化等多项议题，一些与交通和贸易便利化有关的问题和建议已经提交给中央层面的交通和贸易便利化委员会予以研究并限期做出回应和反馈。此外，在地方合作委员会框架下建立的物流分委会确定了中国哈尔滨—中国绥芬河—俄罗斯符拉迪沃斯托克—韩国东海—日本境港和中国长春—中国珲春—俄罗斯扎鲁比诺港—韩国东海—日本境港两条陆海联运线路进行踏线、分析和研究，以期成为解决东北亚地区陆海联运物流问题的突破口。地方合作委员会成员也在合作中不断扩大，已接纳韩国釜山和济州岛成为新成员。

在各方的共同努力下，地方政府合作已步入正轨，地方政府的合作积极性越来越高。第四次地方合作委员会会议将于2016年在韩国江原道与大图们倡议国际贸易投资博览会同期举行，我们对会议的成果充满信心，也对地方合作的未来充满信心。

2. 推动交通基础设施建设

在图们江地区，中、俄、朝、蒙四国陆路相连，中、俄、朝、韩水陆相接，这一区域是通向亚欧大陆最便捷的国际通道，是发展国际陆海联运的极佳结合点，但是这一优势没有有效地开发和利用。为此，大图们倡议交通委员会于2009年建立，各国希望共同加强基础设施投入，利用现有的交通网络，连点成线，改善区域内交通基础设施，促进区域内铁路、公路、港口间的断点衔接。同时，各方同意协调交通运输及通关政策，为促进区域内人员、货物流通提供政策支持。截至目前，交通委员会制订了大图们地区交通战略和中期行动方案，完成了大图们倡议交通走廊研究报告，实施了陆海交通研究项目、基础设施开发融资研究和交通走廊的软件支持项目等。我们将结合研究报告，有步骤、分阶段地构建东西贯通、南北纵横、布局合理、衔接顺畅的交通网络，并以交通走廊带动经济走廊的形成，促进区域经济共同繁荣。

3. 大力发展旅游产业

东北亚地区的不仅有森林、火山熔岩、冰雪、海岛、草原等丰富的自然资源，同时又是文化历史悠久的多民族地区，人文旅游资源同样丰富多彩。这些民族特色浓郁的旅游资源不仅对本地区的旅游者极具吸引力，也使区域外的旅游者产生了极大的兴趣。为了加快旅游合作，旅游委员会完成了大图们倡议多目的地旅游项目研究，同时在旅游签证便利化方面开展研究，举办旅游论坛，积极推动旅游成为区域经济新的增长点。

4. 深化贸易便利化合作

在第十次部长级会议上，各国普遍认为，随着各国关税的普遍降低和非关税措施的逐步取消，贸易便利化水平的高低，对贸易成本和贸易发展的直接影响越来越大。从整体上看，连接图们江区域各国的边境口岸、物流、道路灯基础设施还不完善，各国政策法规很不协调，货物和人员往来手续复杂，贸易投资管理水平参差不齐，这些问题严重制约了贸易投资进一步发展，贸易便利化工作任重道远。为此各国同意建立贸易便利化委员会，在通关、检验检疫、贸易物流、商务人员流动和能力建设方面开展合作，按照软硬结合，以点带面，分步实施的原则，改进口岸设施，提高通关速度，改善物流条件，提升图们江区域的贸易便利化层次，建立安全、公正、良好、便捷的贸易投资环境。2011～2015年，贸易便利化委员会举行了5次会议，批准实施了大图们倡议贸易便利化研究，并与亚太经社会、世界海关组织和德国技术合作公司共同开展了贸易便利化培训项目，与中国商务部共同主办了贸易便利化研讨会，并与韩国关税厅签署了长期合作协议，每年为大图们倡议贸易便利化能力建设培训提供资金支持。此外，大图们倡议国际贸易投资博览会已经在韩国江原道举行了三届，越来越多的国家和企业参加了博览会，交易总额逐年上升。在2014年10月举办的第三届国际贸易投资博览会上，来自韩国、日本、中亚等10多个国家的500多家企业参展，吸引了4.3万名参观者，签署了总额达4300万元的55个出口合同。在2015年9月举行的第五次贸易便利化委员会会议上，成员国决定将该委员会改组为贸易和投资委员会，设立海关分委会，相关决议将递交到2015年底的部长级会议审批。

5. 加快能源和环境合作

能源和环境领域的合作进展相比其他领域相对缓慢，在2011～2014年甚至处于停滞的状态。2014年在秘书处的推动下，中国开始正式参与大图们倡议能源委员会活动，并于2015年成功主办了第四次能源委员会会议。目前能源合作正在稳步推进，除了已经批准实施的区域能源合作政策和展望项目以外，在2014年召开的第三次能源委员会会议上，成员国又批准了区域工业能源有效性研究、工业能源有效性经验分享研讨会、电力生产和运输研究项目和煤转天然气可行性研究等4个项目，并探讨实施亚洲超级电网项下的中蒙能源贸易可行性研究项目。

环境合作尚处于起步阶段，继2011年召开了第一次环境委员会会议后，第二次会议也在秘书处的积极推动下于2015年在蒙古国乌兰巴托召开，各国同意先对整体的环境合作进行研究和评估，再寻求新的合作切入点，制订环境合作战略和行动方案。

六　稳步启动其他领域活动

大图们倡议农业委员会、商会协会和研究机构网络计划于2015年底召开启动会议，具体的合作目标和合作内容还需要与成员国进一步协商，任重而道远。加强沟通，稳步推进，避免急于求成，才能最终实现遍地开花，遍地结果的良好局面。

大图们倡议经过多年发展，虽然取得了令人瞩目的成绩，但一直面临着政治环境复杂、缺乏高层推动和缺乏投资资金等诸多不利因素和障碍。在未来一段时间内，大图们倡议合作还将面临以下挑战。

一是推动国家领导人会晤机制的建立。目前大图们倡议的最高决策机制是部长级会议，各国的牵头部门分别是中国商务部、韩国企划财政部、蒙古国财政部和俄罗斯经济发展部。但大图们倡议合作涵盖贸易、旅游、交通、环境、能源、农业等多个领域，这就需要更高层次和更加强有力的协调力度。目前，成员国已经就提升合作机制，建立国家领导人会晤机制达成一致，认为这将为图们江区域合作的发展注入新的活力和推动力，有利于大图们倡议品牌的宣传，并进一步吸引域内外投资。各国同意将在法律过度之后时机成熟时进行提升合作机制的实质性操作。

二是推动朝鲜重返和日本加入。朝鲜和日本都是东北亚地区重要国家，朝鲜拥有丰富的自然资源，起点低，发展潜力巨大，但对于区域和次区域合作缺乏正确的认识和理解。日本科技领先，经济发达，可以在多边合作中提供资金和技术支持，但日本因其国内政策的考量，一直未对加入大图们倡议合作做出明确表态。在历届大图们倡议部长级会议上，各国多次表示欢迎朝鲜重返和日本加入。目前，日本地方政府对参与大图们倡议合作态度积极，主办了2011年交通研讨会，日本鸟取加入了地方合作委员会并于2014年成功举办了第二次地方合作委员会会议。我们将通过多边和双边渠道加大推动力度，使朝、日两国早日参与到大图们倡议合作中来。

三是争取更多的资金支持。在亚洲，中亚区域经济合作和大湄公河次区域合作均由亚洲开发银行牵头，拥有资金保证。大图们倡议先由非金融机构的联合国开发计划署牵头，后由成员国主导，一直面临资金缺乏的发展"瓶颈"。根据交通委员会完成的基础设施开发融资研究报告，仅6个陆路交通走廊就需要近35亿美元的资金投入，整个区域在基础设施上的资金需求更是难以估量。2012年，在秘书处的积极推动和成员国的共同努力下，大图们倡议进出口银行协会正式成立，这为如何解决区域合作的融资问题提供了一个非常有益和有价值的新尝试。为了尽快启动示范项目，进出口银行协会于2014年召开了成立大会，签署了合作备忘录，并在2015年密集地召开了4次工作层会议，在各国提交的十几个项目中，筛选出了扎鲁比诺港改造等备选项目，并对扎鲁比诺港进行了实地考察，各方计划在2015年底举行的第二次进出口银行协会会议上签署合作投资意向书。

四是建立独立的政府间组织。虽然UNDP已经从合作之初的倡议和主导方演变为支持伙伴，大图们倡议合作已经形成了成员国主导的良好态势，但由于大图们倡议秘书处没有独立的法人地位，难以拥有相关的权利和履行相关的义务，在一定程度上影响了合作的进一步推进。习近平主席2014年访问韩国期间，中韩双方在联合声明中强调，将"大图们倡议发展成为引领东北亚经济发展的经济合作组织"。目前各国经过多轮磋商，已逐步完成了法律过渡的各项准备工作：2013年，各成员国就法律过渡的具体方案和时间表进行了讨论，并在大图们倡议第十四次协商委员会部长级会议上决定在2016年完成法律过渡。2014年大图们倡议第十五次协商委员会部长级会议上，成员国政府就大图们倡议将逐步发展成独立的政府间组织这一战略方向达成广泛共识，强调大图们倡议应该成为一个更具有战略性、更务实以及以结果为导向的政府间组织。会议批准了《大图们倡议法律过渡概念文件》，敦促各国协调员及大图们倡议秘书处抓紧推进，并计划在2016年第十六次协商委员会部长级会议上提交并批准基础协议。会议对过渡后的机构设置达成共识，主要包括部长理事会、高官委员会、各关键领域的委员会和秘书处。在级别上，成员国考虑在保持现阶段部长级合作的基础上，在新组织建立2~3年后考虑更高级别的合作。目前，成员国正在就包括资金比例、组织名称、特豁条款等问题在内的基础协议和驻在国协议进行深入磋商，预计在2016年第十六次协商委员会部长级会议期间签署基础协议，新的政府间组织拟于2017年1月1日开始正式运作。

展望未来，大图们倡议合作迎来了新的历史发展机遇。银行合作协会的建立以及2014年5月建立的亚洲基础设施投资银行，为东北亚地区开发提供了更多融资选择。此外，区域内各国越来越重视互联互通，中国政府提出了"一带一路"战略，韩国政府提出了"欧亚倡议"，蒙古国提出了"草原之路"倡议，俄罗斯在力推欧亚联盟的同时，进一步加大了远东地区开发力度。我们正在对上述战略和倡议进行研究，并已成为旨在促进亚欧大陆连通的亚欧会议框架下的交通专家组的伙伴机构。我们将利用当前良好的国际环境和政策形势，尊重各方诉求，关注各方利益，积极开展有效合作，共创东北亚区域合作和亚欧一体化的新未来。

图们江合作二十年
部委聚焦

加强统筹协调 推动图们江合作不断走向深入

邹 勇[*]

图们江合作开发走过了 20 多年历程，作为一名地区经济工作者，我有幸全程参与和见证了整个合作历程。从 20 世纪 90 年代初原国家科委和国家海洋局共同组织的两次图们江复航科学考察，到 1995 年 12 月 6 日中国、朝鲜、韩国、蒙古国、俄罗斯签署三个合作文件，从图们江开发三个规划的研究制定到中国图们江区域（珲春）国际合作示范区的设立，等等，时至今日，这些场景仍然历历在目。

一 成立图们江地区协调小组

1992 年，国务院同意并建立了图们江地区开发项目研究协调小组，原国家科委为组长单位。1999 年经国务院批准更名为"中国图们江地区开发项目协调小组"（以下简称协调小组），组长单位变更为原国家计委。目前，国家发改委是组长单位，外交部、科技部、财政部、商务部、吉林省政府是副组长单位，教育部、公安部、国土资源部等 13 个部门为成员单位。其中，国家发改委主要负责总体协调工作，并侧重于规划战略的制定、组织召开重要的工作会议、协调确定重大的决策、解决重大的问题。协调小组办公室设在国家发改委地区司。

二 图们江开发三个规划的研究制定

1. 1992 年规划

1992 年，为加强对珲春参与图们江合作的规划和指导，吉林省组织编

---

[*] 邹勇，中国图们江地区开发项目协调小组办公室副主任，国家发展和改革委地区司副司长。

制了《图们江下游珲春地区综合开发规划大纲》（简称《规划大纲》），并报国务院审批。受国务院办公厅委托，原国家计委会同有关方面对《规划大纲》进行了认真研究，并于当年12月19日函复吉林省，原则同意《规划大纲》，其成为指导图们江下游珲春地区扩大改革开放和加速经济发展的依据。

2. 1999年规划

经过几年的工作，《规划大纲》提出的项目和目标大多已经完成和实现。根据形势变化，原国家计委又在1997年委托中国国际工程咨询公司组织编制《中国图们江地区开发规划》（简称《开发规划》），将规划范围由珲春市扩展至延边朝鲜族自治州全域，规划目标年为2010年。同时，成立了专门的规划编制协调小组，由国家计委国土地区司负责同志任组长，中咨公司、吉林省计委、吉林省图们江开发办以及延边州政府负责同志为副组长。其间，规划组于1997年7月到长春市听取了吉林省政府领导对规划编制的意见，并于1997年6月、12月和1998年4月三次赴图们江地区调查研究，多次与延边州政府主要领导交换看法，并充分征求了国务院有关部门的意见，历时两年修编终得成稿。

1999年，原国家计委接替科技部成为组长单位后，于当年6月28日组织召开了新协调小组的第一次全体会议，会议听取了吉林省政府负责同志关于图们江地区开发情况介绍，讨论了《开发规划》，通过了中国图们江地区开发项目协调小组工作职能和分工。1999年底，国家计委正式印发了《开发规划》，有力地支持了图们江地区开发开放。2001年6月、2002年7月、2005年8月，协调小组又召开了三次全体会议，分析图们江地区国际合作开发的形势，明确推进合作的工作任务，并就需要国家层面协调解决的重大问题进行了研究，推动《开发规划》贯彻实施。

3. 2009年规划

2008年3月25日，协调小组第五次全体会议在北京召开，会议围绕落实国务院领导在十届全国人大常委会副委员长、中国图们江地区开发项目专家组组长蒋正华《关于加快图们江地区开发开放的建议》上的批示精神，听取了各部门在新形势下推进图们江地区开发开放的意见和建议，并建议编制新的图们江地区开发规划。会前，时任协调小组组长、国家发改委副主任杜鹰还专门带队赴吉林省就编制新的开发规划等问题进行了实地调研。

2008年6月，时任协调小组办公室主任、国家发改委地区司司长范恒山带队，外交部、科技部、财政部、商务部、海洋局等部门同志和部分专家赴吉林省就规划编制再次进行了现场调研。在此基础上，向国务院上报请示，建议在1992年和1999年规划基础上，根据新的国内外形势编制《中国图们江区域合作开发规划》。7月，经国务院同意，国家发改委牵头，正式会同有关部门和吉林省组织开展了新规划编制工作，并两次召开专家论证会听取意见。规划成稿后，送国务院有关部门征求意见，并做了进一步修改完善，按程序报国务院审批。

2009年8月30日，国务院正式批复同意了《中国图们江区域合作开发规划纲要——以长吉图为开发开放先导区》（简称《长吉图规划》），规划范围在延边州基础上，进一步拓展至长春市、吉林市部分区域和延边州（以下简称长吉图），同时辐射我国其他参与图们江区域国际合作的辽宁省、黑龙江省和内蒙古自治区等地区。《长吉图规划》明确了长吉图的战略定位是我国沿边开发开放的重要区域、我国面向东北亚开放的重要门户、东北亚经济技术合作的重要平台、东北地区新的重要增长极。《长吉图规划》的出台实施，对于推进图们江区域开发开放、增强我国与东北亚各国的全方位合作、提升我国沿边开放水平、振兴东北老工业基地、促进区域协调发展，具有重要意义。

三 设立珲春国际合作示范区

《长吉图规划》印发实施后，吉林省委、省政府认真抓好贯彻落实，在国家有关部门的大力支持和协助下，积极推动图们江区域国际合作取得新进展。按照《长吉图规划》提出的"大胆创新和率先示范，建设富有活力、运行高效的我国沿边开放新机制"的要求，吉林省组织编制了《中国图们江区域（珲春）国际合作开发示范区可行性框架报告》。2010年7月，蒋正华同志率队到图们江地区进行实地考察后，向国务院建议设立"珲春特殊经济合作区"作为我国参与图们江区域国际合作开发先行区，并建议赋予对外开放、财税、土地、产业和基础设施建设等方面的政策支持。按照国务院领导批示精神，国家发改委与有关部门进行了研究，建议考虑在珲春探索建立沿边开发开放试验区或图们江区域（珲春）国际合作开发示范区。

2011年6月，吉林省政府向国务院上报了《关于设立中国图们江（珲春）特殊经济合作区的请示》，国务院办公厅批转国家发改委办理。8月15日，组织召开了协调小组办公室会议，会议研究认为，设立珲春特殊经济合作区有利于更好地推动图们江区域合作开发，建议对有关具体问题做进一步研究后，报协调小组全体会议审议。

此后，国家发改委与吉林省有关方面就设立珲春特殊经济合作区有关事宜进行了进一步探讨，研究起草了《关于设立中国图们江区域特殊经济合作区的意见（征求意见稿）》，两次征求了有关方面意见，并多次召开专题会议研究协商有关事项，同时对合作区名称进行了反复斟酌，建议改为"中国图们江区域（珲春）国际合作示范区"。

2012年1月6日，时任协调小组组长、国家发改委副主任杜鹰组织召开了协调小组第六次全体会议，会上，各方面一致支持设立珲春国际合作示范区，并就支持政策提出了具体的意见和建议，达成了共识。根据此次会议讨论的意见，国家发改委对意见文本做了进一步修改完善，并报国务院审批。

4月13日，经国务院同意，国务院办公厅印发了《关于支持中国图们江区域（珲春）国际合作示范区建设的若干意见》（简称《意见》），同意在吉林省珲春市设立中国图们江区域（珲春）国际合作示范区（简称珲春国际合作示范区）。《意见》的出台，标志着珲春国际合作示范区建设和图们江区域国际合作进入一个新的阶段。经过三年多的开发建设，珲春国际合作示范区及珲春市实现了跨越式发展，基础设施日益完善、一批功能平台初步形成、产业集聚效应明显、改革发展迈出新步伐、社会事业不断进步、生态文明建设成效显著，成为吉林省开放的桥头堡、改革的试验田、发展的排头兵。

与此同时，按照协调小组工作分工，商务部会同有关部门推动图们国际合作取得了积极成效，大图们倡议法律过渡也进入了关键时期。如进展顺利，2016年大图们倡议将转变为一个政府间国际组织，图们江合作开发也将掀开新的一页。

四 推动图们江合作走向深入

2015年7月16日，习近平总书记到吉林省考察调研，第一站就是延边州,并做出重要指示:"设立长吉图开发开放先导区是中央一项重要部署,对于扩大沿边开放、加强面向东北亚的国际合作,对于振兴东北地区等老工业基地,具有重要意义。先导区要全域科学规划,实现资源要素集约高效利用,努力建成东北地区对外开放的示范区。"

蓦然回首,自三个合作文件签署,图们江合作已经走过20年的风雨历程。协调小组办公室将深入贯彻落实习近平总书记等中央领导同志的重要指示精神,按照党中央、国务院决策部署,进一步加强统筹协调,会同协调小组各成员单位积极支持长吉图开发开放先导区建设和图们江合作开发走向深入,取得新成绩、实现新突破。

打通互连互通节点　夯实区域合作基础

欧阳玉靖[*]

翻开大图们江地区的地图，映入眼帘的一条条边界线，把这一地区分隔成了几个相邻或邻近的国家：中国、俄罗斯、蒙古国、朝鲜等。这些国家就是以"大图们倡议"为主题的图们江区域合作的参与者。曾几何时，图们江地区边界问题还十分敏感，是跨界合作难以逾越的障碍。但随着边界问题的逐步解决，有关边界被划定、勘定并得到有效的管理和维护，边境口岸陆续开放，跨界基础设施不断建成并投入使用，地区互联互通的重要节点被逐步打通，图们江区域合作的基础也逐渐得以夯实和巩固。

一　解决边界问题　增强邻国互信

边界是国家间领土的界线，有关问题往往是邻国间最为敏感，且影响互信的重要因素之一。从20世纪80年代末到21世纪头10年，我国迎来了解决边界问题的第二个高峰期。在短短20年内，我国先后与俄罗斯、哈萨克斯坦、吉尔吉斯斯坦、塔吉克斯坦、老挝、越南等国解决了历史遗留的边界问题，划定并勘定了边界线。从此，边界问题不再是影响我国与有关邻国关系的敏感因素，边界正逐渐转变为双边、多边合作的纽带和桥梁。

1991年《中苏国界东段协定》签订后，中国与俄罗斯启动了边界勘界前期准备工作，成立联合勘界委员会，并制定了10多个勘界法律和技术文件，为实施勘界提供了法律基础。从1993年开始，双方勘界人员在漫长的边界线上展开了艰苦细致的勘界工作。1994年，两国签订了《中俄国界西段协定》，双方勘界工作也随之拓展到中俄边界西段。至1999年，双方完

---

[*]　欧阳玉靖，外交部边界与海洋事务司司长。

成了除黑瞎子岛、阿巴该图洲渚等个别地段外的勘界工作，两国98%的边界线在实地得到了准确而清晰的标示。2004年10月14日，两国又签订了《中俄国界东段补充协定》，确定了黑瞎子岛和阿巴该图洲渚两块地区的边界线走向，至此长达4300多公里的中俄边界线全部划定。双方于2005年到2008年期间对上述两块地区进行了勘界立碑工作。至此，中俄边界问题获得全部、彻底解决。边界问题的解决大大增进了两国战略互信，为两国在图们江地区开展跨界、跨境合作提供了重要的基础和前提。

二 边界管理法治化、机制化、规范化建设为跨界合作奠定坚实基础

根据边界实践，边界线划定并勘定后，边界工作重心会逐渐从防边、控边转向管边、用边。边界管理工作会成为我国与邻国合作的重点方向。这项工作既涉及界线管理，又涉及许多跨界事务管理，十分复杂。根据我国与邻国的边界管理实践，通常要订立专门的边界管理制度政府间条约或协定，作为边界管理的法律基础，据此开展日常边界管理与维护，规范和管理跨界事务。同时，有关条约或协定还对边界联合检查、联合踏查等每隔一定时期开展的重大工作事项做出专门规定。

1994年，中俄签署了《中俄国界管理制度协定》。随着中俄边界问题的逐步解决，特别是边界地区跨界合作等涉界事务的丰富，双方认为有必要商签新的边界管理制度协定。2003年，双方启动了相关磋商工作。经过三年多的努力，就新的边界管理制度协定达成一致。2006年，双方签署了新的《中俄国界管理制度协定》。新协定包罗万象，对边界和边境管理中的方方面面做出了详尽规定，为此后我国与哈萨克斯坦、蒙古国、越南、塔吉克斯坦、巴基斯坦等国签订边界管理制度条约或协定提供了有益借鉴，堪称中国与邻国加强边界管理法治化建设的奠基之作。继《中俄国界管理制度协定》之后，2010年中蒙签署了《中蒙国界管理制度条约》。

根据有关的边界管理制度协定或条约，中国与图们江地区有关邻国建立了边界联合委员会机制，定期举行会晤，协商处理边界管理与合作开发过程中出现的新问题、新情况，维护边界的清晰与稳定以及边境地区的正常秩序，为开展跨界、跨境合作创造了良好的基础和氛围。

边界划定并勘定以后，根据我国与邻国签订的有关协议，双方每隔一段时间（一般是10～15年），要对边界进行一次联合检查，确保界线标志完好、边界清晰。中蒙边界全长4700多公里，有高山、戈壁、沙漠、森林、湿地，还有以河为界地段，各种地形地貌非常丰富。2001～2005年，中蒙成功开展了两国边界第二次联合检查工作。这次联检中，双方制定了详尽、完整的工作和技术规则，形成了一整套做法，为我国与邻国在新时期开展边界联检创立了基本模式和流程。从2011年开始，我国与俄罗斯开展了中俄边界的第一次联合检查。此次联检工作一度受到2013年图们江地区恶劣天气影响。目前，双方正加紧工作，计划2016年结束联检。2014年以来，中蒙还根据两国协议规定，组织开展了对边界的联合踏查工作，以在两次边界联合检查中间对边界状况进行一次较为彻底的清查摸底。边界联合检查、联合踏查是边界管理工作的重要组成部分，与日常管理维护工作相互补充，共同维护了我国与图们江地区邻国边界的清晰与稳定，为边界两侧人民友好交往与合作奠定了基础。

三 开放边境口岸使大图们江地区成为对外开放的重要前沿

边境口岸是指我国与陆地邻国在边界上经协商一致对等开设的口岸。其与航空口岸、海运口岸等其他类型的口岸不同，因涉及我国与邻国，需要双方商签边境口岸及其管理制度协定，作为开设边境口岸的法律基础。陆地邻国任何一方通常既无权也不可能单方面开设边境口岸。经过多年努力，我国与俄罗斯、朝鲜、蒙古国等图们江地区邻国均签署了边境口岸及其管理制度协定，协议开放了大批边境口岸，为大图们江地区跨境经贸合作和人员往来提供了便利，促进了区域合作的顺利开展。

1994年，中俄签订了《中俄边境口岸协定》，确认双方开放满洲里等21对边境口岸。2001年，中朝签署了《中朝边境口岸协定》，确认双方开放丹东等15对边境口岸。2004年，中蒙重新谈判签订了《中蒙边境口岸协定》，确认开放二连浩特等13对边境口岸。我国还与有关邻国成立了边境口岸合作机制，并充分利用机制化平台，就边境口岸的开放和升格、通关便利化等问题保持了密切沟通协调，促进了边境口岸的良性发展，满足了东北边境地区经济发展和对外交往需要。

四 跨界基础设施建设稳步推进

跨界基础设施包括桥梁、公路、铁路、电线、电缆、隧道、索道等多种形式，是跨界互连互通建设的基础工程，对开展跨境合作具有重要意义。跨界设施的建设、管理和维护事宜与边界线密切相关，一般均需与陆地邻国协商一致后进行，修建跨界桥梁等还需要专门签订政府间协议。经过多年努力，我国与图们江地区邻国跨界基础设施建设不断取得新进展，跨境互连互通水平不断提高。

1995年，中俄签署了《关于共同建设黑河—布拉戈维申斯克黑龙江（阿穆尔河）大桥的协定》，之后又就简化共同建设该桥的人员、建筑材料、施工设备和交通工具经临时通道通过中俄边境手续签订了专门协议。此后，就修建跨界桥梁商签双边协议工作越来越规范。2001年，中俄签署了《共同建设室韦—奥洛契额尔古纳河界河桥协定》。2008年，中俄就共同建设、使用、管理和维护同江—下列宁斯阔耶铁路界河桥签署双边协议。中、朝两国也先后就共同建设、管理和维护鸭绿江界河公路大桥、集安—满浦界河公路大桥、圈河—元汀界河公路桥、图们—南阳新界河公路桥签署了双边政府间协议，顺利完成或正在推进有关界河桥的建设。这些跨界桥梁的建设，极大地改善了大图们江地区的基础设施互连互通状况。此外，我们还积极服务于跨境缆线和油气管道建设，推动构建大图们江地区立体化的能源资源流动网络。

五 大图们江地区跨界水合作平稳、逐步展开

大图们江地区水资源非常丰富，仅中俄边界以河为界地段就长达3700公里，占两国边界线总长的86%。合理利用和保护跨界水，对两国边境地区经济发展和社会稳定意义重大。长期以来，中、俄两国就跨界水问题保持着顺畅的沟通与协调。2008年1月，中俄签署了《合理利用和保护跨界水协定》，将两国跨界河流和湖泊问题纳入机制化合作轨道，成为我国与邻国处理跨界水问题的典范。中、蒙两国根据双方1994年签署的《保护和利用边界水协定》，同样就两国边界水相关问题保持了良好沟通和协调。通过机制化的沟通、协调，跨界水问题不再是大图们江地区的问题，而是

各方合作的议题和重要的利益契合点。

20多年来，边界工作的内涵和外延，特别是边界工作与区域合作的互动关系，已经发生了巨大变化。突出的特点是，前10年，边界工作的首要任务是解决历史遗留的划界、勘界问题，而边界问题的解决对区域合作与发展起到了极大的推动作用。近10多年来，我们在边界工作中认真贯彻"与邻为善、以邻为伴"的周边外交方针和睦邻、安邻、富邻的周边外交政策，积极转变思路，主动服务边境地区发展和对外开放，在配合国家"兴边富民"和"振兴东北"战略的同时，有力地推动了区域合作的深入开展。

"雄关漫道真如铁，而今迈步从头越。"尽管大图们江地区形势发生了巨大变化，深化区域合作受到地区政治因素的制约，但围绕边界和边界工作，我国与邻国已经建立并日臻完善全方位的合作关系，涵盖边防合作、界河航行、口岸开放、资源保护、森林防火、基础设施修建和管理等方方面面。可以说，区域互连互通的大格局已经基本成形。展望未来，随着我国与有关地区国家战略互信的进一步增强，深化区域合作面临着前所未有的大好机遇。我们深信，以"大图们倡议"为核心的图们江区域国际合作，前景广阔，潜力无限。

锲而不舍推进图们江地区开发合作

赵永利　李锟先　王　伟　吴可亮[*]

图们江地区开发合作是一项全新的事业,极具创新性和挑战性。无论是前期联合国开发计划署主导,还是后来变为成员国主导,商务部作为图们江地区开发项目的中国协调员,一直致力于推动图们江地区国际合作,做了大量卓有成效的工作,有力地推动了合作开发进程。

一　缘起

1985~1989年,国内即有专家提出利用图们江开辟吉林省对外贸易口岸的建议。此后,该问题逐步得到各方关注。1989年2月,国务委员兼国家科委主任宋健同志亲自写信,希望有关部门就图们江通道问题立题论证。随后,国家科委等相关单位开展了一系列调研活动。1991年,国家领导人多次赴珲春考察。与此同时,在国际上,图们江开发也日益得到重视。同年,联合国开发计划署(UNDP)在朝鲜平壤召开的图们江项目开发协调会上提出,鉴于图们江的重要战略地位,希望在该地区建立一个具有21世纪水平的集港口、机场、铁路于一体的交通枢纽及东北亚商业金融中心,希望在此兴建世界上"第二个鹿特丹",希望再造一个"香港"。

1992年7月,UNDP在蒙古国乌兰巴托召开了东北亚四国区域合作项目协商会议,原则同意了UNDP提出的东北亚工作方案,其中之一就是图们江开发。此后,各国开始继续论证与调研,1994年,中国吉林省还专门成立了

---

[*] 赵永利,商务部中国国际经济技术交流中心南南处处长;李锟先、王伟,商务部中国国际经济技术交流中心南南处副处长;吴可亮,吉林省社会科学院东北亚研究中心助理研究员。

图们江地区开发领导小组。1995年12月，联合国开发计划署在总部纽约召开图们江地区开发项目管理委员会第六次会议，署长斯佩思先生主持会议。中、朝、俄、韩、蒙五国政府代表团参加会议，正式签署了《关于建立图们江地区开发协商委员会的协定》《关于建立图们江经济开发区及东北亚开发协商委员会的协定》以及《图们江经济开发区及东北亚环境准则谅解备忘录》。中方由外交部、国家计委、国家科委和外经贸部派员组成，代表团团长为秦华孙。三个文件（两个协定和一个备忘录）签署后，"两委"混合秘书处开始工作，三个文件的签署及混合秘书处开始运作，标志着图们江地区开发项目从以前期研究为主转入以实际开发为主，表明了五国共同开发这一区域的政治态度，图们江开发开放的大幕由此拉开。

二 发展

三个文件签署，图们江秘书处开始工作后，开发计划署出资设立了三期项目，并通过自身平台，设立了一系列子项目和平行项目，直接支持了五国的区域合作与开发。通过UNDP，五国在国家层面的合作沟通不断加强，地区合作开始体制化。协商委员会与协调委员会召开了多次会议，秘书处开始工作，各国也均成立了自己的工作团队。各国开始招商引资（如联合国工发组织帮助举办中国吉林图洽会以及帮助朝鲜招商引资等），开放边界、铁路、公路和口岸等通道问题开始得到重视，贸易和运输都出现了增长，跨境观光游客开始出现并日益增多。这一阶段，除了经济发展外，环境保护也提上了议事日程。2001~2003年，全球环境基金（GEF）通过开发计划署在五国实施了图们网络（TUMENNET）项目，对提高地区环保意识、防治污染、实现可持续发展发挥了很大的作用。在联合国开发计划署组织的历次评估会议上，我们不止一次地指出，在东北亚这样一个冷战残留严重的地区，各国的意识形态和国家制度各不相同，价值取向也参差不齐，和平发展弥足珍贵。联合国开发计划署，用很小的投入，维护了图们江五国以及东北亚各国（含观察员国家日本）长达20多年的和平与稳定，居功至伟。

同期，在国务院有关部委及吉林省图们江地区开发领导小组的支持下，开展了实际工作。1999年4月，国务院批准图们江地区开发项目协调小组成立。以研究图们江地区开发开放和国际合作中的重大问题；组织编制我国图们江地区的中长期发展战略和规划；组织开展我国图们江地区的活动;协调我国参加UNDP有关国际会议,沟通各方信息,为对外谈判提供决策意见;并协商提出促进我国图们江地区经济发展的重大政策和项目建设意见,供国务院和有关部门参考。协调小组由国家计委任组长单位,由科技部、外经贸部、外交部、财政部和吉林省政府任副组长单位,经贸委、国土资源部、建设部、铁道部、交通部、海关总署、环保总局、外专局的相关司局和吉林省图们江开发办为组员单位。在协调小组的领导与支持下,珲春边境合作区、出口加工区和经济合作区相继设立,相关公路、铁路和口岸开始建立并实现连通,大大带动了延边地区的发展,使得中国在图们江开发过程中处于领先地位。同时,相关方面认为,图们江开发区域过小,应当将其范围进一步扩大,以使更多地区和人口受益。可以说,到2005年,三个文件到期时,以吉林省延边地区为核心的图们江开发已取得了巨大的成功。

三 升级

2005年9月2日,大图们江区域开发合作项目(TRADP)第八次政府间协商委员会部长级会议在长春召开,成员国一致同意该合作延长10年,并同意将"大图们江区域开发"改名为"大图们倡议",进一步加强现有的区域合作关系。由此,图们江区域开发合作由前期联合国开发计划署主导(1995~2005年)向成员国主导(2005年至今)转变,并于2009年建立轮值主席国机制,按照中、韩、俄、蒙顺序轮流担任主席国,牵头大图们倡议合作。时任联合国开发计划署(UNDP)常驻中国代表马和励积极推动图们江区域开发合作的这一转变,提出联合国开发计划署作为支持伙伴,继续负责大图们倡议的协调组织工作。对此,中国商务部给予了积极推动,主管部长两次担任部长级会议轮值主席。2010年9月1日,大图们倡议第十一次政府间协商委员会部长级会议在吉林省长春市举行,中国商务部副部长易小准担任本次会议的轮值主席,并与联合国驻华驻地协调员、开发计划署驻华代表罗黛琳共同主持了会议;2014年9月17日,大图们倡议第十五次政府间协商委员会部长级会议在延吉召开,国家商务部部长助理王受文担任会议主席并与联合国驻华协调员共同主持会议。在2005年部长级会议上,商务部代表中国政府提出议案,由5个成员国共同建立财政管理资金,对大图们倡议秘书处进行资助,使大图们倡议秘书处可以实施具体的项目工作。中国商务部对图们江区域开发合作的支持除了率团参与部长级会议外，历任主管部长还采取了一系列支持措施：谷永江副部长早期参与图们江地区开发；龙永图副部长积极推动图们江地区开发，筹建图们江信托基金，决定图们江地区开发两个委员会秘书处设在北京；魏建国副部长主管时期帮助大图们倡议秘书处解决办公地点及经费困难问题；易小准副部长积极到东北地区进行调研，了解图们江开发的相关情况；俞建华部长助理增派人员加强大图们倡议秘书处力量，现任大图们倡议秘书处主任王维娜（商务部国际司干部），即商务部派驻大图们倡议秘书处的代表；王受文副部长主管期间，批准了大图们倡议法律过渡方案，商签了相关法律文件，推动了大图们倡议转变为独立的国际组织。

中国政府确定，由国家发改委领衔的中国图们江地区开发项目协调小组作为协调部门，推进国内图们江开发事项。商务部牵头出席参与政府间协商委员会部长级会议，包括外交部、发改委、财政部、交通运输部、农业部、旅游局、能源局、贸促会、进出口银行等部门及吉林、辽宁、黑龙江和内蒙古自治区人民政府共同组成中国代表团参会。在推进图们江区域经济合作、促进地区社会与经济繁荣、扩大东北亚地区政治经济政策对话、加强东北亚地区发展的可持续性与稳定性等方面发挥了积极的作用。在第十五次部长级会议上，针对区域合作中存在的资金不足问题，商务部同与会各方一起推动成立了东北亚进出口银行/开发银行联盟，将为大图们倡议下项目的实施提供有效的资源调动机制；针对智力支持不足的问题，商务部推动各方成立了大图们倡议研究机构网络，商务部下辖的中国国际贸易学会图们江分会成为中国唯一学术牵头单位，作为图们江区域合作开发的智力支撑。对具体项目进行论证，对合作中存在的问题进行分析，提出解决方案，为本地区经济合作与一体化提供智力支持。

四 转型

在 2010 年 7 月举行的各国协调员会议上，成员国政府首次对大图们倡议转型问题进行了探讨。在几年的工作铺垫之后，2014 年 9 月举行的大图们倡议第十五次部长级会议批准了大图们倡议法律过渡方案，决定尽快商签相关法律文件，以便在 2016 年将大图们倡议转变为独立的政府间国际组织，同时还就未来新机制的级别、组织架构、过渡时间表等问题达成了多项共识。会议轮值主席、中方商务部部长助理王受文在致辞中提出,为进一步提升大图们倡议合作水平,为东北亚地区繁荣发展注入更大动力,各方要加快大图们倡议法律过渡进程,尽早理顺次区域合作机制。其后,中方国家协调员、国际司孙元江副司长率领由商务部、外交部、国家发改委参加的中方代表团分别于2015年2月12日、5月13~15日、7月28~29日、9月28~29日在韩国济州岛、首尔和中国北京召开的国家协调员会议上,就大图们倡议向独立的政府间国际组织法律过渡以及相关具体领域合作进展等问题进行磋商。

为了更好地推动图们江地区开发,商务部牵头的中国政府代表团与其他成员国代表团协商在大图们倡议合作框架内设立了贸易便利化委员会、交通委员会、旅游委员会、能源委员会、环境委员会、地方合作委员会等6个专门委员会,在深化贸易便利化合作、发展交通基础设施建设、开发地区旅游资源、深化能源和环境合作、务实开展地方合作等方面发挥了积极作用。在2014年9月大图们倡议第十五次政府间协商委员会部长级会议上,成员国批准建立了东北亚商会协会。同时同意开展农业合作研究,并探讨建立农业合作畅销机制的可能性。2015年8月7日,在蒙古国东方省召开的第三次地方合作委员会会议上,与会各方一致同意设立物流委员会,这将进一步推动图们江区域合作开发。具体合作方面,商务部与贸易便利化委员会共同举办了贸易研讨会;与地方合作委员会合作开展了地方合作研讨会和地方政府官员能力建设项目,等等。

五 感悟

在过去20多年的时间里,我们有幸参与了联合国开发计划署主导下的图们江开发项目,并见证了这一历史进程。我们感悟最深的就是在国际合作中,应当重视联合国等多边机构的作用,并加强协调机制建设。

应该说,联合国开发计划署、工业发展组织等国际机构在图们江区域开发合作中功不可没。UNDP从倡议到实际资金支持、从项目管理到治理结构调整以及协调沟通,都发挥了重要作用。在国际上,各国由于政治、历史、经济、文化、地理等原因,存在较多沟通困难,而在冷战痕迹较重的东北亚地区,沟通尤为艰难。有些时候,某些国家的步伐相对大一些,发展相对快一些,合作意愿相对强一些,可能会引起合作国家的担忧、疑虑甚至抵触。在这个过程中，联合国开发计划署较好地发挥了其中立多边机构的作用，直接推动了相关国家的区域合作。今后，我们在类似的区域合作中，如与"一带一路"沿线国家的合作中，应当继续考虑如何发挥联合国等多边机构的独特优势。作为联合国项目工作者，我们真诚希望，有关部门能够在对外交往中，继续注重发挥联合国机构的作用。

此外，在区域开发合作中，协调机制的作用不可或缺。如前所述，且不说各国的意识形态与价值取向，单是语言一项，就存在很多沟通障碍。在开发计划署三个文件的大框架下，项目设立了协商委员会和协调委员会，成立了秘书处，并在各国建立了国别协调员制度。国别协调员与各国的开发领导小组（或其他工作团队）进行联络沟通。例如，在我国，中央就设立了图们江开发协调小组，除了就重大事项进行研究、决策外，实际工作中，也存在工作层面的联络小组。在具体的某一领域，当各国提出合作意愿后，则通过联络机制，找到相应的部门和专家，进行沟通、谈判和合作。可以说，协调机制在图们江开发过程中，起到了关键性的作用。在今后的"一带一路"及其他区域合作中，类似的协调机制（如现在的"一带一路"领导小组），也一定能够发挥关键性的作用。

六　展望

大图们倡议将在2016年前升级为独立的政府间国际合作组织，恰逢经济全球化与区域一体化潮流正在向纵深方向发展，这一历史性转变，必将为图们江合作开发提供坚实的组织保障，有利于成员国间的相互利益需求，推动图们江合作开发由"务虚型"向"务实型"转变，推动本地区形成宽领域、深层次、高水平、全方位合作格局，切实提升区域互连互通和经济一体化水平。在这一过程中，商务部作为中方协调员代表将积极参与相关磋商，履行好自己的职责，进一步推动图们江区域建立有效沟通合作机制，通过首脑定期会晤、地方政府长官定期会晤、省及地方相关部门对等协商等制度，加强成员国间的相互协调能力；建立互信机制，以共同利益推动相互信赖，以经济合作推动其他领域合作；扩大图们江合作机制，争取朝鲜重新加入并吸引日本加入。未来，在独立的图们江国际合作组织中，商务部作为牵头单位将进一步发挥积极作用，加速开发这一全球最具发展潜力的区域。

中国图们江区域合作开发专家组
积极推动图们江区域开发

邱成利*

20世纪90年代至今，图们江区域合作已经走过20多年的发展历程。为强化图们江合作相关问题研究，国务院批准设立中国图们江区域合作开发专家组（以下简称中国图们江专家组），作为参与中国图们江区域合作开发的国家智库组织，对区域经济合作和地缘政治深入研判，从学术层面科学地进行顶层设计，为国家建言献策，在参与该区域合作开发中发挥重要推动作用，为国家对外开放提供有力的智力支持和决策参考。

一 顺应形势，积极组建图们江专家组

从1991年7月至今，图们江区域国际合作开发大体分为前期论证、具体实施、合作开发、加速推进、转型升级五个历史阶段。特别是进入21世纪第一个5年前后，随着经济全球化和区域经济一体化进程加快，国际国内形势发生了新变化。一是图们江区域合作机制发生变化。从2005年开始由联合国开发计划署主导的图们江地区开发项目转变为由成员国主导的大图们倡议，更加强调主动发挥各国政府作用。二是国际经济形势发生变化。一方面中国与俄罗斯、韩国、日本、蒙古国区域经济合作日益紧密，与各国双边贸易额不断攀升，国际地位和影响力不断加强；另一方面朝核问题成为世界焦点，为地区安全带来不稳定因素。东北亚、图们江区域逐渐成为全球经济、政治热点地区。三是国家主抓图们江区域开发机构发生变化。为了更好地适应国内国际经济形式变化，20世纪90年代末至21世纪初，早期推动图们江区域合作的主管部门——国家科委、计委，经国务

---

* 邱成利，中国图们江区域合作开发专家组执行副秘书长，科技部政策法规司调研员。

院机构改革重组先后更名为科技部、国家发改委，国家发改委是中国图们江地区开发项目协调小组组长单位，组织协调国家各部委共同开展图们江开发相关工作，职能得到进一步整合和优化，为中国积极主动参与图们江区国际合作提供了制度保障。

基于上述国内外环境变化，2004年7月，科技部和国家发改委批准成立"中国与周边国家区域开发专家组"，全国政协委员、中国原驻联合国大使秦华孙任专家组组长。

为进一步深入推进图们江次区域合作，拓宽国家战略空间，为国家顶层设计提供科学决策参考，2007年8月，十届全国人大常委会副委员长蒋正华赴吉林省考察图们江地区开发情况，并于2008年2月致信温家宝总理，提出《关于加快图们江地区开发开放的建议》，获重要批示。2008年12月28日，经国务院领导批准，中国图们江区域合作开发专家组成立，并于2009年2月13日在科技部召开成立大会，蒋正华、邵鸿、李德洙、张景安、杜平、李京文、陆大道、杨朝光、王元、刘建飞等，以及科技部党组书记李学勇出席会议。2011年11月21日，在北京召开的专家组会议上，同意增补吉林省原军区司令员岳惠来为专家组副组长。2015年2月8日，专家组召开会议，同意增补中国国际贸易学会副会长、吉林省图们江国际合作学会会长李铁为专家组成员。

二 宏观设计，建言献策推动图们江区域合作

2008~2013年的金融危机使国际格局和形势再次发生深刻变化，全球经济秩序重组。中国在跃升成为世界第二大经济体的同时，也面临产业转型和经济下行压力，经济增速放缓。国家需要通过进一步扩大开放，促进国内各领域改革顺利实施。图们江次区域合作作为中国参与三大次区域合作之一，在湄公河、中亚相继完成国家战略部署后，加速推进图们江次区域合作更是迫在眉睫。为此，图们江专家组从学术层面，直接向国家领导人建言献策，推动中国图们江区域合作向前发展。

一是重点参与中国图们江区域合作开发规划设计。为进一步落实国务院领导2008年《关于加快图们江地区开发开放的建议》上的批示精神，中国图们江专家组会同国家发改委等相关部门，陆续开展调研工作。2009年7月，专家组成员赴吉林省实地调研。2009年11月，专家组副组长李

德洙、张景安以及其他专家组成员出席吉林省委、省政府主办的"长吉图开发开放先导区建设座谈会"。2010年7月，十届全国人大常委会副委员长、中国图们江专家组组长蒋正华率专家组赴吉林省长春市、延边州进行实地考察，与吉林省主要领导就中国图们江区域合作开发和长吉图战略实施进一步交换意见。在近两年时间里，中国图们江专家组重点参与中国图们江地区开发规划设计、论证等相关工作，为最终完整形成长吉图规划纲要及"长吉图"战略实施提供了重要参考意见。

二是"长吉图"战略实施，进一步推动图们江区域开发。经过多方反复论证，在中国图们江专家组和国家发改委等有关部门及吉林省委、省政府共同努力下，2009年国务院正式批准了《中国图们江区域合作开发规划纲要——以长吉图为开发开放先导区》，这标志着以长吉图为开发开放先导区的中国图们江区域合作上升为国家战略。2011年12月，中国图们江地区开发协调项目协调小组召开会议，就贯彻落实国务院批复的长吉图规划纲要，进一步推动图们江区域国际合作进行研究部署。

三是建议设立珲春国际合作示范区。吉林省珲春市地处东北亚核心区域，是中、俄、朝三国交界边境城市，具有独一无二的区位优势，对于中国东北地区打开面向东北亚合作的"窗口"具有重要战略意义。2010年7月，蒋正华率队到图们江地区进行实地考察，在向国家发改委等部门了解有关情况后，致信温家宝总理，提出将珲春作为中国参与图们江区域国际合作开发先行区，获重要批示。2012年2月，蒋正华代表专家组再次向国务院提出了建设"中国珲春国际经济合作示范区"的建议，温家宝总理再次做出批示。

2012年4月13日，国务院办公厅印发了《关于支持中国图们江区域（珲春）国际合作示范区建设的若干意见》。标志着图们江区域国际合作和珲春开发开放进入一个新阶段。

三 深入调研，推进中国图们江区域沿边开放

2013年11月12日，十八届三中全会闭幕并审议通过《中共中央关于全面深化改革若干重大问题的决定》。全会提出要以开放促改革，"要放宽投资准入，加快自由贸易区建设，扩大内陆沿边开放"。12月14日，国务院出台了《国务院关于加快沿边地区开发开放的若干意见》，正式拉开了

中国新一轮沿边开发开放的序幕。作为面向图们江区域开放、推进老工业基地全面振兴的中国东北地区，同样面临机遇和挑战。

2013年7月22~23日，中国图们江专家组赴吉林省白山市长白县中朝边境地区进行实地考察，并召开会议对长白朝鲜族自治县国家重点开发开放试验区规划进行论证。8月，蒋正华代表专家组向国务院提出将吉林省长白朝鲜族自治县列为国家重点开发开放试验区的建议，国务院副总理马凯做出重要批示。同月，国务院印发《关于近期支持东北振兴若干重大政策举措的意见》，批准延吉（长白）作为国家重点开发开放试验区。9月，中国图们江地区开发项目协调小组召开会议，就进一步推动中国图们江地区开发开放进行研究和协调。

四 集思广益，持续推动图们江区域开发

作为中国图们江区域合作开发的国家智库，中国图们江专家组在该区域合作历史进程中的关键节点上，多次召开专家组全体会议，全国区域经济、公共管理、城市发展与环境、产业合作等领域著名专家学者从不同角度重点发言，从区域开发整体谋篇布局，从科学决策层面研判分析，持续推动图们江区域开发开放。

2011年11月，中国图们江专家组在北京召开会议，重点分析了长吉图规划纲要实施情况和存在的问题；2013年5月，专家组再次召开会议，审议"中国图们江区域（珲春）国际合作示范区总体规划"，为图们江区域开发，特别是珲春国际合作提出了建议。2015年2月，专家组会议提出要把图们江合作放在国家"一带一路"倡议和图们江机制转型升级的大背景中来深入研究。

2015年3月，经中国国务院授权，国家发改委、外交部、商务部发布《推动共建丝绸之路经济带和21世纪海上丝绸之路的愿景与行动》，中国东北地区被纳入"一带一路"，图们江区域合作在新的历史时期迎来重要发展机遇。

不仅如此，中国图们江专家组召开全体会议提出对策建议，各专家组成员在双边、多边国际场合和学术研究领域非常活跃，积极宣传图们江合作。

2013年10月24日，专家组组长蒋正华出席第一届中国吉林延边·俄

罗斯远东边境市长合作会议并致辞；2014年7月2日，专家组副组长张景安、副秘书长邱成利出席第二届中国延边·俄罗斯远东市长合作会议和中俄专家学者学术交流论坛，并做会议发言；2015年4月24日，由俄罗斯、韩国、蒙古国代表参加的"2015年图们江国际学术研讨会"在北京召开，蒋正华出席会议并致辞。同日，由蒋正华副委员长作序，李铁会长主编的《图们江区域合作蓝皮书：图们江区域合作发展报告（2015）》出版，该书填补了中国三大次区域合作研究的一项空白。2015年7月，由中国图们江专家组成员李铁和国务院参事、专家组成员施祖麟共同撰写了关于图们江区域出海口的建议，获国务院常务副总理和两位国务委员的重要批示。随后由国家发改委牵头，会同有关部门赴吉林省开展调研论证。

图们江合作二十年

国别视野

大图们倡议与韩国之 20 年历程

〔韩〕林虎烈　金俊永*

　　2015 年，图们江地区开发走过了 20 年，而在 2016 年，大图们倡议将被提升为独立的国际组织，堪称其发展史上意义重大的转折点。因与韩国、中国、俄罗斯、蒙古国和朝鲜利益攸关，大图们江地区代表了东北亚的核心区域。因此，各方一直在讨论如何通过多边合作的方式追求区域内的跨境发展。从韩国方面看，其关注点在于如何通过多边经济合作获得增长引擎和优化国际关系。与此同时，对扩展本国领域之外的项目及通过多边合作保障东北亚地区的和平与繁荣，韩国也表现出极大的兴趣。谈及东北亚和平框架，"欧亚倡议"的愿景及地区—行业策略与大图们江倡议项目紧密相关。而另一值得注意的事实是，韩国正鼓励其境内地方政府、研究机构与私人企业共同开展积极合作；为此，自 2013 年起，韩国对外经济政策研究院被指定为大图们倡议研究机构网络的韩国代表机构，同时也是韩国境内与大图们倡议相关研究的牵头机构。

　　如今，大图们倡议即将被提升至国际组织地位，可谓开启了发展史上的新篇章。而该倡议体系未来的地位与角色将取决于每个成员国通过倡议平台寻求合作的方式与目的。韩国将继续通过倡议的多边合作体系寻求东北亚地区的共同和平与繁荣。韩国对外经济政策研究院也将成为大图们倡议汇集中、俄、蒙、朝、日五国研究人员智慧的奠基石，进而确立有利于东北亚各国繁荣的多边合作项目。

一　大图们倡议 20 年历史回顾

　　大图们倡议的诞生可追溯至冷战后时期：通过大图们江区域发展获取

---

* 林虎烈，韩国对外经济政策研究院副院长；金俊永，韩国对外经济政策研究院研究员。

地缘政治和经济利益这一理念引起了各国日益浓厚的兴趣。之后，在20世纪90年代早期的一系列学术会议上，各国开始就发展图们江流域展开讨论。很快，这一系列讨论被提升为一项政府间合作倡议，引起了东北亚地区各国的兴趣。在此引导下，1991年10月，在联合国开发计划署领导下，韩、中、俄、蒙、日、朝六国共同发起了"图们江区域合作开发项目"（简称开发项目）。这一项目随后成长为一项由多边合作驱动的区域开发倡议。在之后的岁月中，该项目共发起6次政府间项目管理委员会会议，用以讨论开发项目的商业原则、体系及融资方式。

自1997年起，项目管理委员会逐渐过渡为协商委员会，共举行了4次会议；在此期间，人们就贸易基础设施和投资条件的改善状况发起了中期至长期研究。截至2001年，开发项目不再依赖于国际社会提供的援助，而是开始仰仗于东北亚各成员国间的合作。此后举行的三轮政府间会议处理了一些融资事宜，包括金融援助和私人资本吸收、区域开发的功能基础及金融基础的扩展和贸易投资五领域（运输、通信、环境、旅游及能源）的推进状况。然而，到了2005年，尽管过去10年间开发项目不断扩大，并被冠以"大图们倡议"这一新名字，各成员国参与方式的差异却阻碍了倡议可能取得的任何实际成就。此外，各国获得的广泛研究成果也未能有效地转化为实际意义上的经济合作项目。

转折点出现在2009年，时值中国中央政府的"长吉图开发开放战略"①出台，大图们倡议得以重燃发展之火。长吉图开发开放战略以大图们江地区的长春—吉林—图们江区域为中心，立志在10年时间内（2010~2020年）分三步走，逐渐实现区域开放。该开发计划的最终目的是推动区域进一步发展②。值得一提的是，长吉图开发计划的运输与物流基础设施项目与大图们倡议的核心项目——建立和推动贸易基础设施发展紧密相关。这种紧密关联性的关键在于要将内陆的珲春市（吉林省）与俄罗斯的远东港口及朝鲜的罗津和清津港连接起来，形成所谓的"借港出海"策略，同时为大图们倡议发展所取得的进步增砖添瓦。2009年，朝鲜退出了大图们倡议，而与此同时，由于图们江秘书处成立了一系列附属机

---

① 中国国务院：《中国图们江区域合作开发规划纲要——以长吉图为开发开放先导区》（全文），2009。
② 文东旭、康胜虎：《李弘奎和金璋冬》，2013，第48~55页。

构，包括交通运输委员会（2010 年）、贸易便利化委员会（2011 年）、旅游委员会（2008 年）、能源委员会（2009 年）和环境委员会（2011 年），大图们江倡议发展为一个涵盖领域更为广泛的多边合作平台。目前，2007 年成立商业咨询委员会、2011 年成立东北亚地方合作委员会和 2014 年成立东北亚进出口银行联盟，其成立过程都有韩、中、俄、蒙四国参与；农业分委员会与研究机构网络也有待启动。在 2014 年 9 月举办的大图们倡议第十五次协商委员会部长级会议上，大会决定将大图们倡议逐步提升至独立的国际组织。

二　韩国与大图们倡议

自图们江区域合作开发项目成立伊始，韩国就借由多种渠道积极参与项目，包括建立多边合作平台、为大图们倡议项目的运作提供金融援助、发起交换项目以及开展研究等。韩国参与大图们倡议项目的动机如下。第一，韩国希望与相关国家建立更为强劲的经济关系；第二，通过增加在大图们倡议地区的投资并与邻国进行更加积极的贸易往来，韩国渴望在亚洲市场获得更为稳固的地位，抢占市场先机[①]。大图们倡议跻身国际组织行列的态势愈加明朗，近来，该倡议也开始以东北亚地区多边小组的身份发挥作用；因此，各国可将大图们倡议作为出发点，从国际高度探讨东北亚地区问题。更大的突破出现在 2014 年的韩中峰会上：会议宣称大图们倡议将对韩、中两国的双边合作起到关键性作用。韩中峰会进一步达成共识，认为应将倡议平台培养为东北亚地区发展前沿的经济合作工具。当然，韩国在此观点上采取了更为积极的姿态。

谈及大图们倡议，韩国的关注点在于如何通过多边经济合作获得增长引擎和改善国际关系。据估计，目前东北亚地区基础建设领域的投资总额最大值为 667 亿美元（见表 1），其中，运输网络的基础设施改善占据了最大份额。而韩国恰好是在建设运输、物流基础设施及贸易便利化方面贡献最大的国家。比如，2013 年出版的《跨大图们江地区交通走廊的综合运输基础设施及跨境便利化研究》中显示，韩国对开发图们江河口地区主要港口、改善跨境物流走廊［包括韩国的罗津港（朝鲜）开发项目］及连接韩

---

① 赵铭哲和金智妍（2010）。

国、朝鲜和中国的高速路项目抱有极大兴趣①。2009年朝鲜退出倡议后，韩国缺少到达大图们江地区的交通要道，于是，韩国建立了一条可运输乘客与货物的交通海路；该条海路连接了俄罗斯远东地区的符拉迪沃斯托克、纳霍德卡、波谢特和扎鲁比诺，朝鲜的罗津港和清津港，韩国的束草、釜山和浦项。通过这样的方式，韩国旨在克服其本身的空间限制，同时，担任起连接大图们江地区与全世界的枢纽作用。

其他的重要项目包括韩—朝—俄输电网，俄罗斯库页岛省和中国黑龙江省农田的联合开发以及多边旅游业合作；这些项目都需要借助大图们倡议平台的多边合作体系。近期，韩国正在努力发起一项良性循环机制，鼓励韩、朝两国间进行往来，建立友好关系，进而通过多边合作推动朝鲜经济发展（主要集中在朝鲜罗先区和朝—中—俄边境地区）。

表1 东北亚基础设施领域投资估计值

单位：亿美元

时期		Katz（1998）	Hiraki（2003）	Wonseo Chu, Kyungtak Kwak（2004）	Kawai（2013）
		2000~2015年	2011~2020年	2001~2010年	2010~2025年
地区	中国东北三省	—	612	636	488
	俄罗斯远东地区	—	413	18	49
	蒙古国	—	46	1	17
	朝鲜	—	531	12	53
	跨境	—	—	—	22
需求总量		—	1602	—	—
年需求量		75	160	667	629

资料来源：林虎烈等（2015）。

近来，韩国显示出扩展本国领域之外项目的趋势，对通过多边合作保障东北亚地区的和平与繁荣表现出极大热情。很显然，在所有成员国中，韩国积极拥护大图们倡议的权威性及其运作；这一倾向在韩国的两项国家安全策略中也有所体现，即东北亚和平合作倡议和欧亚倡议。"东北亚和

---

① 《对跨图们江地区交通走廊的综合运输体系基础设施和跨境便利化的研究》，大图们倡议秘书处，2014。

平合作倡议"更倾向于利用现存的多边协商团体，而非发展新的机制，而"欧亚倡议"则试图建立一个多边合作机制，该机制将吸纳基于经济合作与文化交流的韩—朝—中关系及韩—朝—俄关系[①]。总而言之，最终目标是在东北亚地区建立起一个和平框架。"欧亚倡议"的愿景及地区—行业策略与大图们倡议项目紧密相关（见表2）。

表2 欧亚倡议愿景与战略

内 容	要 点
愿 景	打造一片"一体化、富有创造性、充满和平"的大陆
目 标	开创共同繁荣的欧亚新时代
方 向	明确合作对象和任务→选择和焦点，相互连通
按照行业划分的策略"增强欧亚大陆连通性"	—运输和物流：为运输和物流基础设施的缺乏状况提出解决方案；通过建设基本的基础设施、（在运输/物流网络的关键地区）建造工业园区来增强连通性 —工业和贸易：通过增加贸易投资、鼓励工业合作、发展未来导向式产业、创造工业基地、改善投资环境的方式扩大经济合作基础/寻求开放贸易的中长期推进方式 —农业、林业和渔业：通过合作开发农业、林业和渔业项目来生产地区内货物，巩固食品安全性/推进运输和通信服务的同时，通过结合农业、渔业的生产和加工过程培养第六产业 —能源和资源：增进资源开发与运输合作，以保障长期能源供给和运输的稳定性
按照地区划分的策略	三套核心模式 1. 建立和调动经济合作网络：欧亚一体化运输和物流网络（"丝绸之路"快速运输），高速通信网络 2. 获得经济合作基地，产生需求：逐步在中亚地区、俄罗斯和蒙古国建立经济合作基地 3. 建立合作基础：推进贸易投资，改善投资环境，简化信息获取难度等

资料来源：《政府批准议程》，2014年12月10日。

另一值得注意的事实是，韩国正鼓励其境内地方政府、研究机构与私人企业共同开展积极合作。韩国境内的地方政府一直积极与中国东北部（包括吉林、辽宁、黑龙江三省，尤其是延边朝鲜族自治州、长春市、珲春市）和俄罗斯远东地区（包括库页岛省和符拉迪沃斯托克）的地方政府开展合作项目。韩国的江原道地方政府对大图们倡议项目格外关注，并且正加快与几国间地方政府的合作。江原道和束草市已派代表前往中国长春

[①] 国家安全办公厅：《新时代国家安全战略》，2014，第95~98页。

市和珲春市，珲春—扎鲁比诺—束草航线已经开始运输乘客，而束草市最近也宣布有意向建立一个国际联合试验区。以上种种都传递出一个明确的信息，即韩国地方政府志在推动大图们倡议项目发展①。大图们倡议项目具有极大潜力，因此韩国完全有理由为项目发展做出贡献，同时也希望能进一步挖掘倡议的可能性。

在这一过程中，研究机构也扮演了重要的角色，在过去20年中产出了大量关于大图们倡议的研究和调查。在韩国境内，政府运营的研究院，如韩国对外经济政策研究院、韩国交通运输研究院、韩国海洋水产开发院、韩国铁道科学研究院和韩国进出口银行就大图们倡议开展了一系列广泛的研究。尤其是韩国对外经济政策研究院，自2013年起被指定为大图们倡议研究机构网络的韩国代表机构，同时也是韩国境内与大图们倡议相关研究的牵头机构，其与韩国战略与财政部合作完成、于2014年发表的《推进大图们江地区贸易发展之建议》就是一个很好的例证。韩国对外经济政策研究院还与战略与财政部合作，就大图们倡议研究机构网络的建立开展研究，试图通过分阶段的措施调动政策网络（见图1）。

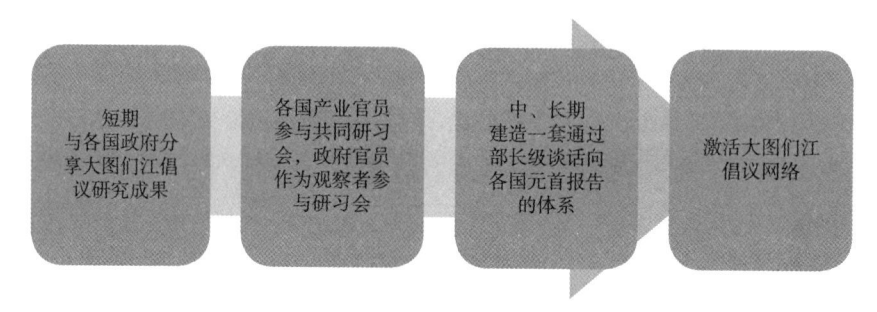

```
┌─────────┐    ┌─────────┐    ┌─────────┐    ┌─────────┐
│ 短期    │    │ 各国产业│    │ 中、长期│    │         │
│ 与各国  │ →  │ 官员参与│ →  │ 建造一套│ →  │ 激活大  │
│ 政府分享│    │ 共同研习│    │ 通过部长│    │ 图们江  │
│ 大图们江│    │ 会，政府│    │ 级谈话向│    │ 倡议网络│
│ 倡议研究│    │ 官员作为│    │ 各国元首│    │         │
│ 成果    │    │ 观察者参│    │ 报告的  │    │         │
│         │    │ 与研习会│    │ 体系    │    │         │
└─────────┘    └─────────┘    └─────────┘    └─────────┘
```

图1 调动政策网络

信息来源：韩国对外经济政策研究院（2014）。

与此同时，韩国进出口银行、韩国交通运输研究院和韩国铁道科学研究院是东北亚进出口银行联盟、大图们倡议交通运输委员会和相关咨询委员会的成员，而韩国海洋水产开发院于2014年进行了"东北亚海陆航线的评估性研究"；所有机构都专注于与自身领域相关的研究。学术界与地方政府的附属研究机构也参与了这一领域的广泛研究。

---

① 为了在北方地区的经济中占有优势，制订战略，例如，正式提议在罗津港、珲春市、哈桑镇（俄罗斯）和江原道东海岸之间建立经济合作带。

谈及私营企业，物流公司（韩国浦项制铁公司、韩国现代商船公司）对大图们江倡议的发展显示出了最为浓厚的兴趣。作为长吉图开发计划核心的珲春市被中国中央政府指定为"优先实施—优先示范"区，因此受到充分的支持。与此同时，罗先地区是朝鲜特别经济区政策的支柱地区，朝鲜正大力在该地吸引投资。俄罗斯也致力于吸引投资，并将符拉迪沃斯托克指定为本国第一个贸易自由港，在远东地区开创优先发展区。作为对上述政策的回应，韩国境内的私营企业浦项制铁公司和现代商船公司在中国珲春市发起了建设物流园区的合作投资项目。该项目耗资2000亿韩元，说明发起者充分意识到了大图们江地区在物流业的发展潜力；该物流园区的建设工程分三步走，并于2009年前完工。除此之外，"珲春—扎鲁比诺—釜山"和"珲春—罗津—上海"海上道路也开放使用，成为大图们江地区交通和物流网络发展进步的里程碑。在此背景下，韩国的私营企业应在投资力度上更进一步。

总而言之，在利用多边合作推进东北亚经济发展和建立和平繁荣框架的目标引导下，韩国吸纳了包括中央政府在内的多个利益相关方参与合作，以实现大图们倡议的相关项目。

三 韩国所做的新努力

2015年正值大图们倡议出台20周年，作为目前倡议的轮值主席国，韩国与其他成员国正为2016年即将发生的大图们倡议历史转折点做出准备：大图们倡议将在2016年逐步提升为国际组织，每个成员国都面临着不同的情况。例如，由于与全球范围内如中国、美国和欧盟这样的经济体签署了自由贸易协定，韩国已成为贸易动力国，与此同时，通过"东北亚和平合作倡议"和"欧亚倡议"，我们可以看到，韩国正致力于追求东北亚地区的和平与繁荣；作为全球经济力量崛起的中国已出台"一带一路"倡议，正主导像亚洲基础设施投资银行这样的国际金融新机构的建设工作，其策略是基于泛地区发展而出台的，旨在促进亚洲国家的共同繁荣；俄罗斯的"新东方政策"和《2025年前远东和贝加尔地区经济社会发展战略》代表了俄罗斯追求境内均衡发展的决心，也表明俄罗斯意识到了东北亚地区的重要性；蒙古国目前正推行其以千年发展目标为基础的《蒙古国国家全面发展战略（2007～2021）》，并巩固其与中国及其他国家的经济合作；

非成员国朝鲜在边境和沿海地区建立起经济特区，同时逐渐向外部世界开放门户；同样是非成员国的日本，在货币政策导致日元贬值的背景下，一直致力于探索外部世界，因此，日本企业追求贸易与投资的扩张。在上述这些举措中，中国的"一带一路"倡议与韩国的"欧亚倡议"在前景和涉及的地区方面十分相似。大图们倡议将成为连接这两项国家性策略的桥梁；相应的，一旦两项策略成功连接，其将为运输物流基础设施改善这一最为紧迫的问题提供支持（见表3）。

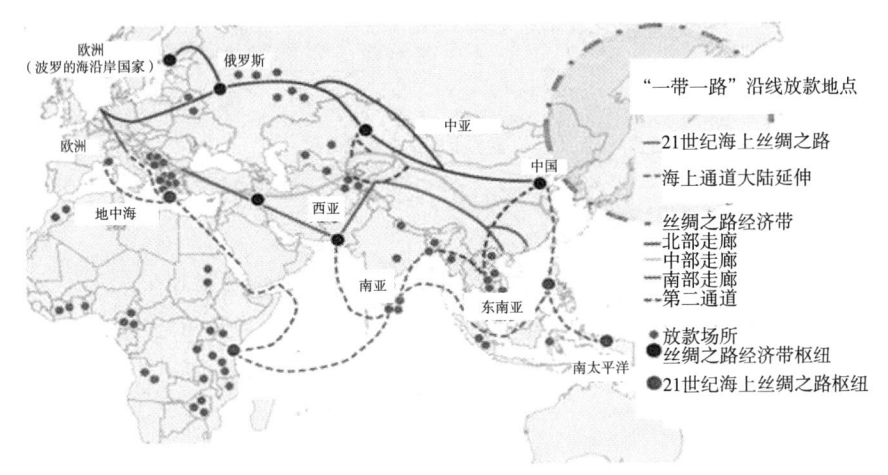

图2 "欧亚倡议"和"一带一路"倡议在大图们江地区的联系

信息来源：Jaeyoung Lee（2015年7月14日）。
资料来源：中国投资研究。

表3 "欧亚倡议"和"一带一路"倡议的特点和联系

	"欧亚倡议"	"一带一路"倡议
目 标	广泛的经济发展	强调连通性
特 点	包括信息与通信技术投资	出台了"五通"策略，包括运输/物流
优 势	信息技术和未来产业的领导地位，全球管理方面的商业知识	充足的资金和建设方面的大量经验，政府政策引导
共同点	良好的生产基础和能源资源获取的便利，从欧亚运输/物流基础设施建设中获得的优势，在亚洲和平繁荣上取得的相互理解和共识	—

信息来源：Jaeyoung Lee（2015年7月14日）。

当东北亚各国为应对不断变化的外部环境出台新政时，因其置身于多国利益交叉的区域，大图们江地区愈加需要国际合作。大图们倡议恰居于这种国际合作的中心，是东北亚唯一的多边经济合作平台，目前即将逐步转变为国际组织。新大图们倡议体系的未来地位与角色将取决于每个成员国通过倡议平台寻求合作的方式与目的。

韩国将继续通过大图们倡议的多边合作体系追求东北亚地区的共同和平与繁荣。同时，韩国也将寻找方式，为朝鲜半岛在大图们倡议框架内构建发展政策，与中国的"一带一路"倡议、俄罗斯的新东方政策和蒙古国的贸易多样化政策一起合作。同时，韩国也是亚洲基础设施投资银行的第五大股东，将在大图们倡议对东北亚发展的领导地位中发挥重要作用，并帮助大图们倡议成为项目实施单元，进而鼓励全球性团体和国际性组织向东北亚投资。为此，作为韩国在倡议研究网络中的代表机构，韩国对外经济政策研究院将成为大图们倡议汇集中、俄、蒙、朝、日五国研究人员智慧的奠基石，进而确立有利于东北亚各国繁荣的多边合作项目。

参考文献

Myung – Chul Cho and Jiyeon Kim, 2010, Assessment of Greater Tumen Initiative (GTI) and Policy Roadmap, Policy References 10 – 16. Korea Institute for International Economic Policy (KIEP).

Dong Wook Won, Seungho Kang, Hong Gyoo Lee and Changdo Kim, 2013, Development of China's Northeast Region and Korea's New Northern Economic Cooperation, Policy Analysis 13 – 14, Korea Institute for International Economic Policy (KIEP).

Park Jiyeon, 2014, Recent Development of GTI and Its implication, Exim North Korea Economic Review 2010 Summer.

Korea Maritime Institute, 2014, Evaluation Study on the Sea – Land Routes in Northeast Asia, GTI Secretariat.

Bo – Young Choi, Joo Yeon Sun, Ho – Kyung Bang, Seung – Kwon Na, Boram Lee and Yoojeong Choi, A Proposal to Facilitate Trade in the Greater Tumen Region, Long – term Trade Strategies Study Series 2014, Korea Institute For International Economic Policy (KIEP).

GTI Secretariat, 2014, Integrated Transport Infrastructure and Cross – Border Facilitation Study For the Trans – GTR Transport Corridors.

Jae-young Lee, Eurasia Initiative and Cooperation Strategies, KIEP – China International Issues Research Institutes Joint Seminar, 2015.

Ho Yeol Lim, How to Facilitate the GTI? – Lessons from Other Regional Economic Cooperation Programs – June 13, 2014.

Ho Yeol Lim, GTI Research Institutions Network Plan, July 29, 2014.

Ho Yeol Lim, Jinyoung Moon, Sunghee Lee, Minyoung Lee, "Progress on the AIIB and Korea's Countermeasures", World Economy Update.

National Security Office, 2014, National Security Strategy in a New Era, pp. 95 – 98.

Initiation of Strategy to Dominate the Northern Economy, i. e. through an Official Proposal for the Establishment of an Economic Cooperation Belt between Rajin, Hunchun, Hasan (Russia) and the East Coast of Gangwon Province.

http://www.provin.gangwon.kr/gw/gnews/sub04 _ 01? mode = readForm&articleSeq = 20150401181843998.

Gangwon Province (Retrieved on July 3, 2015).

大图们倡议：未来新角色与法律地位

〔俄〕巴维尔·卡多奇尼科夫
〔俄〕叶甫盖尼·古辛*

如今，大图们倡议是俄罗斯、中国、韩国和蒙古国处理图们江地区和整个东北亚地区事宜的重要国际性平台。倡议的主要合作事宜包括交通、能源、贸易投资和旅游领域。倡议的主要目标是实现东北亚地区的经济可持续发展。自倡议的主要理事机构——协商委员会成立以来的20年，倡议经历了巨大的变革。到2016年，大图们江倡议的法律地位将发生转变，而这一转变标志着全新发展阶段的开始——倡议在地区内的作用将进一步增强，并将重新制订目标、扩展业务。在这方面，鉴于存在进一步深化地区内互利合作和提高倡议效率的新机会，成员国正面临修订倡议内部政策的任务。

在倡议的工作中，与其他亚太地区政府间经济组织和一体化协会的合作应发挥重要作用。为确保工作效率，倡议应时刻关注上海合作组织、亚太经济合作组织、亚太经社会和金砖五国的动向。对大图们倡议来说，东盟、南亚区域合作联盟和大湄公河次区域国家在贸易、经济合作和项目实施方面的经验弥足珍贵。对于俄罗斯来说，大图们倡议则可以成为确保东北亚地区，尤其是俄罗斯远东地区可持续发展和经济繁荣的重要手段之一。

一 大图们倡议历次转变

2005年，大图们倡议成员国将倡议延长至2015年。图1展示了大图们江地区合作的发展历程。如今，倡议已取得大量的重要成果，而要实现

---

* 巴维尔·卡多奇尼科夫，俄罗斯外贸研究院科研副院长，博士；叶甫盖尼·古辛，俄罗斯外贸研究院研究员。

地区内的进一步合作，必须满足一些客观条件，包括：

——增强倡议的机构能力：建立主要的政府间理事机构，即秘书处；使协商委员会成为体制内的一部分；在产业间进行权力分配；与术业有专攻的合作者建立联系；

——在合作项目中，提升成员国在政治和财政方面的信心、所有权与贡献；

——确保大量优先发展项目的实施；

——增强倡议活动和规划中战略组成部分的功能；

——扩大、拓宽资金来源基础（国家捐款、成员国的进出口银行联盟支援、私人投资者及外国投资者的参与）；

——增强倡议中的本地互动往来和与邻国地区政府间的互动往来①。

在深一步深化倡议发展方面，成员国做出了重要决定，即将大图们倡议这一东北亚地区的合作平台转化为独立于联合国存在的国际组织。

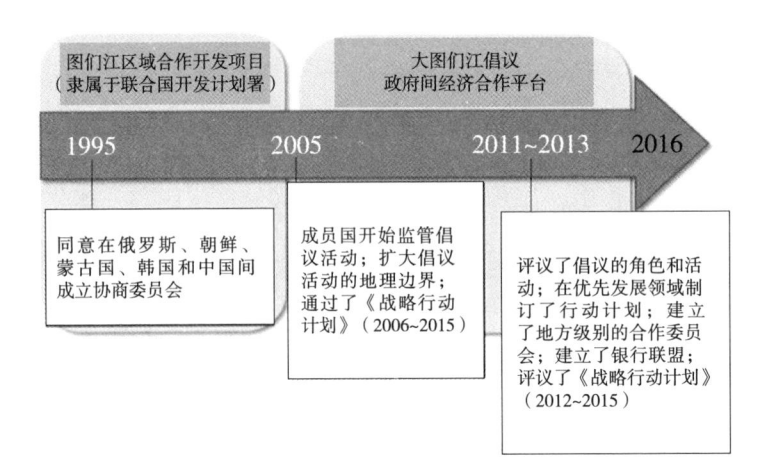

图 1　大图们江倡议合作的变革

大图们倡议不是法人实体，不能承担责任、行使权力或独立实施法律行动，因此，倡议目前的能力有限：倡议的秘书处和共同基金由联合国开发计划署管理。与此同时，大图们倡议的资金全部来源于其成员国，由于现行模式的明确限制条款，倡议框架下推动区域合作的需要和意愿也受到

---

① 《东北亚区域经济合作：大图们倡议视角》，http://www.tumenprogram.org/UploadFiles/pdf/PPT%20for%20ERINA%20conference（final）.pdf。

限制:

——缺少资金(成员国捐献所得的共同基金仅能为倡议秘书处的运行提供资金;由于大图们倡议无法作为法人实体提供保障,也就没有吸引足够私人和公共资本的机会,不能实施大规模的基础设施项目);

——政界对大图们倡议参与和支援的力度(当局和政治保障应由更高级别政府官员的参与予以确保)①。

2010年,大图们倡议成员国达成一致,决定提高现行合作模式的法律地位,将倡议秘书处转变为具有独立地位的组织。2012年,在符拉迪沃斯托克,成员国加强了行动力度,旨在推进倡议法律地位的转变。成员国赋予协商委员会和秘书处任务,要求寻找到转变倡议地位的最佳方式,并规划出这一转变过程所需的蓝图和法律文件。2013年,大图们倡议新模式的初步概念得以提出,经协商委员会磋商后,提交协商委员会和秘书处修改。2014年,《大图们倡议法律过渡概念文件》(以下简称《概念文件》)得以通过。文件决定实施过渡蓝图中规定的具体步骤,并在下届大图们倡议协商委员会会议(2015年)召开前准备好倡议未来所需的章程文件②。

《概念文件》提出了新国际组织的核心目标,这些目标与已存在的领域形成对应关系;不过,在这些领域的合作应更为深入,并采取新的形式:

——吸纳合作的新重点领域;

——扩大地理界限,吸纳新成员,尤其是日本和朝鲜;

——进一步发展地区内合作关系(与国际组织、金融机构、私有业、地方当局和学术界互通有无)③。

以加速经济增长和可持续发展为目标的合作不仅应在现存的重点领域得以增强(交通、能源、贸易投资、旅游和环境保护),也应在有助于解决共同问题的领域得以体现。例如,农业合作的可行模式已在讨论之中;信息和通信技术领域的协调合作对于大图们倡议的发展十分重要,由于基础设施、企业和专家不足,此类技术在倡议的多数地区难以获取。

对于新兴的独立组织来说,要想增强其在地区内的地位,就需要扩大

---

① 《法律转型概念文件,大图们倡议向独立实体转型的路线图》,2014年9月16日。
② 《大图们倡议宣言》,2007~2014,http://www.tumenprogramme.org/? list-1527.html。
③ 《法律转型概念文件,大图们倡议向独立实体转型的路线图》,2014年9月16日。

成员，即联合所有东北亚国家，特别要确保日本加入、朝鲜回归，同时吸纳其他感兴趣的经济体加入倡议。在这一过程中，政治阻碍与意见分歧构成了主要的障碍。日本与中国、朝鲜、韩国和俄罗斯在一些问题上存在公开争议，而朝鲜和韩国之间的冲突构成了地区冲突的核心。不过，为吸引更多国家加入、确保组织综合、持续和高产出的发展本质，仍需创造经济动机和真正的积极前景。有迹象显示，在不远的将来，朝鲜可能以一种新的模式参与合作①。

在东北亚地区进一步增强合作程度、扩增成员数量应是新组织的主要目标。这也就意味着倡议应与国际机构和组织展开更深入的合作：联合国开发计划署、亚太经社会、德国国际合作机构、亚洲发展银行、欧亚经济联盟。此外，深入推进以大图们倡议为基础的机构活动格外重要：将商界和地区当局代表集结在一起的地方合作委员会，如东北亚进出口银行联盟、东北亚商协会和大图们倡议研究机构网络。在上述组织内部协调活动的进行有助于解决财政问题，实施发展中项目，更彻底地规划和筛选出当前最重要也最紧迫的项目，并为组织形成均衡和有效的策略。

资金来源多样化是解决财政问题的一个重要方面。《延边宣言》中提到了增加成员国捐献金额的需要，不过，鉴于最重要项目实施率低的现实，增加各国财政义务可能会影响其参与合作的积极性。此外，这也是当今阻碍亚洲发展银行向大图们倡议项目提供资金的主要障碍。当前，在亚洲发展银行的总投资额中，仅有4%流入东北亚地区②。不过，在2011年，倡议与亚洲发展银行的合作似乎迎来了新的春天。在联合国开发计划署和德国国际合作机构支持下，亚洲发展银行与大图们倡议秘书处、中国商务部共同参与了东北亚地方当局区域经济合作项目的能力建设。40个来自中国、蒙古国、朝鲜、韩国、日本和俄罗斯地方政府机构的代表参与了项目③。区域发展的共同目标与追求对联合项目的合作与实施存在积极影响。

---

① 《建立于信任之上的边界》，http：//www.kommersant.ru/doc/2614820。
② 《大图们倡议战略性评估》，2011年9月19日，http：//www.tumenprogramme.org/UploadFiles/pdf/Strategic%20review%20report%202011.pdf。
③ 《大图们倡议为东北亚地区政府筹划能力建设项目》，http：//www.tumenprogramme.org/?info-543-1.html。

不过，当今仍存在多个阻碍大图们倡议与亚洲发展银行间合作扩大的因素。至少，与亚洲其他的合作项目相比（南亚次区域经济合作项目、大湄公河次区域项目、中亚区域经济合作等），除前文已提到的因素（项目实施水平低），还有其他因素存在，例如：

——亚洲发展银行的关注在于南亚和东南亚项目（有发展活力的地区，主要利害相关者的利益：美国、日本）；

——作为亚洲发展银行的主要资金贡献者，由于在外交政策上与朝鲜、中国，尤其是当前的俄罗斯存在冲突，日本和美国对于东北亚地区发展并不感兴趣；

——朝鲜和俄罗斯并非亚洲发展银行的成员①。

不过，目前亚洲发展银行是支援亚洲区域经济发展的关键金融机构，同时，对于许多重大基础设施项目和其他旨在提高亚洲发展中和最不发达经济体的经济能力，并使经济能力现代化的项目来说，亚洲发展银行堪称有力推手；亚洲发展银行的活动旨在提高亚洲地区的内在协调性、增进有效互动，而这一点对大图们倡议—东北亚地区来说同样重要。在这方面，大图们倡议当今、同时也是未来新组织的主要任务之一，即是要通过更好地规划、实施项目和减少项目成本以维持合作关系，使亚洲发展银行参与更多大规模的交通和能源项目。

亚洲基础设施投资银行是另一个完善中的项目，也以为亚洲各类大规模的资金密集型项目融资为目标。该银行是一家由中国新发起的金融机构。在通过其他国际金融机构（世界银行、亚洲发展银行等）为发展中经济体的项目融资的过程中，仍然有问题存在，因此中国发起了亚洲基础设施投资银行的倡议；这些国际金融机构由发达国家掌控，而欠发达国家的利益却未能被充分纳入考虑范围。因此，相关各方希望亚洲基础设施投资银行能够更多考虑亚洲欠发达国家的利益。

截至当前，美国和日本尚未对加入亚洲基础设施投资银行表现出任何意向，但两国均对银行成立以及银行与其他机构，尤其是与亚洲发展银行合作持支持态度②。2015年4月14日，俄罗斯正式成为亚洲基础设施投资

---

① 《大图们倡议战略性评估》，2011年9月19日，http://www.tumenprogramme.org/UploadFiles/pdf/Strategic%20review%20report%202011.pdf。

② 《亚洲基础设施投资银行不排斥与亚洲开发银行合作》，http://www.tass.ru/ekonomika/1847318。

银行的成立国之一①。蒙古国、韩国也与中国、俄罗斯一道加入了该银行。这也就意味着大图们倡议目前的所有成员都参与了亚洲基础设施投资银行的项目。因此，该银行能够成为大图们江倡议项目融资的重要工具。

大图们倡议成员国曾考虑过的另一个选择是成立一家东北亚发展银行。在过去超过20年，这个想法一直在讨论中，而其主要目标是为东北亚地区项目活动提供长期稳定的资金来源。这个想法之所以出现，是因为关键投资者——日本对区域合作缺少动机与信心②。不过，情况一直在改变，而东北亚发展银行可作为一种创造使各国利益更为平衡的国际金融机构的方式为未来的新组织所考虑。

大图们倡议不仅高度关注吸引借入资本的问题，也注重吸引股权。尤其值得注意的是，这不仅意味着吸引私人投资，同时也意味着吸引公共投资和利用公私合作模式的机制。大图们倡议法律地位的转变应成为与私有业进行合作和私有业参与项目的坚实理由。特别是由于更高级别政府官员的参与，结构改革也应作用于大图们倡议地位的巩固。在2~3年时间内将参与官员水平提升至部长级是切实可能的。此举将会推进对未来组织的支援力度，同时通过成员国的领导推进倡议目标实现，以国际水平对组织权威做出贡献，为活动提升利益。

大图们倡议转变为独立的国际组织过程涵盖了如下领域：确定合作的新重点领域，扩大倡议的地理范围，解决为更多大规模活动（包括项目）融资的问题，倡议的新名称和必要的特质，新组织内部互动的政治级别。从法律角度来看，所有转变措施的实施将使得新组织能够与其他组织达成协议，出台必要的措施，在法庭上代表并维护自身权利，雇用和管理工作人员及其他员工，特别是推进区域合作，消除或至少减少倡议现存的活动限制。

二 大图们倡议、远东地区的发展与俄罗斯的利益

大图们倡议疆域的开发包括了大量的合作领域：交通基础设施、能源

---

① 《俄罗斯成为亚洲基础设施投资银行的共同创建者之一》，http：//www.vedomosti.ru/finance/news/2015/04/14/rossiya – stala – uchreditelem – aziatskogo – banka – infrastrukturnih – investitsii。

② 《大图们倡议战略性评估》，2011年9月19日，http：//www.tumenprogramme.org/UploadFiles/pdf/Strategic%20review%20report%202011.pdf。

业、贸易关系，确保可持续发展和推动旅游业的共同举措。俄罗斯和其他倡议成员国在上述领域的进一步合作为远东地区的发展提供了绝佳的机会。

值得注意的是，许多实施中或制订中的项目不仅以倡议成员国为目标，也把与倡议和东北亚经济结构紧密相连的国家涵盖在内，包括活跃的观察国日本和2009年退出、如今极有可能回归的前成员国朝鲜。

1. 交通领域

大图们江地区经济的持续发展需要发展良好的运输网络。目前，已完成的项目中最重要的之一就是图们交通走廊，涵盖了珲春（中国）—扎鲁比诺（俄罗斯）铁路（铁路在马哈林诺和卡梅绍娃地区越境）。目前，唯一从俄罗斯跨境运输到中国的货物就是煤炭。不过，运向亚太地区和美国的建筑材料、农业产品、轻工业产品、海洋资源和其他种类货物在跨境集装箱运输方面仍有较大需求。2014年5月，装有矿泉水的重型跨境集装箱进行了自中国经俄罗斯到韩国的试行，并以马哈林诺—珲春铁路作为检查站。通过铁路进行跨境集装箱运输，这一方式的进一步发展将有助于铁路的跨境过渡，并显著提升滨海边疆区的发展，创造新工作，为国家预算吸引额外的税收，并发展扎鲁比诺港的基础设施。

此外，2014年宣告将要建立基于珲春（中国）—扎鲁比诺（俄罗斯联邦）基础设施的俄罗斯—中国物流中心和"扎鲁比诺万能港"。此举将显示在贸易额和贸易范围上的最新发展[①]。从更长期的角度来看，扎鲁比诺港应成为中国和日本、中国和韩国、韩国和日本间交通往来的最大枢纽之一，而未来，也会成为中国和美国西海岸之间的枢纽。

一些尚在构思中的项目想要在珲春和符拉迪沃斯托克间建立一条直达的高速铁路。此外，在斯拉夫扬卡、扎鲁比诺和波谢特的港口，人们也建立起一些跨境点。在珲春，一条从扎鲁比诺和波谢特通过单独高速公路通往符拉迪沃斯托克的国际运输线路已建成，拥有中国—俄罗斯珲春公路跨境点。该条运输线路的年流通量可达60万吨货物，能运输超过60万名乘客。

东北亚地区交通走廊的发展对远东地区和俄罗斯都具有十分重要的社

---

① 《中国计划在领土范围内建立物流中心以建设扎鲁比诺港》，http://www.rcbc.ru/doc/767。

会和经济作用,而作为马哈林诺—珲春铁路跨境点和海洋监察站的波谢特和扎鲁比诺更是滨海边疆区国际交通走廊的组成部分。这条交通走廊的现代化建设将大幅增加俄罗斯和亚太地区国家间的货物运输(包括集装箱运输),而运输的增加又会相应创造新的工作机会,增加税收,并为滨海边疆区哈桑地区的发展提供新动力。

目前,最有发展前景的项目之一就是在符拉迪沃斯托克创造一个"自由港"。所谓的"自由港"在这里指的是港口经营商的关税减让,可能的免税商品存储,根据船舶呼叫减少关税,降低行政障碍等。这一项目的主要目标是将东北亚地区大型跨境贸易流转移到俄罗斯港口,并为西伯利亚大铁路创造额外的货物基地。通过与外国合作者互换经验、吸引对东北亚地区交通基础设施感兴趣的外国资本,大图们倡议平台在这一项目中能够发挥积极作用。

2. 能源和可再生领域

能源资源分布不均是东北亚地区的特征:类似中国、韩国和日本这样的国家在油气资源方面存在极大短缺,而俄罗斯和蒙古国的东部地区却拥有丰富的油气资源。美国能源信息署2013年数据显示,在石油和石油产品进口国中,中国、日本和韩国分列第二、第三和第五位[1]。而国际煤气联盟2013年的数据显示,日本、韩国和中国分列液化天然气进口国中的第一、第二和第三位,占全球天然气消耗量的62.23%[2]。与此同时,俄罗斯海被视为全球最大的天然气出口国,在区域内担任关键角色。这也就意味着仍存在增强合作的机会,鉴于2014年国际体系的转变和俄罗斯的"回归东方"政策,情况更是如此。自2009年开始,东北亚一直是俄罗斯液化天然气的主要进口地区,2013年占俄液化天然气出口总量的99.3%(见表1)。

大图们倡议将成员国与利益相关者联合起来,并协调两方之间利益,这一点对能源项目十分重要:快速增长的中国十分需要能源项目,而日韩这样影响全球经济的国家对以最优惠条件获得能源资源也很感兴趣;这种需要和兴趣恰能由俄罗斯满足。

---

[1] 美国能源信息署,http://www.eia.gov/countries/index.cfm?topL=imp。
[2] 《世界液化天然气报告》,2014,http://www.igu.org/sites/default/files/node-page-field_file/IGU%20-%20World%20LNG%20Report%20-%202014%20Edition.pdf(查询日期:2015年3月26日)。

表1　东北亚地区在俄罗斯液化天然气出口量中所占份额

单位：%

国　　家	2009年	2010年	2011年	2012年	2013年
中　　国	3.78	3.81	2.29	3.54	0
日　　本	55.82	61.42	67.82	76.45	81.69
韩　　国	20.42	29.10	26.96	19.88	17.61
东北亚地区总计	80.02	94.33	97.07	99.87	99.30

数据来源：《俄罗斯对东北亚的天然气政策：原理、目标和制度》。
URL：http://www.ac.els-cdn.com/S0301421514003978/1-s2.0S0301421514003978-main.pdf?_tid=40cbb790-ca37-11e4-82b700000aacb361&acdnat=1426330118_bea28784bb17961441321aa98974791a。

这种能源项目的代表之一就是东西伯利亚—太平洋运输管道。该管道总长逾4700千米，工程被分为两期：东西伯利亚—太平洋运输管道一期（东西伯利亚部分，从泰舍特到斯科沃罗季诺）和东西伯利亚—太平洋运输管道二期（远东部分，从斯科沃罗季诺到柯则米诺港）。管道的远东部分于2012年12月开工，此后，石油的供应量在2014年达到约2450万吨，并可能在2017年底前将年供应量增至3900万吨①。此外，在斯科沃罗季诺地区，通向中国黑龙江省的直达分支管道建设也开始了这条"斯科沃罗季诺—漠河"管道，最初的年运输量为1500万吨，预计将在2018年前逐渐增至3000万吨每年②。

除俄罗斯到东北亚国家间的运输管道开发外，其他涵盖大图们倡议疆域的新天然气项目也在推动地区的经济增长。代表之一即是由盖茨普洛姆和中国石油集团合作建设、预计将于2019年投入使用的"西伯利亚力量"输气管道。总长4000千米的"西伯利亚力量"管道将成为雅库特和日后伊尔库茨克天然气生产中心的统一天然气传输系统，预计将向中国输送380亿立方米的出口天然气。"西伯利亚力量"管道将止于符拉迪沃斯托克，并有两条通向中国的分支管道（起于布拉戈维申斯克和Dalnerechenkst）和一条可能付诸建设（目前处于搁置状态）的通向韩国的分支管道③。

---

① 《俄罗斯石油运输公司增强了"东西伯利亚—太平洋"路线的运输能力》，http://www.nefttrans.ru/news/transneft-uvelichivaet-moshchnost-vsto.html。
② 俄罗斯石油运输公司同意将"斯科沃罗季诺—漠河"管道的输送能力提升至三千万吨。俄罗斯石油公司将通过由联邦电信系统建立的一种特殊的长期关税来返还投资。http://www.vedomosti.ru/newspaper/articles/2013/10/14/spectarif-dlya-kitajskoj-nefti。
③ 《西伯利亚的力量》，http://www.gazprom.ru/about/production/projects/pipelines/ykv/。

需要注意的是，大图们倡议合作的能源构成部分不仅应包括上文提到的煤炭、石油和天然气等传统能源来源，也应包括一些替代性能源，例如核能源和可再生能源。

说到能源领域，俄罗斯在许多方面存在优势，但在可再生能源领域，根据特定的资源类型，俄罗斯仅有少许优势或并无优势。不过，在大图们倡议框架下，可实现与其他国家间在可再生能源和传统能源优化使用方面的技术知识互换。例如，中国是世界最大风能生产国（2014年总产量为900亿瓦特）和第二大太阳能生产国（2014年总产量为300亿瓦特），之所以如此，是因为政府期望在2020年前将清洁能源占能源结构的比例增加至15%，进而保障优良的环境与可持续发展①②。此外，日本和韩国对节约能源和清洁能源在国内社会经济发展框架内的使用格外关注。

"戈壁倡议"被认为是大图们倡议能源分析的组成项目之一，旨在为戈壁沙漠内（蒙古国东南部）建设几座年总产量为1000亿瓦特的发电站提供支援③。戈壁项目与"亚洲超级电网"项目紧密相关，而"亚洲超级电网"的发电量为4.5亿~5亿千瓦。超级电网的目标在于将东北亚地区的输电网络与各种类型的发电厂结合起来，积极统一网络内的可再生能源，包括蒙古国、中国、日本和韩国的风能和太阳能，以及俄罗斯和中国的水电潜力。预计这一网络将逐渐吸纳不同级别的系统，并将北京、上海、首尔、东京、平壤和其他城市连接起来。戈壁项目与超级电网项目的共同目标是增强东北亚地区内的联系，改善社会经济状况，确保国家体系的能源安全，并降低可再生能源生产成本。

因此，大图们倡议在传统能源和可再生能源方面有许多大规模的互惠项目，能够推动各国经济发展并增进各国间联系，为有利于各方的经验、技术交换做出贡献。对于俄罗斯远东地区来说，能源项目能够提供新的经济机会、创造新工作并增加整个地区的吸引力，而上述目标的实现不仅依靠油气网络的开发，还依靠各国在可再生能源方面经验和技术的互换及地

---

① 《中国加大了可再生能源的比重，占全部能源的11%》，http：//www.elektrovesti.net/36573_kitay - uvelichil - dolyu - vie - v - energobalanse - do - 11。
② 弗劳恩霍夫太阳能系统研究所：《太阳能光伏发电系统报告》，http：//www.ise.fraunhofer.de/en/downloads - englisch/pdf - files - englisch/photovoltaics - report - slides.pdf。
③ 《东北亚地区为获取可再生能源的戈壁技术及亚洲超级电网》，http：//www.encharter.org/fileadmin/user_upload/Publications/Gobitec_and_the_Asian_Supergrid_2014_ENG.pdf。

区能源安全的增强。

3. 贸易领域

中国是一个经济活跃的国家,生产力较发达,也就需要市场交易。中国在贸易发展项目中占据着特殊地位。自20世纪90年代早期,中国已在3个东北省份(同时也是大图们倡议的地区)建立了10个自由贸易区。这10个自由贸易区构成了一个特殊的经济结构,以珲春(珲春也被视为大图们倡议的一个经济合作区和主要出口加工中心)、长春市为基地;这些城市与长春、哈尔滨、沈阳、鞍山和其他城市的工业区相连接。

2013年,韩国举办了首届大图们倡议国际贸易和投资博览会,会上进行的交易和大宗投资项目取得了圆满成功。此外,在大图们倡议框架下,每年都会举办东北亚地区贸易便利化领域的职业发展项目。2014年,东北亚商协会宣告成立,协会将于2015年投入运行。

因此,与运输网络和经济关系发展一道,跨境自由贸易区也成立了,促成了市场的扩展。此外,经济关系的增强与联合项目的开发不仅由大图们倡议秘书处协调,也由东北亚经济论坛通过东北亚商协会参与协调①。对俄罗斯滨海边疆区和相邻地区而言,贸易的增长与强化可看作整个远东地区经济发展的新机遇。

4. 旅游领域

图们江地区交通网络的发展与贸易流动的增加使得跨境旅游变得尤其重要。跨境旅游不仅有助于增强社会和经济关系,同时也能推进各国间的内在联系。

在游客流通方面,应注意以下两条线路:珲春—斯拉夫扬卡—符拉迪沃斯托克线路和珲春—克拉斯基诺(俄罗斯)—斯拉夫扬卡线路。两条线路每年运输客流量均超过3万人次②。此外,新航线的开通(例如,延

---

① 东北亚经济论坛是非政府组织,支持并组织与亚洲经济社会发展相关的研究,交流以及对话。该论坛始建于1991年,同年举行了第一次东北亚经济合作会议(于中国长春和中国天津)。该论坛秘书处位于檀香山(美国夏威夷)。

② 《大图们倡议框架下的东北亚地区国家经济互利合作》,http://cyberleninka.ru/article/n/vzaimovygodnoe-ekonomicheskoe-sotrudnichestvo-stran-sva-v-ramkah-rasshirennoy-tumanganskoy-initsiativy。

吉—符拉迪沃斯托克航线和其他航线）增加了从俄罗斯前往中国东北部和从中国前往俄罗斯的游客数。据《人民日报》报道，2005 年到 2010 年间，每年从俄罗斯前往珲春的游客人数超过 10 万人次[①]。

值得注意的是，从束草经扎鲁比诺到珲春的路线每年运输约 4 万名来自韩国的游客前往长白山生物圈保护区和位于中、朝、俄三国边界的防川村庄旅游；游客还可以前往俄罗斯的领土旅游，即当地的保护区（如拉佐夫斯基自然保护区）和湖泊（如哈桑湖）。此外，还有从束草经扎鲁比诺到符拉迪沃斯托克的韩国—俄罗斯线路，韩国游客常经此线路前往滨海边疆区和其周边景点旅游。

因此，大图们倡议的疆域由于有天然景点（自然保护区、湖泊、山脉）和文化、宗教遗址的优势，因而具有发展旅游业的潜力。这种潜力逐渐由区域内国家实现，同时为发展和深化合作提供了机会。不过，中国、俄罗斯，基本上还有朝鲜和蒙古国都具有吸引新客流的潜力，但由于缺乏基础设施或基础设施不够完善等原因，该种潜力未能被挖掘。

鉴于不断增长的流通游客数，远东地区尤其是滨海边疆区有挖掘自身潜能、适应不同类型旅游和娱乐的优势。值得特别注意的是，俄罗斯和中国在简化签证程序方面应进行沟通。俄罗斯与蒙古国、韩国之间免签制度的建立已证明东北亚地区在旅游业发展方面存在巨大潜力。

三　结论

大图们倡议将于 2016 年转变为具有独立地位的国际组织；鉴于倡议在东北亚地区地位不断上升、姿态更加积极、合作范围进一步扩大，此举将是倡议演化中必经的一步。大图们倡议对俄罗斯和东北亚地区发展具有不容忽视的作用。

第一，作为推动东北亚地区经济可持续发展的主要平台，大图们倡议承载着发挥更大作用的期望。远东地区的发展是俄罗斯经济政策的主要战略性目标之一。如今，远东地区已实施完成的重要项目有：优先发展地区的成立，符拉迪沃斯托克的自由港项目、东方港航天发射场的建设，西伯

[①]《位于中、朝、俄三国交界处的防川村》，http://www.russian.people.com.cn/31516/7092146.html。

利亚大铁路的现代化建设。这些项目为投资者举办的活动提供支援，如东部经济论坛的举办。因此，为增加远东地区吸引力、确保其经济可持续发展的积极举措指日可待，在俄罗斯政策的这一领域，对如下4个方面而言，大图们倡议也许能够成为额外的工具：（1）为远东地区的经济吸引外资；（2）与东北亚邻国发起强有力的合作；（3）推动东北亚地区国际贸易发展；（4）实现地区内跨境发展的潜能。

第二，大图们倡议是通过增强东北亚国家间经济联系，尤其是与朝鲜间经济联系来确保地区稳定的重要因素。朝鲜是影响地区投资吸引力的主要不稳定因素。在朝鲜四周建立安全地带、确保其在互利合作基础上最大限度参与倡议，将为改善朝鲜内部环境和增强其国内政策可预见性创造必要条件。当然，东北亚地区国家双边关系中还存在着一些冲突和对抗。在多边框架内合作将为冲突的弱化提供机会。

对大图们倡议改变法律地位的需要而言，形象因素扮演着重要的角色。目前，只有极少数的专家了解大图们江倡议的工作，且商界和学术界对倡议的兴趣十分有限。如果倡议能够获得独立的国际组织地位，且参与倡议的政府官员级别能有所提升（例如从副部长级提至部长级，或在未来提升至政府首脑级别），就能为提升倡议知名度创造必要的信息。此外，地位的提高也能向商界传递信号，表达东北亚国家对地区发展和在地区内部建立紧密联系的兴趣。此举将吸引私人资本流入，为用公私合作模式实施项目提供机会。对大图们倡议框架内的合作发展而言，较有发展前景的领域为信息和通信技术、太空探索、统计学、人力资本开发和机械工程。

蒙古国积极参与图们江地区开发合作

〔蒙〕恩科拜盖莉·巴亚巴苏
〔蒙〕图莫普鲁夫·杜拉姆巴扎*

自图们江区域合作开发项目1991年成立伊始,蒙古国一直积极参与。在平壤会议上,蒙古国签署了建立图们江区域合作开发项目秘书处的多边协定,同意发起由中国、朝鲜、蒙古国和韩国代表组成的工作小组以讨论东北亚发展事宜①。

1997年,图们江区域合作开发项目办公室由纽约迁至北京,成员国建立起政府间委员会。成员国同意每年贡献至少25000美元作为委员会的运行开销,而蒙古国自1999年起便参与出资,贡献自己应尽的一份力量。1998年10月7日,蒙古国政府出台了第58号决议,据此,蒙古国同年建立起一个国家级行动小组,其职责在于积极参与并向成员国委员会争取更大努力。此举显示出蒙古国对大图们江地区实现更深更快发展的兴趣与决心。

国家级行动小组由蒙古国国家发展办公室、财政部和基础设施部设立,也包括来自其他相关部门的成员,如文化旅游体育部和外交部等。国家级行动小组由基础设施部领导,并根据具有不同战略重要性的领域分成多个工作组,如能源领域、电信和基础设施领域、贸易和投资领域、旅游业,进而扩展项目活动。

蒙古国在大图们倡议中积极参与合作,主要体现在以下几方面。

一是交通行业活动。

为推动交通行业方面合作,大图们江倡议于2009年成立了交通委员会

---

* 恩科拜盖莉·巴亚巴苏,蒙古国国家发展研究院院长;图莫普鲁夫·杜拉姆巴扎,蒙古国国家发展研究院社会发展政策部部长,博士。
① 《为图们江经济开发区和东北亚地区的发展成立协商委员会的协定》,纽约,1995。

并每年召开会议。推动交通行业发展与东北亚地区的交通走廊相关，因而对大图们江倡议和东北亚成员国至关重要。

多年来，蒙古国政府一直认识到交通基础设施投资的重要性，认为这种投资是释放蒙古国东部地区发展潜能的当务之急。对蒙古国来说，降低交通成本一直是进入亚洲和欧洲市场的关键所在，因此，在过去6年中，蒙古国在道路发展方面投资逾17550亿图格里克（当前汇率折合美元约8.775亿）。2013年8月，大图们江倡议交通委员会第三次会议在俄罗斯的符拉迪沃斯托克召开。会上，蒙古国提出在图们江交通走廊额外建设两条交通道路，获得委员会同意。两条交通道路分别为：铁路："乌兰巴托—温都尔汗—西乌尔特—毕其格图"，公路："赛音山达—西乌尔特—霍特—毕其格图"。上述走廊对于东北亚地区发展具有战略性重要作用。通过这些通道，蒙古国将能够到达锦州港和其他东亚海港。此外，鉴于跨境发展的重要性，蒙古国目前计划于2015年发起跨境委员会会议。

促成地区内整体合作氛围的一个重要因素就是地区内国家间双边关系的改进。该领域内近来最显著的进步即是俄罗斯、蒙古国和中国就交通发展和多边协议进行的谈判。2014年10月，中国、俄罗斯和蒙古国外交部部长于蒙古国乌兰巴托会面，并就各国间为进行跨境交通和贸易往来发展基础设施签署了备忘录。

为给跨境交通提供良好环境、利用其他国家境内可用港来克服本身内陆国劣势，蒙古国开始发起一系列谈判及备忘录的讨论工作。例如，在中国国家主席习近平正式访问乌兰巴托期间，两国官员就签署了重要协议：《中华人民共和国政府与蒙古国政府关于蒙古国通过中国领土出入海洋和过境运输的协定》《中华人民共和国政府与蒙古国政府关于发展铁路过境运输合作的协议》。上述协议的关键在于应取得蒙古国议会的批准，因为议会内部对是否建立新的铁路连接中、蒙两国以及采取何种尺寸的轨距仍未达成一致。[①] 蒙古国议会此前批准了一项法律草案，如今，面对这一类型的外国投资，蒙古国多了一种选择——在更均衡地发展其双轨距基础设施的同时，提升其作为地区内跨境走廊的作用，进而使蒙古国的产品能够进一步接触到新的贸易伙伴，而蒙古国也能从中俄贸易的过境费中获利。

---

① 《大图们倡议——对跨图们江地区交通走廊的综合交通基础设施和跨边境便利化进行研究》，2013年2月。

二是旅游行业活动。

对大图们江地区旅游业发展来说，发展跨境旅游线路和走廊十分具有吸引力，且在经济上具有可行性。因此，蒙古国充分支持并参与了大图们江倡议成员国提出的旅游业发展倡议。大图们江倡议旅游委员会成立于2008年，蒙古国在其中发挥了积极作用。2014年5月，大图们江倡议旅游委员会会议于俄罗斯符拉迪沃斯托克召开，会议确定了推动地区旅游业发展的几个优先发展项目。要发展旅游业，需要一批在住宿设施、餐饮服务、导游服务和景点娱乐等旅游业领域中经验丰富的专业人才。蒙古国需利用最新的信息和通信技术以改进签证程序和信息传递。为在大图们江地区成员国间创造旅游业价值链，必须协调各成员国的签证申请程序。在2014年俄罗斯总统弗拉基米尔·普京访蒙期间，俄、蒙两国达成双边协议，互免签证。此举将大大减少相关的行政成本，也可说是地区内各国间签证制度趋向和谐的一步。

蒙古国的肯特省和东方省具有丰富的文化、考古遗产，同时也是成吉思汗的出生地，世界驰名。因此，两省有潜力发展为不仅是蒙古国境内、更是大图们江地区最具吸引力的旅游景点之一。与此同时，中国内蒙古自治区和蒙古国东部省份在生态旅游方面也具有极大潜力。在发展多目的地旅游线路的项目框架下，大图们江倡议旅游委员会出版了《大图们地区旅游导引》，该书共有包括蒙古语在内的5种语言版本。为进一步推进跨境旅游业发展、建立良好环境，蒙古国东部省份政府一直在积极与邻国合作。2014年举办的大图们江倡议旅游委员会会议决定，每年将举行一次东北亚旅游论坛。①

三是能源行业活动。

能源资源与能源安全在东北亚地区的政坛与发展中占据了十分重要的地位，同时，该地区同时拥有主要的能源供应国和消费国。蒙古国坐拥全球最大的煤矿之一，同时也拥有极大潜力发展为地区内的风能供应国。

东北亚各国在能源上的相互依赖是该地区未来国家间关系的基础，同时也是影响地区长期稳定的重要因素。妥善处理能源问题有助于创造有利于深化其他地区经济一体化的环境。日本、韩国和中国东部的能源依赖进口。为防止由世界其他地区政局动荡引起的能源供应或能源价格变动，从

---

① 2014年11月，大图们倡议旅游委员会议，符拉迪沃斯托克，俄罗斯联邦。

能源安全的角度看，更多地利用俄罗斯和蒙古国的能源供应逐渐被人们视为明智之举。蒙古国政府相信，大图们江倡议能源委员会的存在能够更大程度上帮助解决地区能源问题。能源委员会第一次会议通过了2011~2012年的行动计划，据此，蒙古国随后组织了能源数据库论坛、研究中心论坛以及人类资源发展和行业发展论坛。目前，蒙古国已开展多个项目，其中，人类资源发展项目值得格外注意，其目的在于提供受过高度训练的劳动力，进而能够与地区、国际能源数据库及研究中心进行合作，共享信息。蒙古国积极参与能源业以获得经验，交换信息，进而使大图们江地区各国意识到蒙古国在能源业的潜力。大图们江倡议能源委员会第一次会议于2009年9月在蒙古国的乌兰巴托召开。会议讨论并确定了东北亚地区能源合作的关键领域和项目。

综上所述，蒙古国政府高度重视大图们江地区经济合作的发展选择，尤其是蒙古国东部三省及与中国内蒙古自治区相邻省份之间的合作。在今后合作中，要重点加强交通基础设施建设。

在大图们江倡议协商委员会第十四次会议暨东北亚经济合作论坛上，成员国政府集中讨论了2013年2月大图们江倡议发布的《跨大图们江地区交通走廊的综合运输基础设施及跨境便利化研究》。蒙古国充分支持在包括蒙古国东部在内的大图们江地区发展交通走廊的倡议。值得一提的是，通过铁路实现蒙古国东部和东亚之间的连接对于发展大图们江地区和蒙古国具有至关重要的作用。

对大图们江地区和东北亚地区一体化进程来说，关键的一个方面即是蒙古国的地理位置。蒙古国地处俄罗斯和中国之间，或者说是俄罗斯这一能源和矿产资源提供国与中国这一大型工业和私营消费者市场之间，这似乎就提供了一个绝佳的机会。然而，目前蒙古国的铁路和公路基础设施却限制了运输业向这一方向发展。与此同时，蒙古国国内每年出口总额约1亿吨货物，以原材料为主。目前，蒙古国有一条南北向的跨境铁路，连接着俄罗斯与中国，却没有一条横跨全国的东西向铁路。蒙古国地处内陆的地理位置并非劣势，而是能够成为促进两大邻国贸易往来的"跨境走廊"。如果蒙古国能够将基础设施更新换代，使之成为东亚中部的贸易交通枢纽，实现包括大图们江地区在内南北和东西双向的交通，必将享有极大的发展潜力。因此，蒙古国正尽力推动地区交通和能源基础设施一体化的倡议，进而吸引投资者与金融资源。例如，蒙古国推动地区间发展的举措之一即是 2013 年 12 月 18 日在乌兰巴托举办的蒙古国—俄罗斯—中国北方铁路协商会议。蒙古国政府交通部部长在会上指出，蒙古国正竭力寻求与邻国在亚欧间货物运输方面的合作，并会加大力度更新运输设施，满足一切必要的转运要求，进而改进从俄罗斯乌兰乌德开往中国吉林省、途经蒙古国的跨北部铁路走廊。①

2014 年 9 月 11 日，上海合作组织会议在塔吉克斯坦杜尚别召开，蒙古国总统、中国国家主席和俄罗斯总统召开了三国元首峰会。中国国家主席习近平称，此次三边峰会"对深化三国间互信、推动东北亚地区合作具有重要意义"②。习近平还称，中国提出的丝绸之路经济带倡议与俄罗斯的横贯大陆铁路计划以及蒙古国在"草原之路"上建立起中国—蒙古国—俄罗斯经济走廊的构想良好融合。不过，习近平仍提醒其他两国元首：要想构想取得成功，三个国家需加强交通方面的互连互通，推进货物报关与运输的便利化，并建立起一条跨国的电力网。③ 在 2015 年 7 月 9 日召开的乌法双峰会上，中国国家主席习近平，俄罗斯联邦主席弗拉基米尔·普京和蒙古国总统查希亚·额勒贝格道尔吉共同努力，增进合作，推动长期战略计划发展。三国首脑关注了真切的发展需要，展望了有助于增强三方合作的优先领域和基本领域的经济合作。三方首脑还通过了中、俄、蒙三方合作的中期发展蓝图。

中国丝绸之路经济带战略（同时也是"一带一路"倡议的组成部分）、俄罗斯跨欧亚发展带和蒙古国草原之路的建设将拥有更为紧密的联系。这也将有效地推动中国—俄罗斯—蒙古国经济走廊的建设，并促进地区经济合作与整个欧亚大陆的发展。④ 丝绸之路经济带战略不仅涵盖东南亚，也涵盖了东北亚及大图们江地区的经济一体化。为此，大图们倡议"从东北亚地区的共同利益出发，必须成为综合考虑大图们江地区国际铁路运行中双边与多边事宜的组织。因此，东北亚铁路合作协商小组这一组织需要采取逐步走的策略，因为相关国家的利害关系不同，其国内铁路基础设施和服务的标准也存在极大差异"。

---

① 《创建中俄蒙经济走廊》，2014 年 9 月 12 日。
② 《蒙古使者》，2014 年 9 月 19 日；蒙古总统府网址，2014 年 9 月 11 日。
③ 《中俄蒙三方总统二次会晤的战略性意义》。
④ 《大图们倡议——为跨图们江地区交通走廊的基础设施体系和跨境便利化研究的综合报告》，2013。

多年来，蒙古国政府一直认识到交通基础设施投资的重要性，认为这种投资对释放蒙古国东部地区的发展潜能至关重要。对蒙古国来说，降低交通成本一直是进入亚洲和欧洲市场的关键所在。蒙古国地处内陆的地理位置能够成为促进两大邻国，即中国和俄罗斯贸易往来的"跨境走廊"。如果蒙古国能够将基础设施更新换代，使之成为东亚中部的贸易交通枢纽，实现包括大图们江地区在内南北和东西双向的交通，必将享有极大的发展潜力。

图 们 江 合 作 二 十 年
区域行动

辽宁省：深化东北亚经贸合作
开辟外向型发展新天地

毛 泽[*]

随着经济全球化进程的加快，区域间经济往来日益密切，以地缘关系为基础的区域性经济合作愈发紧密。当前，东北亚地区逐渐成为全球最具发展活力的地区之一。该区域包括东北三省、内蒙古东部地区、日本、韩国、朝鲜、蒙古国及俄罗斯远东地区和东西伯利亚，总面积998.8万平方公里，占亚洲陆地面积的23%，与欧洲陆地面积相当；总人口超过4亿人，占亚洲人口总数的1/5；无论是市场规模、资源禀赋、产业配置、科技能力等在亚洲地区均占有举足轻重的地位。其中，东北地区同东北亚五国之间的经济互补性强，合作空间广阔、市场潜力巨大，经济合作交流前景十分广阔。

图们江区域更处于东北亚的战略要地，陆路中、朝、俄三国相通，水路中、朝、俄、韩、日五国相通。自1992年"图们江地区多国合作开发计划"被UNDP（联合国开发计划署）纳入第五次项目计划的重点项目之后，该区域不仅成为东北亚各国各地区关注度极高的地区，更引起了世界的瞩目。作为我国三大国际次区域合作之一，图们江区域经过20余年的发展，已经成为东北亚区域重要的潜在经济增长极和中国东北地区国际合作发展的窗口和平台，在对外通道建设、吸引投资、对外贸易等领域取得了实质性进展。随着区域合作机制的不断完善，在旅游、能源等领域已经迈出了务实合作步伐，也带动了东北地区间的交流与协作。广义的大图们江区域合作将逐步拓展为东北亚区域合作，大图们倡议区域合作机制也将转变为独立的政府间国际组织。

辽宁地处东北亚核心区，自古就有同东北亚各国贸易合作的历史传

---

[*] 毛泽，辽宁省政府发展研究中心党组书记、主任。

承，随着经济的发展，同东北亚各国间的贸易往来也日益增加。日、韩两国已经成为辽宁最重要的贸易伙伴。2014年，辽宁对日本、韩国出口额分别达到95.9亿美元和53.9亿美元，分别占全省出口总额的16.3%和9.2%。辽宁对俄出口也达到11.8亿美元，是中俄贸易较为活跃的地区之一。随着我国经济发展进入以"速度变化、方式转化、结构优化、动力转换"为特征的"新常态"发展阶段，东北经济出现了断崖式下滑，各项经济数据下探趋势明显，下滑的广度和深度都是老工业基地振兴以来前所未有的，但伴随着国家"一带一路"战略以及东北老工业基地新一轮振兴战略的实施，东北地区也将迎来打破行政藩篱、实施"抱团"发展的新阶段。图们江区域合作是试验场、先行区，不仅为东北地区进一步扩大开放、形成区域新的增长极搭建了舞台，更为辽宁强化区域协作、实施"走出去"及融入东北亚提供了新的空间。

一 充分认识辽宁参与图们江区域合作的重大意义

辽宁是东北三省中综合实力最强、经济发展水平最高的省份，在振兴东北老工业基地中扮演着不可替代的角色。2014年全省实现地区生产总值2.86万亿元、固定资产投资2.44万亿元，分别占东北三省总量的49.8%、54.0%；进出口总额1139.6亿美元，占东北三省总额的63.6%。积极参与图们江区域及东北亚区域合作，对于辽宁实施国家战略、进一步扩大开放、推进产业转型升级、探索区域协调发展，乃至推动老工业基地振兴等，具有重大的战略意义。

（一）有利于辽宁全面参与"一带一路"国家战略

"一带一路"战略作为新形势下我国拓展和深化外交战略布局的重要举措，所涉及的范围很广且内涵丰富，连接了亚太经济圈和欧洲经济圈，将是世界上最长、最具发展潜力的经济走廊。2014年9月，中、蒙、俄元首正式提出将丝绸之路与俄罗斯欧亚铁路、蒙古国草原之路进行对接，形成中俄蒙经济走廊。沈阳经济区、辽宁沿海经济带、长吉图经济区、哈大齐等区域已经成为中蒙俄经济走廊的重要节点。东北地区不仅各类铁路、公路密集，而且航空、水运等也有很大的优势。除了相对发达的陆路口岸，图们江区域的罗津、先锋、哈桑、扎鲁比诺等面向日本海的港口，同辽东半岛的大连、营口、盘锦、锦州、丹东等面向渤海、黄海的港口群，组成了东北区域"多点下水"的出海通道。辽宁积极参与图们江区域合作已经成为打通中蒙俄经济走廊，加强同俄、韩、日、蒙、朝经贸合作，构建连接亚欧大通道的重要环节。

（二）有利于补齐辽宁外向型发展的"短板"

长期以来，辽宁经济社会发展始终呈现明显的"投资依赖"态势，2003～2013年，投资对经济增长的贡献率始终保持在70%左右，消费对经济增长的贡献率也稳定在40%左右，净出口对经济增长的贡献平均在-10%左右波动。随着经济发展进入新常态，牵动全省发展的"三驾马车"的量能出现了新的变化。2014年，全省固定资产投资增速出现了明显的下滑，回落至-1.5%，增速排名全国垫底，引发了经济增速的严重下滑；同时，投资回报率也在逐年走低，现在每增加1万元固定资产投资仅能带动地区生产总值增加0.06万元，不足2003年的1/4，更不足同期全国平均水平的一半，双重因素导致投资对经济增长的贡献率快速下降。消费增幅相对稳定，消费贡献率因投资贡献率下降而相对提升。但是，推进辽宁发展的净出口"短板"始终未能转负为正。可以说，参与图们江区域合作为辽宁外向型发展开辟了新天地，这是辽宁继转身向海发展之后，又一次重要的战略提升，为辽宁向北发展，面向蒙、俄等"一带一路"国家"走出去"提供了重要的发展契机；同时这也是辽宁加速补齐外向型发展"短板"、实施沿海和图们江"双路"开放的必然选择。

（三）有利于辽宁产业转移和产业转型升级

图们江乃至东北亚区域的产业发展水平呈现明显的梯次结构，具有较强的互补性。日本、韩国的产业技术和制造水平较高，服务业发达，但自然资源匮乏，进口依赖程度高；俄西伯利亚、远东地区具有丰富的石油、天然气、金属矿产、煤炭、木材等资源，具有部分高技术与产品等输出能力；东北地区工业基础雄厚，制造业发达，钢铁等部分产业产能过剩严重，需要转移输出和调整升级，大豆、玉米等粮食和肉、奶等畜牧产品丰富；蒙古国、朝鲜产业水平落后，并且矿产等资源丰富，有引进矿产采掘加工、装备制造等产业的意愿。因此，这些区域内的产业层次差距所引发的产业转移与产业协作，将是未来区域发展的重要牵动力。《国务院关于近期支持东北振兴若干重大政策举措的意见》(国发〔2014〕28号,以下简称《意见》)中明确提出,扶持东北地区核电、火电、轨道交通、石化、冶金、高档机床等优势装备走出去,这些涉及的产业大多集中在辽宁。辽宁成套装备、数控机械、军工等制造业发达,石化、冶金等技术较为先进,具备产业转移和输出的能力。借助图们江区域合作,实施区域间产业梯次转移,也能够更好地实现辽宁产业升级和结构调整的目标。

(四) 有利于探索跨区域一体化合作发展

东北地区是一个相对完整的经济区,但区域协调联动、一体化发展的机制尚未形成。长期以来,省区之间、城市之间各自为战,市场分割现象较为普遍,基础设施共建共享、产业联动发展、资源要素自由流动、公共服务区域化等领域未取得实质性的进展。不仅政府间协作能力较弱,而且民间的、企业间的区域协作机制、产业统筹布局、企业跨区域重组等也未形成趋势。随着长三角、珠三角、京津冀一体化等发展战略的提出,意味着党中央、国务院要在国家战略层面推进区域协调发展的体制机制创新,探索城市群优化发展的模式,促进人口、经济、资源与环境协调发展,建设生态文明。辽宁应顺势而为,携辽中南城市群的发展优势和沈阳经济区一体化的发展经验,与图们江区域、哈大城市带一道共同驱动的东北经济区发展,顺应经济区模式替代行政区模式、市场为主的经济替代政府为主的经济、开放经济替代封闭经济的区域经济发展新趋势。辽宁积极参与图们江区域合作,将加速东北区域之间的一体化合作,对于打破行政壁垒、推进协同发展、共同参与全球合作等方面将产生更加深远的影响。

(五) 有利于东北老工业基地再振兴

2014年以来,面对东北地区经济增速加速回落的情况,国务院及时印发《意见》支持东北老工业基地振兴,要求抓紧实施一批重大政策举措,巩固扩大东北地区振兴发展成果,努力破解发展难题,依靠内生发展动力推动东北经济提质增效升级。其中,辽宁沿海经济带和长吉图地区开发开放,是盘活东北老工业基地振兴的两个重要的开放筹码。在新的历史时期,辽宁与图们江区域的互动、协调发展,有利于形成双擎引领、多区域联动的开放局面,特别是进一步发掘东北的沿边优势,在边境地区形成新的经济增长点,引领东北经济社会全面、协调、健康、均衡发展,必将对实现东北老工业基地的全面振兴具有重要意义。

二 辽宁参与图们江及东北亚区域合作的回顾

近年来，辽宁参与图们江及东北亚区域合作主要以推进物流通道建设为重点，通过利用好沿边沿海经济带、完善边境口岸开放合作平台，以及创新区域合作发展模式等，积极发展同东北亚各国的经贸合作。

（一）积极推进物流通道基础设施建设

交通基础设施是经济发展的大动脉和关键，对推动经济社会健康发展具有基础性、先导性作用。辽宁堪称"东北亚的交通枢纽"，无论是铁路、公路，还是空港等基础设施建设均较为完善。"十一五"以来，全省积极推进物流通道建设，基本形成了较为完善的陆海空物流走廊，有效地连接了图们江区域乃至东北亚区域。

完善铁路网建设，拓展铁路运输通道。近年来，全省铁路运输进入快速发展期，京沈高铁、哈大高铁、东北东部铁路等相继建成通车，截至2014年底，全省铁路营业里程已近5000公里，沈丹客专、丹大快速铁路、京沈客专等重大项目也在紧张建设之中。全年铁路客运量1.28亿人次，货运量达到1.91亿吨。当前，全省正在全力推进"辽满欧"、"辽蒙欧"、国际多式联运大通道建设。自2013年6月起开通的从大连、沈阳经满洲里通往欧洲的"东部国际运输大通道"，已经逐渐发挥效力。2014年，开行经满洲里至欧洲的班列就达32列，同比增长184%，运送了大批来自华南、华东、华北和胶东等地的汽车零件、机械设备、日用小商品等货物。目前，珠三角、长三角、京津冀及胶东半岛很多货源已转移到大连口岸出口发运。

加强公路网络联通，增强公路运输能力。2011年9月，吉林市至草市（辽吉界）段竣工通车，标志着沈吉高速全线通车，完成了珲春至乌兰浩特高速沈阳至吉林的重要联络线建设；2012年9月，丹东至通化高速公路开通，打通了中国最东端通道，完成了贯通东北三省东部高速的重要路段，为辽宁全面参与图们江及东北亚区域合作打通了陆路通道。目前，全省公路里程已超过1.1万公里，其中高速公路超过4000公里，国省道优良路率分别达到92%和84%，比"十一五"末期分别提高了7个百分点和

4个百分点；公路运输客运量8.08亿人次，旅客周转量375.6亿人公里，同比分别增长3.1%和3.6%；货运量18.9亿吨，货物周转量3074.9亿吨公里，同比分别增长9.4%和10.1%。

增强空港服务能力，提升航空运量。全省有空港7个，其中沈阳桃仙、大连周水子2个国际机场均为4E级，可以起降除空客A380以外的各种机型。全省共有航线近300条，与日本、韩国、俄罗斯远东地区等均有直飞航线。2014年，全省民航客运量1033万人次，货运量10万吨；丹东、锦州、朝阳、鞍山机场的吞吐量分别达到了14万人次、11万人次、7.6万人次和8.5万人次。自2010年10月起，沈阳桃仙机场启动三期扩建工程后，T3航站楼、按F类飞机起降标准设计的第二跑道等将陆续完工；大连新机场的选址、初步设计已经基本完成；锦州新机场已基本建成，即将投入使用，未来全省的航空运输能力将有较大的提升。

（二）加速建设东北亚航运中心

辽宁濒临黄海、渤海，有大连、丹东、营口、盘锦、锦州等沿海港口群，这是与日本、韩国、朝鲜往来的重要通道。新中国成立后，大连港的外贸吞吐量多年居全国首位，是东北三省及蒙东地区的重要出海门户，为改革开放和现代化建设做出过重大历史贡献，在相应交通体系的支持下，具备建设东北亚国际航运中心的良好基础。早在2003年，党中央、国务院就提出把大连建设成东北亚重要国际航运中心。经过10余年的努力，在运输网络体系、产业支撑体系、口岸综合服务体系以及社会环境支持体系等方面形成了东北亚航运中心的主体框架。大连港专业化泊位达到72个，专业化集装箱泊位14个，大窑湾核心港区已经拥有国内最大的、最先进的30万吨矿石码头和水深18.6米的转水码头，拥有国内最大的30万吨级原油码头、液化天然气码头和国内规模最大、总存储能力超过2000万立方米的油罐群，初步形成了布局合理、分工明确的现代化、专业化、集约化的港口集群。大连港年货物吞吐量实现了4亿吨的跨越，集装箱吞吐量近千万标箱。随着东北亚航运中心建设，2014年全省水路运输客运量542万人次，旅客周转量6.5亿人公里，同比分别增长1.5%和0.1%；货运量1.38亿吨，货物周转量7979.5亿吨公里，同比分别增长3.2%和1.8%；港口货物吞吐量10.37亿吨，同比增长5.4%，其中集装箱吞吐量1859.6万标箱，同比增长3.4%。全省万吨级大型船舶达到740万吨，占总运力的 92.3%。

(三) 不断扩大同东北亚区域的经贸与人员往来

辽宁是我国东北地区面向东北亚开放的重要门户和核心区域之一，经贸往来日趋频繁。2014 年全省外贸进出口总值 1139.6 亿美元，同比下降 0.3%。其中，出口 587.6 亿美元，同比下降 9.0%；进口 552.0 亿美元，同比增长 11.0%。

从对外贸易的国家（地区）分布来看，东北亚地区国家已经成为辽宁对外贸易的重要对象。2013 年，辽宁对日本和韩国进出口额分别占全省进出口总额的 13.67% 和 8.27%，而全国与日、韩两国进出口额相应比重则分别为 8.51% 和 6.63%。日本和韩国已经成为辽宁第一和第三大贸易伙伴。辽宁同俄罗斯的贸易额已达到 24.19 亿美元，占全省进出口总额的 2.11%。全省同蒙古国贸易额为 4780 万美元，主要商品为轻工日用品、机电产品、矿产品等。朝鲜也是辽宁比较重要的贸易伙伴，辽宁与朝鲜进出口总额约占全国对朝贸易总额的四成。

从实际利用外商投资的国别（地区）来看，日本、韩国是继中国香港之后辽宁第二、第三大外商投资来源地。2013 年，日本、韩国对辽宁直接投资额分别为 43.01 亿美元和 20.12 亿美元，分别占全省实际利用外商投资总额的 14.81% 和 6.93%。俄罗斯在辽宁直接投资项目 160 个，合同外资额 3.2 亿美元，实际投资 1.5 亿美元。

从国际旅游交流来看，辽宁已经成为日本、韩国、俄罗斯等东北亚国家来华旅游的重要目的地。2013 年，全省国际旅游总收入达 34.77 亿美元，占全国国际旅游总收入的 6.73%，占东北三省国际旅游总收入的 75.04%；接待境外旅游人数达到 503.13 万人次，占全国入境旅游总人数的 3.90%，其中，接待日本游客 74.26 万人次，俄罗斯游客 32.34 万人次。同期，全省出境旅游人数达到 203.5 万人次，目的地主要是东北亚区域国家。

三　辽宁面向图们江及东北亚区域合作开发展望

随着世界经济全球化和东北亚区域一体化进程的不断加快，辽宁要充分抓住国家推进"一带一路"战略的发展机遇，利用当前中俄、中蒙、中韩关系升温、中朝关系稳定的有利时机,积极参与大图们江区域合作发展,充分发挥辽宁的区位优势、产业优势、人文优势及良好的合作发展基础,加速推进东北亚区域协作,在更高的层次上参与国际分工。未来,辽宁应着力从以下五个方面开展合作。

(一) 完善物流通道建设,推进物流产业发展

物流产业是物流资源产业化而形成的一种复合型产业。以发展物流产业为载体,加强辽宁同东北亚区域合作,是提升全省开放水平的重要途径。物流产业能够推动东北物流体系的交汇与融合,带动相关产业协调发展,加速区域经济一体化,降低区域经济综合运行成本,提高效率和效益,提升区域综合竞争力。为了更好地参与东北亚区域合作,未来辽宁应努力发挥政府引导作用,促进物流产业跨越发展。

1. 推进重点工程建设,完善综合运输体系

要跳出辽宁,站在东北、大图们江区域的高度谋划和建设物流体系,要在统筹设计的基础上,扎实推进辽宁重点物流支持工程建设,做好省内物流体系同东北乃至东北亚物流体系的衔接。重点推进沈阳、大连、锦州、丹东等陆运基础设施和服务体系建设,完善大连、营口、丹东、锦州等港口国际物流设施建设,推进阜新、朝阳、本溪等内陆港建设。建设一批集装箱多式联运中转设施和连接两种以上运输方式的转运设施,提高港口与铁路、铁路与公路、民航与地面交通等枢纽的衔接效率。加强物流园区建设,要在沈阳、大连、锦州、盘锦等物流节点城市实现配送衔接,提高物流企业的规模效益。加快建设行业和区域物流公共信息平台,鼓励企业开展信息发布和信息系统外包等服务业务;建设面向中小企业的物流信息服务平台。继续推进东北"六关四检"合作机制,推进口岸与腹地联运,联手提升区域货物进出、人员出入境的监管效能和通关效率。

2. 创新体制机制,构建统一共享的物流市场

要在东北地区合作行政首长联席会议下,建立物流业的协调发展机制,促进四省区物流规划的衔接,综合布局物流基础设施,避免重复建设。建立区域物流业发展重大问题协商制度,共同研究建立区域市场调控应急反应机制,提高对区域突发事件及市场异常波动的应对处理能力。努

力打破地方保护、市场分割、行业垄断等区域壁垒，取消相互间歧视性市场准入限制，充分发挥市场配置资源的基础性作用，推动四省区物流产业联动发展。鼓励省内物流节点城市加强同东北区域内物流节点城市的交流与合作，提升区域物流合作水平，形成统一市场。

3. 参与东北亚区域物流合作，开创区域合作新局面

充分利用东北亚港湾局长会议机制、中韩海运会谈机制以及中韩物流合作会议等交流平台，建立健全信息沟通和协商机制，营造有利于辽宁物流发展的外部环境。加强省内物流企业与日本、韩国等东北亚先进物流企业合资、合作，引进国外现代物流产业发展的先进经验，提高物流业的全球化与区域化程度。丹东与延边可联手打造东边道中俄朝物流大通道，利用丹东口岸功能与延边互连互通，发展扎鲁比诺中俄物流园区、哈桑中俄旅游集散中心、丹东中朝边贸城以及面向朝鲜的商贸物流园区。

（二）加强旅游资源整合，扩大旅游合作开发

东北亚地区山同脉、水同源，旅游资源丰富，不仅包括众多的自然景观，还有深厚的历史文化基础。早在20世纪90年代，辽、吉、黑三省的旅游部门就成立了"部分旅游城市协作体"，开展初级旅游合作。2005年，在原有四城市区域旅游联合体基础上，成立了东北"4（沈阳、长春、哈尔滨、大连）+1（鞍山）"城市区域旅游联合体，将区域旅游合作带入了全方位、高层次、紧密型的阶段，为东北三省旅游合作奠定了良好的基础。未来，辽宁要进一步加大同东北亚区域的合作力度，合力建设和形成独具东北区域特色的旅游目的地，全面提升全省旅游产业发展层次和水平。

1. 整合旅游资源，统筹设计旅游线路

东北应统筹区域旅游资源，利用自己的地理优势，设计发展旅游线路。

随着北京成功申办2022年冬奥会，人们对冰上运动的兴趣越来越高，而东北可以凭借这种得天独厚的优势，设计北起龙江、南至辽宁的白色旅游线路，形成冰雪运动、冰雪体验、冬季温泉等各类冰雪旅游产品体系。

东北的夏天比较凉爽，是中国的重要避暑胜地。大、小兴安岭同属长

白山脉,是我国面积最大的原始森林,可以设计以长白山为核心,沿东北东部森林廊道、西部草原廊道及重要河口、湿地构成的绿色旅游线路,形成山地运动、湿地观鸟、江河漂流等生态旅游产品体系。

辽宁是清王朝的发祥地,"一宫三陵"是全国保存最完整的清代宫殿,位于辽宁桓仁和吉林集安的高句丽王城、王陵及贵族墓葬等是东北独具特色的世界文化遗产,不仅文化品位高、建筑艺术精湛、艺术成就突出,文明内涵富有特色,更是韩国、朝鲜人民向往朝拜的圣地。据此,可以设计连接辽吉的金色旅游线路,形成古代建筑、传统文化等历史文化旅游产品体系。

东北是中国的老工业基地,辽宁的沈飞航空博览园、工业博物馆、抚顺西露天矿、鞍山工业之旅;吉林的中国一汽、丰满水电;黑龙江的第一重型、华安工业区、哈尔滨电机厂等一批传统工业遗存,可以设计沿哈大交通主轴的黑色旅游线路,形成工艺展示、装备展出、文化展现等工业旅游产品体系。

2. 加强政府合作,推进旅游产业包容性发展

区域旅游合作是旅游业发展到一定阶段的必然产物。2014年3月,由UNDP大图们倡议旅游委员会批准设立的东北亚多目的地旅游促进中心成立,为中、俄、朝三国旅游合作提供了新的平台。辽宁应积极利用这个平台,加强政府间合作,提供旅游信息,推介和拓展向辽延伸的旅游线路和产品,建设环东北亚旅游无缝通道,提升辽宁旅游区域化合作水平。同时,进一步提升全省旅游产业的包容性与拓展性。增加旅游产业文化含量,加强服务和延伸旅游文化产业链,促进旅游与文化的融合;培育一批乡村旅游示范村、户,形成乡村旅游产业集聚区,促进旅游与现代农业的融合;以信息化引领旅游服务现代化,促进旅游与信息技术的融合发展;推动旅游与体育运动、科技教育、医疗保健、文化养生等产业的融合,形成更多的、新的增长点。

3. 完善软硬件建设,推进旅游国际化

旅游产业是开放性产业,具有明显的外向性和涉外性。辽宁要将旅游产业放到东北亚区域旅游产业发展的大背景下,以开放性的思维和国际化的眼光谋划旅游产业。为此,辽宁旅游产业要从旅游发展的软硬环境上全

面与国际标准对接。要将专列、自驾游、直航作为连点布线的手段,并将高铁大动脉与自驾接驳体系建设结合起来,形成跨境旅游的客源循环体系。要在现有快速交通通道的基础上,完善同景区的连接,形成顺畅、通达、连贯的交通网络;主要道路、宾馆、景点等要设立多语标识,指示、介绍信息要清晰、明确;提高旅游设施及相关服务的网络化管理水平,重要信息实现动态发布、多语种发布;积极引进俄、韩、日、蒙等小语种人才,加强对酒店、餐饮、公交、银行等窗口单位服务人员的外语培训,发展多语种导游,全面提升旅游接待水平。

(三) 加强区域文化交流与人文合作

文化交流是区域经济交流合作的先导,文化融合的程度直接影响经济融合的进程。人文合作将是未来东北亚区域继资源、技术等领域之后新的合作热点。

1. 发掘文化记忆,拓展文化交流

东北亚各国文化同源,板块特征明显,孕育并积淀了突出的地域文化、民族文化、工业文化、儒教文化和旅游文化,具有强劲的文化发展潜力。辽宁应通过将传统文化资源植入现代文化产业,深入发掘具有国际一流价值水平的辽西查海文化、牛河梁红山文化、三燕文化、藏蒙佛教文化等同现代文化产业的结合点。要以现代的眼光挖掘传统题材,并赋予其现代文化元素等,推进文博、佛塔、寺庙等文化物质遗产同民俗、节庆、手工制品等结合,推进契丹、突厥、锡伯等民族历史古迹同影视剧、动漫等作品或项目的融合,多方式大力发展文化产业。坚持推进以沈阳为核心的中部文化集聚区、以大连为龙头的沿海文化集聚区同辽西历史文化产业走廊合作,坚持省内与东北区域文化产业互动,坚持文化产业输出与引进并举,让辽宁文化产业率先融入东北亚区域发展,提升文化软实力和影响力。

2. 搭建文化交流平台,推进区域经济合作

区域经济与文化发展密不可分、相互促进。经济发展需要多元拉动,文化是促进经济发展的一个很好载体。要充分利用好当前已有的文化交流平台,如东北亚论坛、东北亚博览会、东北亚企业发展论坛、东北亚文化

艺术周、中朝经贸文化旅游博览会、中俄文化大集等,通过政府或民间组织发起的文化交流,增进地区间的往来,为促进投资与贸易的交流营造良好的环境。要发掘辽宁的文化比较优势,通过"走出去"展现辽宁文化,以区域特色文化的感召力、亲和力形成吸引力,以东北亚区域共性文化为基础,带动辽宁在经济、社会各领域的全面合作。

3. 借鉴邻国经验,大力发展文化产业

东北亚各国文化产业合作优势明显。日本提出"文化立国"战略,使其已经成为仅次于美国的全球第二大文化产业大国,动漫产业年产值在国民经济中居第三位。韩国把数字游戏确定为国家战略产业,借助计算机网络技术,大力提升数字游戏产业。辽宁要借鉴日韩经验,发挥政府作用,积极加大投入、发挥企业主体地位和中介组织作用等,按照市场规律,重点推动影视音像、文化创意、演出娱乐、动漫游戏、文化旅游、出版印刷等文化产业的发展与对外合作。

(四) 积极申请自贸区试点与面向中韩自贸区的合作

党的十八届三中全会提出,"在现有试点基础上,选择若干具备条件的地方发展自由贸易园(港)区"。继上海自贸区之后,广东、天津、福建自贸区也被批复,预示着自贸区将成为未来对外开放新的引擎。

1. 积极组团申报自由贸易区

东北地区都初步形成了可以设立自贸区的"高地"。大连保税区经过22年的发展,已经成为集保税区、保税港区、出口加工区管理于一身的海关特殊监管区,是辽宁最适宜率先设立自贸区的地域。绥芬河是我国第一条亚欧大陆桥的起点,在成为首个卢布使用试点城市后,为其向自贸区又迈进了一步。珲春拥有独特的区位,拥有4个对俄、对朝口岸,还享受国家多项先行先试政策,是吉林自贸区的最佳选择。满洲里是对俄开放第一大陆路口岸,是东北区域通往俄罗斯、欧洲的最便捷、最经济、最重要的陆海联运关键节点。四地组团申报自贸区不仅有利于大范围地推广上海、广东、天津、福建等自贸区探索的、能够复制的共性经验,更能够结合东北各地区产业发展基础、城市发展定位,进行差异化的自贸区实验,并形成对已有自贸区试验的有益补充。今后,四地应立足自身特色,积极开展

工作实践并加强交流与协作,从负面清单、联动通关、联合检疫等方面入手,面向国际化、一体化、便利化,积极创新发展体制机制,为国家批复做好准备。

2. 积极抢占中韩自贸区发展的先机

2015年,中韩自贸区协定正式生效,意味着中、韩两大经济体的自由贸易取得了突破性进展。该协定不仅涉及货物贸易,而且包括服务贸易和投资,这是迄今为止涉及领域最多的自贸协定。东北地区是中韩贸易合作的重点区域,也理应成为中韩自贸区最先受益的地区。为此,辽宁应同东北地区一起,加强对中韩自贸协定内容的研究,明确自身同韩国相关领域的比较竞争优势,尽快设计并完善相关应对发展方案。积极构建开放型经济新体制,以自身改革与发展成效吸引韩资并促进对韩贸易。要在巩固传统服务贸易的基础上,加快开拓服务贸易的新领域和新优势,特别是发掘金融服务业和电信服务业的潜力。要依托沈阳、大连区域性国际金融结算中心的基础条件,发展面向东北亚、中韩自贸区的区域结算中心;借鉴印度国际呼叫中心建设模式,利用大连软件外包服务业的人才与技术优势,发展面向中韩的国际呼叫中心。进一步提升大连东北亚国际物流中心的内涵,在烟大轮渡基础上探索发展中韩轮渡,借助自贸物流园区布局建设,发展跨境电商与供应链平台等。

(五)加强长白山生态经济区合作

长白山位于吉林省东南部,紧邻辽宁,是中、朝两国的界山,是图们江、鸭绿江、松花江的发源地。长白山生态经济区应包括吉林的延边、白山、通化三市,辽宁东部的清源、新宾、桓仁、宽甸四县,以及黑龙江的牡丹江、七台河等市,该区域地貌类型相同、森林生态系统完整、生物多样性丰富,是东北最重要的生态水源涵养区;该区域沿东部公路、铁路形成了较为密切的经济联系,是图们江区域合作的核心拓展区。辽、吉、黑三省应通力合作,努力将其建设成为生态良好、环境优美、人与自然和谐相处的国家生态经济示范区。要严守生态红线,实施生态分区与分级管理,在共同推进生态环境、流域水环境、区域大气环境保护以及区域环保执法、区域环境科技合作的基础上,探索区域生态产业推动经济社会协调发展的新路子。大力发展以长白山中药材深加工、生物制药、野生动植物资源、人工开发生产滋补类产品为代表的"健康产业";大力发展林产品及加工业、有机食品及加工业、生态旅游产业、沟域经济等环境友好型产业;加强同朝鲜、俄罗斯的生态合作。

四 推进图们江区域合作的几点建议

(一) 建立高层次的组织协调机制

应进一步建立和完善东北地区四省区行政首长协商机制,定期研究协调跨省区重大基础设施项目建设、产业布局,以及区域协调发展等问题,并对老工业基地调整改造的重大事项提出意见和建议;初步形成省际合理的利益协调机制。建立跨省区的临界城市双边或多边的政府联席会议制度和城际联席会议制度等,定期和不定期地召开联席会议,协商合作中的重大问题。

(二) 推进规划一体化或专项规划的跨省衔接

应借鉴已有的《东北地区振兴规划》《东北振兴"十二五"规划》《东北地区旅游业发展规划》《东北地区物流业发展规划》《东北地区综合交通运输规划》等区域发展规划的编制经验,打破传统行政思维、开展顶层设计,统筹推进东北区域规划合作。要充分利用"十三五"规划编制的有利时机,从专项规划起步,加强四省区各类规划对接,通过共同规划统筹解决区域合作发展的重大问题。未来,四省区还应共同研究东北地区的城镇空间布局、生态廊道划定和区域重要基础设施等问题,力争达成规划共识。适时启动四省区共同编制面向东北亚协同发展规划,积极探索建立四省区交界地区城乡规划共同审查机制。

(三) 加强研究合作,共建智库联盟

东北亚区域虽然经济形势变化较快、政治环境复杂,但合作的领域和内容十分广泛。辽宁应投入足够的人力物力,结合省情实际,明确重点领域和具体内容,有针对性地进行课题设置和系统研究。要尽快整合四省区的政府发展研究中心、社科院、研究室等政府智库部门,以及辽宁东北亚研究会、吉林图们江国际合作学会等民间组织的智力资源,建立长期稳定的东北区域智库联盟,共同搭建东北亚区域合作的研究平台,通过联合调

研、信息共享等方式，合作开展理论与实践研究，分享研究成果，为政府科学决策、民主决策提供更加有力的智力支持。

（四）加强高层次人才引进与培养

辽宁应紧紧围绕东北亚区域合作的重点领域、重点产业，采取持股、技术入股、提高薪酬的更加灵活的政策，积极引进海内外能够引领重点支柱产业发展的顶尖科技人才，能够带领国际水准研发团队的领军人才，具有较强自主创新能力的学（技）术带头人和熟悉国际惯例、具有国际运作能力的高级人才。要强化相关法律法规建设，建立健全人才引进以及与管理相关的制度规范，制定合理的人才引进政策。积极营造吸引人才的良好社会氛围和培育人才成长的良好环境。努力培养适应老工业基地产业结构优化升级需要的复合型人才和实用型人才。

吉林省：参与图们江合作开发进程与前景展望

李寅权　任　晶[*]

一　图们江合作开发的历程概述

从1991年联合国开发计划署宣布筹备建立图们江区域合作开发项目开始，图们江地区开发正式启动，先后经历了口岸经济兴起、松散独立开发和多边合作开发几个阶段，其地域空间范围不断扩大，从狭义的"小三角"区域到"大三角"区域，再到当前的"大图们江"地域，参与图们江区域经济合作的国家数量也由最初的3个扩展到5个。图们江地区开发最初引起了国内外的极大关注，随着来自全国各地商人和投资者的不断涌入，图们江地区开发进入高潮阶段。1995年，中、俄、朝、韩、蒙五国共同签署了三个框架性法律文件，取得了图们江地区开发合作的阶段性成果。但随后由于朝鲜国内政治形势的变化及中国采取抑制过度投资的通货紧缩政策，图们江地区吸引的投资急剧减少，开发逐步陷入停顿局面。随着经济全球化和区域经济集团化的迅猛发展，原有的世界垂直分工体系逐渐被打破，资源和生产要素在全球范围内进行了重新的优化配置与组合，世界经济也进入新一轮的全球产业分工体系调整阶段。世界各大区域都组建了各种区域合作组织，东北亚地区由于复杂的地缘政治、经济关系，尚未建立一体化的组织。但为了获得经济合作的利益，东北亚各国政府发起了以各主要城市为节点的较松散的合作模式即图们江区域合作开发。2005年9月，中、俄、朝、韩、蒙五国签署了《图们江行动计划》，决定将图们江合作区域扩大到整个图们江地区，范围包括中国东北的吉林省、辽宁

---

[*] 李寅权，吉林省政府发展研究中心党组书记、主任；任晶，吉林省政府发展研究中心开发开放研究处副处长，博士。

省、黑龙江省以及内蒙古自治区，朝鲜罗先经济贸易区，俄罗斯滨海边疆区，蒙古国东部的东方省、肯特省、苏赫巴托尔省，韩国东部沿海城市。图们江开发计划的签署为图们江地区带来了新的机遇和变化，标志着图们江地区开发进入新的发展阶段。

图们江区域地理位置独特，合作定位是对内可以辐射各地区腹地，对外可以推进东北亚国家间的经贸合作，通过松散型的合作模式使内地与周边互动，提高经济合作的紧密度。图们江地区各国之间的经济合作互补性较强，经济全球化的调整进一步加速了生产要素的跨国界流动和资源的优化配置。区域内各国利用本国优势资源，广泛开展贸易与合作，为图们江区域经济合作与发展注入新的活力。近年来，图们江区域合作开发的政策环境发生较大变化，图们江周边各国政府对参与合作的地区大都采取务实性的开发政策，在交通、能源、投资、环境、旅游等领域进行广泛合作开发。俄罗斯实施东部开发战略，中国提出振兴东北老工业基地战略并正式批复实施长吉图开发开放先导区国家战略，朝鲜对内经济调整，扩大对外开放程度，韩国重视东北亚经济合作，蒙古国实施有效举措，日本地方政府亦积极参与，为图们江区域合作开发步入新时期提供了难得的历史性机遇。图们江机制是我国与东北亚国家开展合作的唯一次区域合作机制，将进一步加快"东北亚经济一体化"进程。另外，大图们倡议成为独立的国际组织，全力谋划并建立成员国国家领导人定期会晤机制，也必将为新一轮大图们江区域合作开发带来新的重大机遇。

从参与图们江开发的历程来看，吉林省始终把"开边通海"和"借港出海"作为参与图们江开发的主要目标，在某种程度上把参与图们江开发作为实现这个目标的手段。作为中方参与图们江开发的主体，吉林省不仅致力于通过开发合作来扩大对外开放，还通过大图们江的合作积极推动实现"借港出海"的目标。自2003年起，吉林省先后提出了中朝"路港区"一体化建设方案和中俄"路港关"一体化项目建设的构想，加快通道合作。2005年，国务院颁布了《关于促进东北老工业基地进一步扩大对外开放的实施意见》，将图们江地区路港合作开发项目纳入振兴东北战略中，两个路港合作项目开始逐步付诸实施。同时，作为迄今唯一一个国家批准实施的沿边开发开放区域，长吉图地区的战略地位不断强化。自2009年国务院正式批复长吉图规划至今，图们江国际次区域合作亦愈加深化，现已成为吉林省开放型经济发展的主要依托和抓手，也是我国沿边开放战略中吉林省当好东北亚开放枢纽任务需要把握的方向。目前,吉林省以长吉图战略为开发开放路线,以珲春国际合作示范区、中朝罗先经贸区、长春兴隆综合保税区等为开发开放带动点,形成"点线面"齐头并进的态势,吉林省在参与图们江合作上跃升至一个新的层次和水平。

二 新时期吉林省参与图们江合作开发的条件

(一) 优势分析

一是吉林省与图们江地区各国产业结构互补。吉林省与图们江地区各国在资源与产业上具有较强的互补性。吉林省具有优越的农业自然资源、生态旅游资源和丰富的劳动力资源,农产品加工、机械制造、食品加工、医药等产业具有明显优势;但缺乏资金和先进技术,工业设备和管理经验较为落后。而图们江区域的其他国家和地区与吉林省形成明显的资源与产业互补态势,如日韩拥有先进技术设备和大量剩余资金,但劳动力不足;俄罗斯与朝鲜具备丰富矿产资源和能源,而食品、轻工业等落后。吉林省同图们江各国家和地区在资源、经济实力、科学技术上的不同水平决定了不同主体之间深入而广泛地开展产业分工与合作的必然性和必要性。

二是经过多年的发展,吉林省已经形成完整的工业体系,在参与图们江地区产业分工合作中优势明显。吉林省作为我国老工业基地之一,工业基础雄厚。在长期经济建设过程中形成了较为完整的工业体系,在参与图们江区域产业分工与合作中形成了与日韩产业结构垂直分工,与朝鲜、俄罗斯水平分工的产业分工体系。这种不同层次、多元化的产业分工格局使吉林省既可以承接日韩产业结构的转移,又可以向俄罗斯、朝鲜转让技术,形成图们江地区良好的产业分工与合作格局。依据在图们江地区资源与产业优势、对外贸易的进出口商品结构,吉林省将会在未来产业分工与合作中占据优势。

三是区位优势与交通优势。图们江地区是东北亚所有国家进行经济交往的理想几何中心,是金三角地带,是日本及朝鲜半岛东海岸与中国东北和西伯利亚联系的交会点,也是蒙古国通往日本海的门户,这里是东北亚地区各国实现经济联系的理想接触点。吉林省延边州是吉林省参与大图们江区域合作开发的唯一具有人缘、地缘、近海及人文资源优势的开放型经济区域,珲春位于吉林省东南部的图们江下游地区,地处中、朝、俄三国交界地带，是联合国开发计划署倡导的图们江地区国际合作开发的核心。目前，珲春的口岸、能源、交通、通信等基础设施得到明显改善，极大地提高了对外开放程度。珲春的公路、铁路口岸与俄罗斯口岸相通，圈河、沙坨子口岸与朝鲜口岸相通，可以同时开展对韩、日及其他环太平洋国家和地区的贸易。吉林省通过充分利用依托各类经济开发区和跨国经济合作区等平台，加快促进区域产业合作，除了加强同日本、韩国在汽车电子、生物医药等高新技术产业方面的合作外，还进一步加强同朝鲜、俄罗斯在能源利用、矿产开发、现代物流等方面的合作。

四是新一轮振兴东北老工业基地战略给图们江区域开发注入新活力。国家把吉林省列入了《中西部地区外商投资优势产业目录》执行省份和扩大外商投资物流企业试点省份，在大力促进边境贸易、加强东北亚地区国际经济技术合作、推进边境地区开发和对外开放的同时，也加大了对东北边境口岸、公路、铁路、桥梁及边境城市基础设施建设资金的投入力度，加快了东北东部铁路通道的建设。同时，在实施对外援助上，中央优先安排连接东北地区边境口岸的交通、港口、机场等基础设施建设项目，促进中俄路、港、区一体化建设，推动境外合作项目的实施。延边州作为吉林省参与图们江地区合作的前沿，同时享受少数民族自治、振兴东北老工业基地和西部大开发等政策，是国家实施振兴东北老工业基地和西部大开发两个战略的重要接合部，是全国双优惠顾政策惠顾的重要经济区域。除振兴东北老工业基地政策外，《西部大开发若干政策措施的实施意见》赋予延边州扩大外商投资领域、拓宽利用外资渠道、放宽利用外资有关条件、进一步放宽企业对外贸经营权和经济技术合作经营权的优惠。按照国际规则，延边在出口退税、进出口商品经营范围、进出口商品配额、许可证管理、人员往来等方面，享受简化手续、放宽限制等优惠的边境贸易政策。

(二) 劣势分析

从地缘环境看，图们江区域处在中、朝、俄三国边远地区，人口少，市场化程度低，经济欠发达。朝鲜是世界上最贫穷的国家之一，近年来金正恩上台后，政策变化不定，与延边接壤的咸境北道经济更为不发达。俄罗斯与延边接壤的哈桑区原为军事区，人口少，经济发展先天不足。从基础设施看，我国延边、珲春经过10多年的开发，虽然有很大发展，但仍然基础薄弱，作为边境口岸城市的服务功能还不完善，有待进一步整合。该地区产业开发不足,没有形成足够推动物流的内在动力。俄罗斯滨海边疆区和朝鲜咸境北道地区的一些基础设施也有待进一步完善。从周边政治环境来看,朝鲜半岛的局势对大图们江开发有着直接影响,俄罗斯在远东开发方面与日本、朝国均有许多项目,对珲春的开发热情还没有实现预期。加之俄罗斯经济管理体制还没有理顺,办事效率低下,日本患得患失的态度,使图们江区域合作开发一直没有摆脱南南合作的格局。

三 吉林省参与大图们江合作开发的前景展望

图们江区域国际经济合作开发的中国部分主要指延边朝鲜族自治州的珲春、图们、延吉等地区,属吉林省境内,并且与长吉腹地、通化、白山等地区联系紧密,因此,吉林省应该是我国参与图们江国际经济合作与开发的核心区域。面对新时期图们江地区合作开发的新背景,依据吉林省在图们江地区地缘政治、经济条件与区位、交通优势,未来吉林省在图们江国际合作中将成为重要一极。

(一)深化产业领域合作

一是农业领域合作机遇增加。吉林省在图们江区域合作中农业合作优势较为明显。中央近期对吉林省打造粮食品牌也提出要求。下一步吉林省将通过农业种植、产业体系、农业服务体系现代化等领域的建设加强与图们江各国的深入合作。加快扶持和打造一批中国农业大型企业集团和跨国公司,发挥大型企业在图们江合作中的示范和带动作用。同时,以园区为平台载体,加强对农业产业发展所需要的资本和技术的引进及合作,加强与俄罗斯远东地区在建设大型农场和开办农副产品加工企业方面下功夫,做成现代化农业示范项目,促进境内外产业集聚和联动发展。

二是加快推进骨干企业合作。针对俄、蒙、朝等国的腹地要求,推动一汽、长客、吉林森工、亚泰集团、皓月集团、德大集团等企业,积极建设中俄、中蒙、中朝双向贸易和加工基地,带动设备产品出口和资源回运,延伸产业链和价值链,形成跨境产业良性循环。

三是推动高端产品出口。依托吉林省产业优势,围绕俄、蒙、朝等国丰富的自然资源和市场潜力,重点扶持一批汽车、客车、新型农机装备、生物医药等高端产品大型出口加工企业和配套产业群,促进文化教育、中医药、金融保险、软件和信息服务出口。

四是促进低端产业转移产能。通过图们江国际合作，在更广阔的区域找到合作市场。吉林省在钢铁、水泥、电解铝、平板玻璃等领域也存在着相对过剩的问题，可着眼周边国家市场需求，推动水泥、钢铁、建材等向境外特别是俄西伯利亚和远东地区转移，通过消化过剩产能，调整全省经济结构，推进产业转型，促进产品升级换代。

五是开展投资合作。加强吉林省食品、农产品、种植业、养殖业等行业开展境外投资，推动电力向俄远东地区、朝鲜、蒙古国等国输出。

六是开展跨境旅游合作。向东通过通化、白山、延边的旅游口岸深化与俄罗斯和朝鲜旅游合作，并通过珲春口岸、圈河等口岸发展陆海联运形式扩大与韩国、日本旅游合作；重点向西通过与内蒙古自治区合作开发跨境旅游线路与产品，加强与蒙古国东方省和俄罗斯赤塔州的旅游合作。

七是推动金融合作。积极争取吉林银行、九台农商银行、农信社等在俄罗斯、蒙古国设立分支机构，并鼓励俄罗斯、蒙古国银行在吉林省设立分支机构，进一步完善双边金融合作机制。

（二）拓展基础设施合作空间

国家"一带一路"战略中明确了东北三省与俄远东地区陆海联运合作，推进构建北京－莫斯科欧亚高速运输走廊，建设我国向北开放的重要窗口的重要定位。从国家这一战略定位看，吉林省是东北亚各国参入"一带一路"的核心路段。丝绸之路北线走向：北美洲（美国，加拿大）—北太平洋—日本，韩国—东海（日本海）—海参崴（扎鲁比诺港，斯拉夫扬卡等）—珲春—延吉—吉林—长春—白城—蒙古国—俄罗斯—欧洲（北欧、中欧、东欧、西欧、南欧）。线路走向明确了吉林省是丝绸之路北线的核心路段，是连接欧洲和东北亚国家的桥梁，是连接东北亚和欧盟这两个当今世界最发达经济体的核心区域。未来几年，国家会加紧在基础设施建设上的投入，这也将为图们江区域各国在基础设施合作上提供广阔空间。

一是海运通道合作建设。加强长春到珲春，经过俄罗斯扎鲁比诺港海运通道的合作建设。在推动珲春—扎鲁比诺—束草和珲春—扎鲁比诺—新潟航线稳定运营的基础上，积极利用俄、朝港口开辟新的陆海联运航线，连接更多的国内外港口，争取开通珲春—扎鲁比诺—东海—釜山（敦贺）航线。

二是陆路通道合作建设。推进长满欧货运铁路专线的开通。重点推进中朝圈河、图们、沙坨子、开山屯、古城里、三合、南坪跨境桥建设，积极推动图们到罗津、珲春到罗津、图们到清津、和龙南坪到茂山、龙井开山屯到三峰里等铁路建设。改造和建设珲春铁路口岸千万吨国际换装站。协调完善马哈林诺铁路口岸查验设施，实现中俄珲马铁路国际联运常态化运行。推动实现中俄珲春—克拉斯基诺口岸互通小型车辆。加快推进珲春至俄罗斯符拉迪沃斯托克的高速铁路项目建设，抓紧建设内连黑龙江、外联俄罗斯扎鲁比诺港的珲春东站。

三是航空通道合作开发。加强珲春至俄罗斯符拉迪沃斯托克空中航线稳定运营及国际邮路建设，加快国际邮件智能信息化平台的合作开发。加强与广东、福建等经济转型升级较好省份的对接，抓紧开拓与蒙古国的航空通道，以期共同开拓贸易市场。

（三）推动资源、技术、人才等各类要素流动

一是依托吉林省制造业、高端农业、科技教育、军工等优势，与俄、朝、蒙等国开展以科技和产业换资源的合作。充分利用好俄罗斯、蒙古国、朝鲜等国家煤炭、木材、石油、天然气、铁矿、海产品等优质资源。

二是加强与朝鲜、蒙古国、俄罗斯的人力资本合作。目前国内劳动力成本逐年升高，东北地区人口又呈下降趋势，应利用好朝、蒙、俄远东地区劳动力富余的良好条件，加强合作，使其在吉林省产业结构转型升级的劳动力供给中发挥重要作用。

三是积极与韩、日等国开展合作，依托吉林大学等院所，与韩、日合作开展文化教育产业园项目，吸引更多的资金、技术、人才流入，共同寻找新的消费市场。

四　吉林省参与图们江国际开发的对策建议

（一）建设图们江经济合作空间体系

图们江地区国际城镇体系已粗具规模，空间发展轴线也已基本形成。但是，由于受到区域经济发展水平、地缘经济合作与开发政策以及地缘战

略安全的影响，图们江地区国际经济合作的空间结构并不成熟，空间体系对国际经济合作的支撑作用没有得到充分发挥。因此，必须对加强图们江地区国际经济合作空间结构的培育，支持区域重点城镇的建设与发展，为图们江国际经济合作提供空间载体与有效支撑。

1. 培育国际经济合作空间结构

根据图们江地区空间发展现状和经济发展所处阶段，未来图们江地区空间开发应采取点轴开发模式，构建"T字形"的空间结构。选择点轴空间开发模式，以"大三角"、"小三角"的顶点城市为区域核心与增长极，重点开发延吉—珲春—波谢特—扎鲁比诺陆上轴线，延吉—图们—南阳—先锋—罗津图们江沿线和海参崴—斯拉夫杨卡—波谢特—哈桑—豆满江—罗津—清津—日本海沿线三条轴线，将"大三角"和"小三角"连接起来，构建图们江地区沿江空间开发轴带和沿海空间开发轴带，形成"T字形"的空间结构，促进点—轴—面在地域上的融合。

2. 建设国际经济合作重点城镇

重点建设图们江地区"小三角"和"大三角"的顶点城市。其中"小三角"地区的顶点城市包括珲春、斯拉夫杨卡和罗津，"大三角"地区的顶点城市包括延吉、海参崴和清津。对延吉、海参崴和清津三个城市，主要通过陆上交通枢纽、港口，依靠地区资源优势，加快完善出口加工、外贸、旅游、运输等综合性功能，培育图们江地区国际中心城市；对珲春、斯拉夫杨卡和罗津三个城市，要依托现有中俄、中朝贸易通道，加快互市贸易区的建设与发展，促进区域性人口及要素的流动，形成图们江国际经济合作的核心区。其中珲春要建设以旅游、高新技术产业、外贸及口岸经济等多种产业为一体的综合性中心城市，斯拉夫杨卡和罗津主要发挥其重要的港口城市功能。

（二）完善图们江经济区域联系通道

目前，随着区域经济合作进程的推进和合作规模的扩大，区域经济通道难以满足国际开发的需要，区域交通资源也没有实现较好的整合，成为国际合作开发的重要限制因素。未来建设重点主要应集中于构建陆上、出海、边境口岸为一体的区域通道，尽快完善"路港关"一体化、"路港区"

一体化建设。充分发挥区域通道对图们江国际经济合作与开发的支撑与促进作用。

1. 完善陆上交通网络

陆上交通网络主要是完善铁路和公路网络体系。一是解决中、俄两国之间铁路轨距差异所导致的运输障碍问题。主要是通过建设铁路换装站，提高换装效率，增加双方贸易和物流；二是加快乔巴山—阿尔山—白城—长春—珲春的中蒙铁路建设、图们—珲春—扎港的铁路建设、珲春—卡梅绍娃亚铁路建设、图们—珲春—训戎里—罗津铁路改造工程等。扩大吉林省物流腹地，提高区域运输能力；三是加快长春—珲春、长春—扎港高等级公路和罗津—圈河—珲春高等级公路的建设。

2. 建设出海交通通道

依托陆上交通运输网络和俄、朝港口体系，建设并完善吉林省出海交通通道，实现吉林省多渠道参与图们江地区的国际贸易与合作。首先，要加快完善陆上交通运输网络，扩大港口的腹地范围，同时加强港口同腹地的紧密合作与分工联系；其次，优化港口布局，形成以专业化运输为特色，相互协调、合理分工、功能齐备的港口群体系，增开陆海联运航线，大力发展国际多式联运。

3. 发展交通资源整合与一体化

针对图们江地区存在的交通运输资源整合不足、国际合作开发的运输体系不完善等问题，通过建设中俄"路港关"一体化和中朝"路港区"一体化项目，实现图们江地区交通资源的整合与一体化发展。重点解决中俄"路港关"一体化和中朝"路港区"一体化存在的主要障碍，包括珲卡铁路俄方段经营管理的协调问题、圈河—元汀里口岸桥安全隐患问题等，主要通过积极推动俄方企业之间的协调，加快吉林省东北亚铁路集团公司的改制。开辟中国珲春—俄罗斯扎鲁比诺港—日本新潟水陆联运航线，尽快完成元汀里口岸—罗津港的等级公路修建等，实现区域交通资源的整合与交通一体化发展。

（三）提升延吉区域中心城市功能

延吉是我国和吉林省参与图们江地区合作开发的区域中心城市。延吉市的发展壮大对整个图们江地区经济合作与开发具有重要推动作用。但目前来看，延吉作为区域中心城市的功能较弱，表现为城市规模较小、以消费经济主导的经济发展模式导致工业化发展动力不足、区域中心城市的集聚水平和带动能力仍有待提高。依据延吉市区域经济地位和产业发展优势，未来应着力打造成大图们江地区开发开放的战略基地，中国图们江地区的金融、商贸和信息中心，中国图们江地区的交通和物流中心，东北亚旅游服务基地，以进一步提高其作为区域中心城市的功能。

在产业发展策略上，首先要加快当前传统服务业主导的消费型经济发展模式转型，改变目前城市产业发展的低水平、不可持续状态。促进实施工业强市战略，通过发展现代制造业，提升工业化发展水平，加快推进新型工业化进程。未来的产业发展重点是以软件（IT产业）外包为主的新型服务业；以观光旅游、民族民俗文化旅游为主的旅游产业；以烟草、食品、医药、机械制造等为主的具有高附加值的现代制造业。依托资源与产业优势，重点强化与日韩高新技术产业合作（尤其是软件外包业务）和东北亚旅游服务基地建设。

（四）培育珲春对外开放区域增长极

珲春是沟通图们江地区和吉林省及其广大腹地的枢纽，是吉林省对外开放的门户城市。珲春区域对外开放增长极的培育，重点在三个方面：外向型产业的培育、口岸贸易的发展和对外开放通道建设。依托珲春边境经济合作区和出口加工区，面向日韩市场，重点发展劳动密集型和资源密集型的出口加工工业，如轻工、食品、纺织、服装、木制品、中成药、新型建材和农产品，以及加工装配项目。同时，加快电子、通信等技术含量高、附加值高的知识密集型产业的发展。以珲春出口加工区和边境经济合作区为龙头，带动吉林省外向型产业的发展。依托中俄互市贸易区、珲春、圈河、沙陀子等口岸，加快中俄、中朝贸易往来，推进双边人员流动；加快口岸的升级、对外口岸基础设施的建设，构建全方位、多元化的口岸经济格局，以促进吉林省外贸经济的发展和外资经济的转换。全力推进中朝珲春—罗先"路港区"一体化项目和珲春—哈桑"路港关"一体化项目的建设，加快完善现有客货运航线，实现吉林省借港出海的目标。积极促进省内长春—珲春高速公路建设，实现内外通道的连接。

（五）加快发展产业合作

1. 积极发展优势产业

充分发挥吉林省的农业资源优势。大力发展有优势的消费品工业。如农产品加工、食品加工、服装纺织、工艺品等，其中重点发展玉米淀粉及深加工、饲料工业、肉类工业、木材深加工等。加强新技术、新产品的研发，促进消费品升级；同时，扩大对日、韩、俄、朝等国的出口，把资源优势转化为经济优势和竞争优势。

2. 加快引进高新技术产业

积极利用日韩丰富的资金和先进的设备，大力引进高新技术，并将其与传统产业开发、主导产业建设相结合。调整传统产业结构，促进产业结构优化与升级，提升传统产业竞争力，重点加强同日本、韩国在汽车电子、生物制药、新材料及高技术服务业等方面的合作，加强自主创新能力建设，提升产业竞争能力。

黑龙江省：参与图们江区域合作建设向北开放窗口

刘国会*

图们江区域是黑龙江省发展开放型经济、借港出海的主要通道，是连通中朝俄、辐射东北亚的重要交通枢纽。黑龙江省地处东北亚地区的中心区域，参与图们江区域合作开发对促进全省经济社会发展意义重大。

一 图们江区域开发对黑龙江省的影响

1. 图们江出海通道恢复航行成为黑龙江省通向海洋的捷径

作为内陆省份，黑龙江省对外贸易进出口货物一直依赖大连港。图们江出海口的港口建成后，将有助于改变这一状况。据测算，防川至黑、吉两省省界的直线距离为120公里，与黑龙江省的牡丹江市、绥芬河市、东宁县、宁安市的直线距离分别为270公里、230公里、200公里和240公里。牡丹江市与吉林省延吉市、图们市均有铁路、公路相通。因此，图们江出海港口的建成，不仅可以分流黑龙江省进出口货物、减轻对大连港的依赖程度，同时也能够相应地减少货物的国内运输距离、节省运输时间，从而提高黑龙江省对外贸易的经济效益。

2. 图们江通航将加快黑龙江省面向东北亚的开放进程

珲春市地处中、俄、朝三国边境地区的"金三角"地带，地理位置优越。1992年3月，珲春市被国务院批准为沿边开放城市并辟建了边境经济合作区。与之毗邻的俄罗斯滨海边区的纳霍德卡被辟为自由经济区。朝鲜在罗津—先锋地区辟建了自由贸易区。这样，中、俄、朝三国边界毗邻地

---

* 刘国会，黑龙江省政府发展研究中心党组副书记、副主任。

带实现东北亚区域多边合作就有了良好的基础。中、俄、朝三国都实行对外开放政策并呈强劲的发展势头。因此，图们江地区的局部经济一体化必将逐步过渡到东北亚全地区的经济一体化。黑龙江省位于东北亚腹地，发展同东北亚地区各周边国家的经济、技术合作，是黑龙江省实施"南联北开、全方位开放"战略的重要内容。图们江出海口地区多边经济合作的进展，对于黑龙江省参与东北亚经济合作将产生积极影响。

3. 图们江开发将对其周围地区产生辐射作用

图们江出海可直达日本西海岸，并可与亚太地区各大港口通航。随着港口的建设及各项配套基础设施的完善，这一地区将如同各港口地区一样较快地繁荣起来。这不仅对延边地区、吉林省，而且对黑龙江省，特别是与其毗邻的东宁、宁安、绥芬河及牡丹江各县市的经济发展产生强烈的辐射和促进作用。牡丹江市已经拥有绥芬河、东宁两个国家一类开放口岸，发展对外经济具有一定的基础和有利条件。图们江出海口建港通贸实现后，将使黑龙江省东南部边境市县的经济发展如虎添翼。这对地处内陆的黑龙江省来说，是一个机遇。

二 黑龙江省参与图们江区域合作的途径与方式

1. 通过开展内贸货物跨境运输参与图们江区域合作

2007年2月，国家海关总署批准了黑龙江省内贸货物从绥芬河口岸出境，经俄罗斯海参崴港、东方港、纳霍德卡港转运至我国沿海港口的跨境运输方案，同意先期限定在上海、宁波和黄埔三个港口进行试点。2007年10月15日，首批内贸货物抵达上海，受到上海市的高度重视，标志着跨国陆海联运大通道的正式开通，"借港出海"的梦想终成现实。跨国陆海联运大通道，以"中—俄—中"这一运输方式解决了黑龙江省物资南运问题，开辟了新的出海口，缩短了运距，更拓宽了思路，赋予物流发展以新的理念，对黑龙江省经济发展具有深远的战略意义。陆海通道开通后，受到了俄方的大力支持，不仅增加了黑龙江省与滨海边区的合作方式和合作内容，还使其政府和企业的合作态度从被动转为主动，把民间合作上升到政府之间的合作层面。通道的开通，可加强与俄罗斯远东地区的经济合作，增加双向过货能力，吸引省内企业到滨海边区投资,从而扩大黑龙江省实施"走出去"战略的成果。2013年5月,从朝鲜经绥芬河过境俄罗斯儿童服装298吨,五天后抵达日本,整个运输线路基本达到通畅程度。

2. 通过对俄对朝农业开发推动黑龙江省参与图们江区域合作

我国是传统的农业生产国,在各种农作物的生产中积累了丰富的生产经验,与俄罗斯相比,我国农业有着较强的发展优势。黑龙江省充分发挥独特的地缘优势和成熟先进的农业种植技术以及农副产品加工技术等优势,不断加强在农业种植、农产品精深加工、农产品贸易、农业技术等方面的对俄合作。全省已有40%的县(市)组织企业和农民"走出去",分别与俄阿穆尔州、滨海边疆区、犹太自治州、哈巴罗夫斯克边疆区等远东10个州区建立了长期稳定的农业合作关系,采取租赁、股份合作、并购、联营等多种开发形式,签订境外农业开发合作协议,最长期限达49年。过境大型农业机械1万余台(件),每年对俄劳务输出2万余人次,人均创收3万元以上。在俄境内拥有耕地面积720万亩,比2005年180万亩增长3倍,年生产粮食170万吨,生猪存栏8万头,肉牛2000头,禽5万只。2013年回运粮食10万吨,2014年回运粮食20万吨。

黑龙江农垦总局作为黑龙江省农业企业"走出去"的主体,把对外经贸合作和实施"走出去"战略作为对外开放和国际化发展的重要举措,全力打造"域外垦区"建设,充分发挥北大荒集团现代化大农业高水平优势,释放龙头企业潜力,把垦区技术优势转化为物质财富,领域不断拓宽,内容不断丰富,网络不断完善,管理更加系统,国际影响不断扩大,黑龙江垦区"走出去"发展迈出了坚实步伐,实现了快速发展。黑龙江农垦总局通过在俄罗斯远东南部地区以及朝鲜北部地区的农业合作实现了黑龙江省参与图们江区域国际开发合作的突破。农垦牡丹江管理局把"境外垦区"建设,作为融入东北亚经济圈的着陆点,从而延伸现代农业、安全食品、生态旅游和服务流通等四大产业链。农垦总局在俄罗斯建立了中俄新友谊农场、中俄新友邻农场,组织宝泉岭远东农业公司、建三江洪河农场、绥化乌尔米公司、红兴隆曙光农场等10家境外公司,共在俄种植土地100万亩,主要种植大豆、玉米、水稻、蔬菜及玉米青饲料,累计投资10亿元人民币,输出农机具2200多台(套),劳务人员6000多人次,年生产粮豆15亿斤;在朝鲜建立了中朝北大荒罗先友好农场,创建现代化水稻科技示范田5000亩，参与种植的5个农场过境职工40多人次，大中型农业机械100多台套，过境生产物资、生活物资折合人民币近2640万元，建设育秧大棚86栋，为推动中朝两国经贸往来做出了积极贡献。此外，红兴隆农垦金石矿业技术开发公司与朝鲜金银山贸易会社签订了合营开发云山岩金及砂金矿勘探开采和长渊橄榄石矿勘探开采项目合同，2011年生产精金矿粉210吨，其中返回国内81吨。

3. 通过展会促进黑龙江省参与图们江区域国际合作

2014年5月8~12日，黑龙江省在朝鲜罗先市举办了"罗先—黑龙江春季商品展览会暨中国黑龙江商品技术服务展"，这是黑龙江省第一次在朝鲜罗先市举办展览活动。展场设在罗先国际会展中心，展览总面积7600平方米，其中，室内展出面积3600平方米，规划8个展厅，设置标准展位110个；室外展出面积4000平方米。共划分食品加工机械、轻纺家居用品、建筑装饰材料、医疗保健体育、农业生产资料、节能产品、室外农业车辆七大展区。参展企业近百家，参展商品跨15个行业1200多个品种3万多件，涵盖黑龙江省十五大产业发展规划的特色名优商品及技术服务。省内各市（地）有关部门及企业代表近百人参加了展会。为期5天的展期内，共有万余人进场参观、采购、洽谈。展会期间黑龙江省与朝方共同举办了三场主题推介活动，双方企业进行了广泛深入的交流和探讨。朝、韩、日等国多家主流新闻媒体对展会高度关注，纷纷在头版位置对展会进行全方位报道。此次来自中国的3万多件展品，从牙刷、洗衣粉等日常用品到汽车、机电等大宗商品，包罗万象，这是我国迄今为止在罗先市举办规模最大的展会。展会超出预期效果，罗先市居民购买力强劲，不仅中低端展品供不应求，对高端商品的需求也相当可观。一汽哈尔滨轻型汽车有限公司参展的8台轻型载货汽车在展会第二天就全部售出，另与朝方签订12台汽车的供货合同；鑫金城一汽解放备品中心参展的5辆电动摩托车，开幕式当天就全部销售完毕，另与朝方签订100辆摩托车供货合同；哈尔滨亚展公司的6台小型发电机，展会第二天被订购一空，并与平壤会社签订150台发电机购销合同。展会现场销售额超过500万元人民币；签订购销合同9份，购销额为3600万元人民币；投资协议4个，其中，建立中国出口商品加工区项目，拟征地10万平方米，投资额2.7亿元人民币。可见，朝鲜经济发展方兴未艾，市场潜力巨大。

4. 强化毗邻地区联合参与图们江区域合作

牡丹江市位于黑龙江省的东南部,地处中、俄、朝合围的"金三角"腹地,区位发展优势非常明显,东与俄罗斯远东接壤,边境线长达211公里,有4个国家一类口岸,南与吉林省延边自治州接壤。牡丹江市是黑龙江省参与图们江国际合作的重要地区,境内有中国著名的朝鲜族聚居地,与韩国、朝鲜有较为紧密的经贸、亲缘关系。为了进一步促进牡丹江市同韩国、朝鲜的经贸人文交流,2009年2月5日,牡丹江市与延边州建立了友好州市关系,双方就加强在图们江区域国际合作开发中的合作、密切在旅游、会展招商、特色产业园区、交通建设和物流方面的合作、加强文化交流与合作、建立双方联系互动机制等7个方面达成了协议。根据协议,延边州和牡丹江市将共同推动延边—长白山—镜泊湖—海参崴等旅游线路和市场开发,打造延边—牡丹江旅游景点链条。借鉴北京和廊坊"一票通"的做法,开展旅游门票捆绑合作。共同推介、打造冰雪、山水、边境、民族等具有北方特色的独特旅游品牌。同时,双方还将共同研究打通东边道的开发和建设,共同推动敦化到东京城、东宁到珲春间的铁路、公路建设。在民族特色文化、民族特色产业、民族特色城市化建设等方面,延边州和牡丹江市也将开展交流、学习、互动和合作。

三 影响黑龙江省参与图们江区域合作的主要因素

1. 图们江区域内部分国家间关系尚未改善

美国制裁朝鲜不仅影响了朝鲜的经济发展,也影响了东北亚区域合作的发展。朝鲜半岛的对峙局势虽已明显缓和,经贸合作出现一系列积极变化,但美国驻军仍未全部撤出,朝鲜半岛的对峙局面没有根本解除,北南关系的改善仍需时日。日本与朝鲜至今仍未建交;日本与俄罗斯的北方领土争端等,同时经济体制、管理体制方面的巨大差异,都给这一地区卓有成效的合作带来难度。金正恩执政后中朝关系变化,直接影响了图们江区域国际合作的发展。此外,美、日政治军事和经济联盟的牵制也是影响图们江合作的外在因素。从外部形势看,中、俄、日、韩、朝、蒙日益重视东北亚区域合作,区域内合作在保持其活力、潜力、机遇、规模和发展的同时,也出现了围绕国家主权、民族意识、国民感情等双边风险上升、多边博弈加大、域外势力染指扩大等影响区域合作的负面因素，使身处东北亚腹地具有连接俄、日、韩地缘优势的黑龙江省外经贸合作面临的不确定性增加，一些负面因素将直接影响外贸规模扩大和深化多边合作。

2. 国际国内竞争激烈

黑龙江省参与图们江区域合作不仅面临着来自国内的竞争，还面临着来自国外的竞争。以俄罗斯市场为例，尽管黑龙江省是我国对俄贸易边疆大省，但随着广东、浙江、上海等省市对俄经贸合作的快速发展，黑龙江省对俄贸易占全国对俄贸易的比重不断下降，由20世纪90年代的1/2左右，近年来降为1/4左右。日本、韩国等国的商品纷纷打入俄罗斯市场，并以其高质量、高档次赢得了良好的信誉，对黑龙江省对俄经贸合作产生了激烈的竞争。与黑龙江省毗邻的吉林省、辽宁省相比，吉林省是我国参与图们江区域合作的重要省份，为深入实施《中国图们江区域合作开发规划纲要——以长吉图为开发开放先导区》，进一步推动图们江区域国际合作，2012年4月，国务院同意在吉林省珲春市设立中国图们江区域（珲春）国际合作示范区。在东北三省中，只有吉林省、辽宁省参与了中朝共同开发和共同管理罗先经贸区和黄金坪、威化岛经济区管理委员会的工作。

3. 朝鲜基础设施有待完善

图们江区域内的港口资源众多，拥有俄罗斯远东地区的港口群和朝鲜东北部地区的罗津、清津港口群，吞吐能力超过亿吨。俄罗斯和朝鲜的港口都需要改造升级。朝鲜罗津、清津港电力通信等基础设施建设严重滞后，码头运输设备、卸载设备严重不足，缺乏必要的货物仓储设施，承接煤炭跨境运输业务和集装箱货物运输业务时港区无法满足卸载集装箱货物及大宗散装货物的需要，承接大宗货物跨境运输业务具有很大难度。此外，朝鲜铁路设备陈旧老化，运载能力低，速度慢，费用高。目前，黑龙江省开展内贸货物跨境运输选择利用俄罗斯的东方港和纳霍德卡等港口，而未利用朝鲜的港口和铁路。

4. 企业对货物安全及运输效率存有疑虑

黑龙江省是全国的产粮大省、资源大省和国家重要装备制造业基地，外运的大宗货物主要是粮食和煤炭，随着煤炭价格的降低和煤炭产量的下降，外运煤炭的数量也在减少，粮食成为黑龙江省向东南沿海地区运输的主要商品。目前，黑龙江省的货运企业（尤其是三江平原地区的企业）主要利用大连港和经山海关向外运输粮食，对利用朝鲜铁路和港口表示担忧，认为与朝方达成的合作协议不可靠，随时可能出现变故，或废止协议，且货物安全和运输效率无法保障，不愿选择新的运输通道。

四　黑龙江省参与图们江区域合作机遇与前景展望

1. 图们江国际次区域合作地位的提升有助于黑龙江省参与图们江区域合作

2014年9月17日，第十五届大图们倡议部长级会议在延吉召开，来自中国、韩国、蒙古国和俄罗斯4个成员国以及联合国开发计划署、联合国工发组织等国际组织代表出席了会议。中韩俄蒙四国提出"2016年前完成大图们倡议升级"工作，建立独立的国际经济合作组织，并成立东北亚进出口银行联盟和图们江国际合作研究机构联盟等常设机构。在此次会议上，图们江合作四国共同发表了《延边宣言》。大图们倡议区域合作机制将转变为独立的政府间国际组织，将对协调区域发展具有重大现实意义。图们江国际次区域合作地位的进一步上升为黑龙江省开展次区域合作带来重大发展机遇。

2. 中韩建立自由贸易区有助于黑龙江省参与图们江区域合作

2015年6月1日，中国商务部部长高虎城和韩国产业通商资源部长官尹相直在韩国首尔分别代表两国政府正式签署《中华人民共和国政府和大韩民国政府自由贸易协定》。协定范围涵盖货物贸易、服务贸易、投资和规则共17个领域，包含了电子商务、竞争政策、政府采购、环境等"21世纪经贸议题"。在开放水平方面，双方货物贸易自由化比例均超过税目的90%、贸易额的85%。双方承诺在协定签署生效后将以负面清单模式继续开展服务贸易谈判，并基于准入前国民待遇和负面清单模式开展投资谈判。中韩自贸协定的签署，不仅有助于黑龙江省扩大同韩国的经贸合作，也有助于黑龙江省同俄罗斯建立边境自由贸易区。

3. 俄加快远东地区开发有助于黑龙江省参与图们江区域合作

为尽快改变远东地区经济发展滞后、人口外迁的局面，缩小远东地区与周边国家的发展差距,俄罗斯政府决定投入巨资加速远东地区铁路、公路、航空、管道等基础设施建设。为了加快远东地区的经济发展,2014年12月29日普京总统签署《俄联邦社会经济跨越式发展区联邦法律》(2015年3月30日正式生效)。根据该法令,俄罗斯为入驻跨越式发展区的企业提供便捷服务,采用窗口式服务,一站式办理行政审批手续等措施,降低投资风险。实施更加优惠的税率,投资项目5年内免除利润税、财产税和土地税,10年内实行7.6%优惠保险费率。简化出口退税审批手续,建立自由关税区,对高技术类进口商品免征增值税。实施较为宽松的劳动政策,引进和使用外国员工无须办理许可,取消外国公民办理入境邀请函和工作许可配额限制。目前,俄罗斯在远东地区正筹划设立14个超前发展区,已批准6个。俄罗斯远东地区开发的重点也是黑龙江省对俄经贸合作创新发展和转型升级的主攻方向,这为黑龙江省扩大对俄能源、交通合作提供了机遇。

4. "一带一路"战略有助于黑龙江省参与图们江区域合作

2015年3月28日,国家公布的《推动共建丝绸之路经济带和21世纪海上丝绸之路的愿景与行动》给黑龙江省进行了定位,即在"一带一路"建设中要"完善黑龙江对俄铁路通道和区域铁路网,以及黑龙江与俄远东地区陆海联运合作,推进构建北京—莫斯科欧亚高速运输走廊,建设向北开放的重要窗口"。将黑河和绥芬河列为中蒙俄经济走廊节点城市,并将绥芬河(东宁)重点开发开放试验区列为重点产业园区;将中俄博览会作为与博鳌亚洲论坛等论坛(展会)并列的重要国际交流平台,重点发挥推动中俄交流的建设性作用;把哈长城市群列为比照成渝城市群、中原城市群的内陆腹地战略支撑重点区域,推动区域互动合作和产业聚集发展;将黑龙江省中俄原油管道复线、中俄东线天然气管道、华信中俄现代农业合作区、中俄合作犹太自治州木材加工园区等重点项目列入了"一带一路"规划优先推进项目清单等。为了深入贯彻国家的"一带一路"战略,黑龙江省制定了《中蒙俄经济走廊黑龙江陆海丝绸之路经济带规划》。黑龙江省提出的目标是:拓展大连通道,畅通丹东港新的出海通道,培育海参崴、纳霍德卡国际出海大通道,多点式打通罗津港出海通道,构建东出海参崴、南下图们江、西连满洲里的国际贸易物流体系,促进物流业快速发展,将牡丹江打造成东北亚经济圈中的重要城市和欧亚经贸大通道的桥头堡。通过"龙江丝路带"建设，把黑龙江省区位劣势转变为面向世界全面开放的区位优势，成为真正意义向北开放的重要窗口和前沿。

五 黑龙江省参与图们江地区区域合作与开发的思路措施

黑龙江省位于中国的东北边陲，东北亚经济圈的腹地，图们江地区的国际开发给黑龙江省的对外开放和经济发展带来了新的契机，黑龙江省应抓住这一契机，积极参与图们江地区的国际开发与合作，带动黑龙江省东南部及全省经济的发展。

1. 拓展图们江出海通道

黑龙江省为内陆边疆省份，选择理想的出海通道是促进全省对外贸易发展和经济建设的关键因素之一。多年以来，黑龙江省的出海通道基本是以大连港为主，以营口、天津等其他国内港口及俄罗斯远东地区港口为辅的格局。但比较起来，选择朝鲜罗津港应是黑龙江省的最佳出海通道。其一，运距近、费用低、时间短，这是其他出海通道无法比拟的。虽然利用俄远东地区港口也具有一定的优势，但存在铁路轨距不同、需要换装和国外运距长的弱点。其二，罗津港吞吐能力有很大剩余，适于黑龙江省粮食、煤炭等大宗外贸商品出口。其三，以铁海联运形式经大连港出海仍有可能受阻。至于以前存在的空车皮安全返回和货轮单程跑空等问题，可通过与朝方谈判及利用日本、韩国由俄罗斯远东各港和朝鲜港口空返货轮加以解决。黑龙江省是国家重要的能源基地和商品粮基地，煤炭和粮食是黑龙江省产量大、运量大且急需开拓国际市场的主要产品。在与黑龙江省毗邻或相邻的国家中，黑龙江省的煤炭和粮食的主要外销市场不在俄罗斯和蒙古国，而在朝鲜、韩国、日本。2014年，全省煤炭库存1175.6万吨，出口仅为4773.1吨，因此开拓新的国际市场是黑龙江省煤炭企业摆脱困境的有效手段。韩国每年需要进口煤炭5500万吨，日本每年需要进口煤炭13000万吨。黑龙江省的煤炭主产区都在东部地区，与韩国、日本的距离较近，如果能够打通由牡丹江经图们到朝鲜南阳直至罗津的贸易通道，就可能扩大黑龙江省煤炭在朝鲜、韩国和日本的销售份额，使黑龙江省的煤炭企业在一定程度上摆脱困境。开拓朝鲜市场，并通过朝鲜这条物流通道进一步拓展日本和韩国市场，不仅可以分流黑龙江省进出口货物，减轻对大连港的依赖程度，同时也能够相应地减少货物的国内运输，节省运输时间，从而提高黑龙江省对外贸易的经济效益。

2. 加强同吉林省的全方位合作

进一步实施"南联北开"的对外开放方针，加强同吉林省的横向经济联合，共同参与图们江地区的国际开发。早在1986年，黑龙江省就提出了"南联北开、全方位对外开放"的方针，但南联的重点在南方沿海省份，同吉林等东北省份的横向经济联合较少，在参与图们江合作开发这个问题上不能"舍近求远"。黑龙江省应利用图们江地区国际开发的有利时机，加强同吉林等省份的经济联系，根据吉林省建港通海的进展情况，给予必要的支持与帮助，使黑龙江省在支持中受益。进一步加强与吉林省的沟通与合作，全面贯通"东边道"交通运输线，将黑龙江省的褐煤、精煤、高焦煤、焦炭和丰富的电力、初级粮食产品、化工材料，以及从俄罗斯进口的铁、铜、锰、铅矿石和优质木材，直接输送给吉林东部的装备、机械、化工企业，实现与吉林省的产业合作。把黑龙江省对俄沿边开放与长吉图开发开放先导区相互融合，把黑龙江省同俄罗斯境外资源开发、承接国内外产业转移结合起来，进一步加强黑龙江省与吉林省在俄罗斯远东开发、中俄朝旅游合作、人文交流等领域的务实合作，进一步扩大两省对俄、对朝经贸合作规模，形成黑龙江省与吉林省协力推进图们江区域国际合作的新局面。此外，要进一步加强黑龙江省东部地市与吉林省延边朝鲜族自治州、珲春市的经济联合，以便在中、俄、朝多边经济合作中占有一席之地。

3. 勇于开拓朝鲜市场

黑龙江省应以图们江地区的国际经济合作与开发为契机，拓宽对外经济技术合作的地域结构，实现贸易市场的多元化；在继续发展同俄罗斯经贸合作的同时，应着重加强同朝、蒙、韩的经贸合作。勇于开拓朝鲜市场是黑龙江省参与图们江区域合作能够获得较快发展的重要举措。朝鲜是一个有待于进一步开发的潜在市场，其劳动力成本低廉，未开发和尚待开发的产业对资金、技术、设备、管理的需求和人们对食品、家电、服装、日用品等需求都孕育着商机。农业项目的开发生产，养殖业的承包经营，旅游服务业的合资或合作经营，水海产品、矿产资源的深加工及产品出口等都有着良好的发展前景。同中国市场相比，朝鲜尽管较为狭小，但需求的规模相当可观，谁能尽早进入，谁就有可能得到丰厚的回报。多年以来，谈及扩大对朝经贸合作，有关部门和企业考虑更多的则是风险问题。尽管开拓朝鲜市场的风险较大，但经济效益和政治效益都将是十分可观的，朝鲜市场可以称得上是黑龙江省对外经贸合作市场多元化的、富有开发潜力的周边市场。黑龙江省有45万多朝鲜族同胞，充分利用对朝、韩的"亲缘"优势，发挥黑龙江省朝鲜族同胞个人及企业的积极性，鼓励他们利用各种渠道引进资金、技术，创办各种形式的合资或独资企业。特别是要加强牡丹江市所辖市县的朝鲜族同胞与吉林省延边自治州朝鲜族同胞的经济联合，开展各种形式的合作。

4. 参与俄远东地区开发

俄罗斯远东南部地区是图们江国际经济开发区的重要组成部分，是一块急待开发的宝地，拥有众多对外开放港口。图们江地区的国际开发将使这一地区的自然资源及优良港口得到充分利用。黑龙江省应借图们江地区开发的时机，参与俄罗斯远东南部地区的经济开发，利用各个港口开展同日韩及亚太国家的转口贸易，开辟黑龙江省对外贸易的新通道。

当前，黑龙江省应该抓住国家实施"一带一路"战略有利时机，扩大对俄投资规模和领域，提升参与图们江区域合作的档次和水平。根据俄罗斯跨越式发展区的不同区位、定位和招商特点，引导企业有选择地考察项目，加强在林业、农业、石油化工、装备制造、旅游、跨境电子商务等领域的投资合作。强化双方政府间合作，加强政策沟通和信息共享，向企业宣传跨越式发展区的优惠政策，从中寻找商机和投资方向；及时掌握和了解建设规划、招商引资和项目推进等情况，努力做好对接准备。定期举办项目对接会，为开展投资合作创造条件。搭建对俄投资信息咨询公共服务平台，发布跨越式发展区招商引资项目、税收及劳务政策和黑龙江省对俄投资优势及潜力。

根据俄罗斯远东发展部"在俄远东地区自选地块、自行建设跨越式发展区"的倡议，依托黑龙江省的境外园区，申请建立农业、木材加工、石油化工、旅游等跨越式发展区。省内大企业应加大与中石油、中石化、中建、中铁和中粮集团等央企的联合力度，谋求合作契合点，推动黑龙江省资源、区位、人才等优势与央企的资金、技术和管理等优势重组，通过合资合作、相互参股、项目投资等方式，形成对俄投资联合体，共同开展对俄投资合作。结合黑龙江省优势产业与央企对外投资的行业优势，编制有针对性和个性化的招商目录，利用各种洽谈会、博览会等平台发布对外投资合作信息，寻求对俄投资合作项目，力争达成投资意向，并及时推进。

支持大企业开展以获取技术、固定资产、品牌、营销网络等为重点方向的跨国并购。落实历次中俄企业项目洽谈对接活动成果，加大跟踪问效力度，确保签约项目如期履约。利用黑龙江省境外园区，打造跨境产业链条，重点发展林业、农业、石油化工、装备制造、现代服务、矿产开发和采掘等跨境产业集群，促进优势产业向中俄投资合作延伸。积极引导和鼓励省内成熟技术和剩余产能企业到境外园区投资建厂，扩大产品在俄罗斯市场的覆盖率，并向欧美、日、韩等国出口。境外园区应充分发挥最先入驻企业的先行示范作用，以商招商，增强境外园区的知名度和投资吸引力。加大园区基础设施建设，为入区企业提供良好的投资、生产和经营环境，不断扩大园区规模，提高承载能力。根据境外园区的定位特点与俄罗斯跨越式发展区的产业布局融合发展，新设境外园区向跨越式发展区入驻。

内蒙古:发挥在中蒙俄经济合作中的门户作用

杨臣华　宝　鲁　刘兴波[*]

内蒙古与俄蒙的合作发展,在国家向北开放战略中发挥着不可替代的作用。习近平总书记指出,内蒙古要通过扩大开放促进改革发展,完善同俄蒙的合作机制,深化各领域合作,把内蒙古建成我国向北开放的重要门户。做好内蒙古自治区的向北开放工作,充分发挥好内蒙古向北开放的门户作用,加快推进中蒙俄经济走廊建设,进一步加强与俄罗斯、蒙古国的全方位合作,不仅有利于提升内蒙古经济社会发展的活力和动力,也是实现中俄蒙三国"中方丝绸之路经济带""俄方跨欧亚大通道建设""蒙古国草原之路倡议"三大战略的重要契合点。

一　内蒙古与俄蒙合作现状

自20世纪90年代满洲里、二连浩特被国家确立为沿边开放城市以来,内蒙古与俄蒙的经贸合作不断深入,已成为国家向北开放的主要组成部分。

1. 区域合作机制不断完善,政策沟通渠道基本建立

近年来,内蒙古逐步建立和完善了与俄、蒙合作机制,对外开放水平不断提高。内蒙古政府出台《内蒙古建设国家向北开放桥头堡和沿边经济带规划(2013~2020年)》《内蒙古自治区深化与蒙古国全面合作规划纲要》等政策文件。这些政策的出台是内蒙古自治区政府完善俄、蒙合作机

---

[*] 杨臣华,内蒙古自治区发展研究中心主任;宝鲁,内蒙古自治区发展研究中心副处长、助理研究员;刘兴波,内蒙古自治区发展研究中心主任科员。

制的具体体现。特别是2015年6月，内蒙古代表团，对俄罗斯联邦外贝加尔边疆区、布里亚特共和国和伊尔库茨克州进行了访问，双方就加强资源能源开发利用、推进基础设施互联互通、提高口岸建设水平、推动跨境旅游发展、深化人文领域交往及加强双边交流合作的机制建设等，进行了广泛深入的交流与磋商，达成了积极共识，为今后加快合作奠定了基础。

内蒙古人民政府与蒙古国经济发展部建立了常设协调工作组，会同有关省区与俄罗斯7个地区建立了中俄边境和地方经贸合作协调委员会，内蒙古口岸办与俄罗斯边界建设署建立了定期会晤和联合检查机制，与俄罗斯后贝加尔边疆区、蒙古国建立了"边境旅游协调会议"制度。

合作平台建设日臻成熟，成功举办了"内蒙古·蒙古国投资贸易洽谈推介会"、"内蒙古·俄罗斯经贸投资洽谈会"、"海拉尔中俄蒙经贸洽谈会"、"二连浩特中蒙俄经贸合作洽谈会"、"北方国际科技博览会"等活动。二连浩特与扎门乌德建立口岸协调联络和联席会议制度，在乌兰巴托设立了代表处，逐步形成了中蒙毗邻地区友好交往常态化工作机制。

2. 基础设施建设规模不断扩大，设施联通日趋加快

基础设施的互联互通是建设"中蒙俄经济走廊"的重要前提，对于深化中蒙俄合作领域、提高合作层次意义深远。内蒙古与俄蒙毗邻，边境线长4261公里，占全国陆地边境线的19.4%，其中与蒙古国边境线3210公里，与俄罗斯边境线1051公里，分别占到我国与蒙古国、俄罗斯边境线的68.7%和28.8%。

随着三方合作的不断深入，中蒙俄已形成铁路、公路、航空等多种通关方式并存的开放格局。铁路方面，滨洲铁路向北延伸经赤塔与俄罗斯西伯利亚大铁路相连；集宁—二连浩特线经蒙古国扎门乌德、乌兰巴托至俄罗斯乌兰乌德，贯通中蒙俄，已成为亚欧大陆桥的重要组成部分。特别是满洲里口岸，近年来增加了"苏满欧""中俄"等国际班列开行频次，积极组织货源回运；实现"湘满欧""鄂满欧"等国际专列常态化运行；推动"郑满欧""广满俄"等国际专列开通；不断扩大陆海联运业务，增开营口、大连、天津等地经满洲里出境的集装箱班列，带动内地高附加值产品出口。2015年上半年，满洲里开行中欧班列252列，多条中欧班列路线，使"丝绸之路"辐射到长三角、珠三角、中南西南地区、环渤海地带，成为我国通往俄罗斯、欧洲市场便捷、高效、安全的陆路通道。公路

方面，二连浩特至乌兰巴托公路、甘其毛都至蒙古国乌兰巴托、阿日哈沙特至蒙古国乔巴山、珠恩嘎达布其至蒙古国温都尔汗4条公路，与蒙古国公路交通网络紧密相连。民航合作方面，内蒙古拥有呼和浩特、满洲里、海拉尔、二连浩特、鄂尔多斯5家航空口岸。

2015年6月，满洲里举办中欧班列通关便利化研讨会等多项国际交流活动，加快培育"草原丝绸之路"大通道，努力形成"南接内陆、北连俄蒙、直达欧洲"的欧亚陆路新经济走廊。

3. 经贸往来逐步深化，贸易畅通发展迅速

近年来，随着内蒙古经济的快速发展和与俄蒙经贸合作的不断深入，内蒙古与俄、蒙经贸合作规模不断扩大，蒙古国和俄罗斯已连续多年成为内蒙古第一、第二大贸易国。

随着出台《加强同俄罗斯和蒙古国交往合作的意见》、《深化与蒙古国全面合作规划纲要和促进外经贸及口岸发展》等政策，内蒙古对外贸易快速增长，2014年进出口总额完成145.5亿元美元，同比增长21.4%，同比提高14.9个百分点。这是进入"十二五"以来，面对全球经济环境复杂多变，内蒙古对外贸易总额连续两年超过百亿美元。

2014年，全区新核准境外投资企业64家，企业数同比增长了一倍；中方协议投资额11.5亿美元（含增资项目9个，增资额2.03亿美元），同比增长12.3%，对俄罗斯和蒙古国投资实现恢复性增长。2014年，全区对蒙古国投资项目19个，数量同比增长13个；中方协议投资额（含增资）35278万美元，同比增长了4倍多。对俄罗斯投资项目19个，数量同比增加9个；中方协议投资额（含增资）8092万美元，同比增长88.2%。内蒙古85%以上的对外承包工程、劳务合作和设计咨询项目均在俄蒙两国。

4. 口岸合作日益密切，口岸经济日趋繁荣

内蒙古对外开放口岸已发展到16个，其中边境铁路口岸2个、边境公路口岸11个、国际航空口岸3个，5个陆港（无水港）与俄蒙沿海港口对接实现"属地查验、直通放行"的模式。随着内蒙古经济的快速发展和与俄蒙经贸合作的不断深入，口岸进出境客货运量逐年提高。2014年，全区口岸进出境货运量为7085.7万吨，同比增长4.2%。其中，对俄口岸进出境货运量为3038.7万吨，同比增长0.2%；对蒙口岸进出境货运量为4047

万吨,同比增长22.9%。进出境客运量为467.6万人次,同比增长2.9%。进境交通工具为67.8万列辆架次,同比增长6.6%。"十二五"前4年,口岸进出境交通工具累计528.5万列辆架次,进出境货运量累计26786.6万吨,是"十一五"时期的143%;进出境客运量1870.8万人次,也已超过"十一五"时期的1860万人次。

目前,内蒙古4个对俄边境口岸和9个对蒙边境口岸分别承担着中俄陆路运输货物总量的65%和中蒙货运总量的95%,基本建成了年进出境货运量在1000万吨左右的满洲里、二连浩特、甘其毛都和策克四大口岸。其中满洲里口岸货运量2013年、2014年两年连续突破3000万吨,一直是我国对俄最大的陆路口岸。二连浩特年进出境客运量保持在200万人次左右,进出境货运量也具有逐年增加的趋势,是我国对蒙最大的陆路口岸。

5. 人文交流日益频繁,经济合作环境日益改善

目前,内蒙古与俄罗斯和蒙古国分别缔结了9对友好地区(城市)关系,内蒙古与俄蒙的人文交流呈现不断深化和日益频繁的良好局面。

中俄蒙三国教育领域合作交流不断加深。在蒙古国学习汉语人数以及到中国留学的蒙古国学生人数都在不断增加。蒙古国已有60多所学校开设汉语课程。内蒙古自治区能够接受蒙古国留学生的学校有30多所。中国赴蒙志愿者教师人数也增加到170余名,分布在蒙古国各省份。内蒙古大学等7所高校与俄罗斯的布里亚特共和国国立大学等10多所高校和科研机构建立了稳定的合作机制,互派留学生、教师,共同举办学术会议,开展科研合作,在俄罗斯建立了"卡尔梅克国立大学孔子学院"。俄罗斯后贝加尔国立大学在满洲里学院开设了俄罗斯语言文化中心。

中俄蒙还在医疗、旅游、考古以及非物质文化遗产保护等领域开展合作。医疗方面,内蒙古与蒙古国在蒙医的传承与发展、人才培养、人员培训等方面展开了积极的交流与合作,医疗合作步入新阶段。旅游方面,每年有近百万蒙古国居民到中国旅游、观光,约占其总人口的1/3。此外,两国在考古、非物质文化遗产保护以及合作申遗方面均有合作,并取得了一定成绩。与俄蒙、中亚在非物质文化遗产保护、地质遗迹保护、图书研究、文物考古等领域进行合作,推进"茶叶之路"沿线国家和地区联合申遗。加强生态治理和环境保护合作,共建中蒙俄"达乌尔"国际自然保护区。

中俄蒙三方积极搭建多种交流平台。每年定期在俄罗斯、蒙古国举办文化周、文化日等大型文化交流活动。成功举办了十届中俄蒙科技暨高新技术展览会，累计参展企业和科研院所有 7700 余家，合作共建了中蒙"技术转移中心"。内蒙古也积极推动相关工作，举办了俄罗斯中国文化节·内蒙古文化周活动；在乌兰巴托成立了内蒙古新闻中心办事处，在呼和浩特市举办了中俄蒙国际青少年运动会。

二 内蒙古与俄蒙合作存在的主要问题

目前，内蒙古与俄蒙的交流合作机制主要还是集中在基础设施、资源开发、跨境贸易等传统合作机制上，创新和突破还不多，且缺乏将政策落到实处的具体抓手，内外结合、良性互动的交流合作局面尚未形成。

1. 中蒙俄经济合作面临转型升级问题，对经济合作影响较大

内蒙古与蒙俄贸易结构、贸易秩序方面仍存在诸多问题。贸易结构单一，内蒙古进口商品以粗加工的原材料为主，如蒙古国所产铜精粉的 95% 出口至中国。中国对蒙古国投资的 70% 集中于矿业投资。贸易秩序亟待整治，双边贸易的国际结算、司法仲裁机制等相对匮乏。中蒙俄在进出口商品的管理，技术性贸易壁垒设限、通关、查验等方面的政策不一致。

2. 口岸基础设施建设相对滞后，口岸发展不均衡

总体上看，内蒙古向北开放的硬件和配套设施比较薄弱，滞后于经济社会发展需求、滞后于对外开放形势发展的需要。内蒙古现有口岸开放水平参差不齐，有的口岸发展较快，有些口岸开放多年，但发展仍然停留在较低层次。同时存在口岸开放区域分布不均衡问题，全区 16 个对外开放口岸有 8 个集中在呼伦贝尔市。具体问题表现如下。

一方面，由于地方财力有限，对联检部门办公、生活和查验设施建设不能一步到位，目前多数口岸联检部门的工作和生活条件较为艰苦，口岸边检基础设施设备落后，因普遍缺乏高科技查验设备，车辆查验除满洲里、二连口岸海关安装了"钴—60"大型车体检查设备外，其他口岸主要依靠简单手段检查，查验效率低。

另一方面，毗邻国家与内蒙古基础设施的对接程度不高。蒙方口岸基础设施薄弱,接收能力低,客货通道未实现分流,而且车辆均在卡口处查验、车辆不能及时放行,严重降低了口岸通关疏运效率。俄罗斯、蒙古国境内铁路为宽轨距,内蒙古则为标准轨距,而内蒙古与俄蒙进出口贸易大多为煤炭、铁矿石、木材等大宗资源型产品,换装进出境方式大大降低了铁路过货能力和效率,造成铁路口岸站场货物积压现象。蒙古国现有铁路通车里程1815公里,运输能力仅为2200万吨;只有一条贯通南北的单线铁路,公路里程仅有1.12万公里,多为砂石路、自然路或少量三级公路,特别是与内蒙古接壤的南戈壁、苏赫巴托尔、东方等省铁路和公路更加滞后。俄罗斯西伯利亚大铁路建成于1904年,年久老化,与内蒙古毗邻至博尔贾段为内燃牵引,急需改造;贝阿铁路建成于1985年,为单线、内燃牵引,运力有限;俄与满洲里毗邻地区的后贝加尔斯克至赤塔为三级公路。

3. 经贸合作规模小,领域窄

从外贸规模看,2014年全年海关进出口总额为145.5亿美元,比上年增长21.4%。其中,出口总额63.9亿美元,增长56.2%;进口总额81.6亿美元,增长3.3%。从主要贸易方式看,一般贸易进出口额达80.4亿美元,占进出口总额的55.3%;边境小额贸易进出口额达35.7亿美元;加工贸易进出口额2.6亿美元。全年实际使用外商直接投资额39.8亿美元,下降14.3%。年内,全区在工商部门注册的外商投资企业3036家,比上年增加111家。新批准外商投资企业44家,比上年增加10家。

内蒙古对俄贸易徘徊不前,2007年以来一直保持在26亿~30亿美元,其中进口额在25亿~27亿美元,出口额在2亿~3亿美元。同时,内蒙古对俄蒙投资合作仍处于初级阶段,以中小型企业居多,资金实力不强、投资规模有限,贸易合作集中在有限的几个行业。由于各自为战、"单打独斗",企业获取信息相对滞后,无序竞争现象时有发生。

4. 开放合作布局有待改善,产业结构存在趋同现象

首先,部分边境地区口岸开放条件较差,口岸开放多年仍然停留在较低发展水平上,拉动地方经济发展的能力和潜力明显不足。其次,部分边境口岸和城镇发展缺乏准确定位,追求大而全、小而全发展,口岸之间没有形成合理分工。最后,产业布局不合理,部分口岸对资源性产品依赖较严重,产业同质问题突出。有的口岸在产业发展上只围绕进口资源做落地

深加工，产业同质化趋向明显。一些地区不顾当地资源环境承载能力，过度强调发展口岸重化工业，加剧了产业的不合理布局。

三 内蒙古与俄蒙合作的展望

内蒙古全面深化与俄罗斯和蒙古国的合作，既面临难得的历史性机遇，也面临诸多挑战，我们要以构建"中俄蒙经济走廊"为切入点，积极行动，顺势而为，本着互利共赢的原则，寻找合作的契合点，在国家深化与俄蒙全面合作中抢先机、当主角，在丝绸之路经济带建设中发挥积极作用。

1. 创新中俄蒙合作机制，实现政策沟通

中俄蒙三方未来和平发展合作共赢的追求目标相近，彼此理解和认可，相互助力和携手，中俄、中蒙建立的全面战略（协作）伙伴关系将释放出巨大正能量。地方友好合作是中俄蒙全面合作的重要组成部分，也是实现全面合作的落脚点。因此，内蒙古要主动建立适应国际化、市场化要求的体制机制，吸引更多的生产要素，释放合作新活力。

一是立足培育更加适应开放型经济要求的良好环境，推进重点领域和关键环节打破市场壁垒，完善市场秩序，为实现更高层次的对外开放提供有力保障。要认真贯彻落实国家进一步促进民间投资和非公有制经济发展的政策措施，使非公有制经济成为沿边开发开放的重要支撑力量。

二是加快满洲里重点开发开放试验区、二连浩特开发开放试验区建设，关键是进一步创新体制机制，为全区沿边开发开放做出示范。

三是建立和完善贸易便利化机制。加强海关、检验、检疫等部门的协调，通过信息化管理，实现一站式通关。通过双边或多边协商，简化海关相关文件，统一相关标准，简化通关手续，提高通关效率。根据边贸小额贸易特点，简化管理程序，规范管理流程，提高管理的透明度。

四是建立和完善投资便利化机制，培育自由便利、透明的投资环境，加强与俄蒙投资领域合作，逐步实现中俄蒙投资机制自由化。着眼于内蒙古与俄蒙经济技术和文化交流的长远发展需要，整顿贸易投资秩序，尽快制定内蒙古与俄蒙经济技术合作的地方规章，促进对外投资健康发展。鼓励我方企业在俄蒙实行属地化经营，以寻求多元化投资合作模式为纽带，提高投资合作成功率。

五是为俄蒙与我国其他地区合作搭建信息、物流和服务平台。我国腹地经济发达，俄蒙对加强与我国腹地的经贸合作怀有浓厚兴趣。内蒙古应充分发挥门户作用，主动服务于这一需求。

六是推动跨境合作区建设。共建二连浩特—扎门乌德中蒙跨境经济合作区、甘其毛都—顺苏海图经济合作园区、中蒙额布都格—巴彦呼硕跨境经济合作区、满洲里自由贸易区、蒙古国扎门乌德自由经济区、黑山头—旧粗鲁海图跨境经济合作区、珠恩嘎达布其口岸中蒙跨境合作区、满洲里互市贸易区、二连浩特互市贸易区、甘其毛都互市贸易区、珠恩嘎达布其互市贸易区，积极探索多种形式的跨境合作模式和经验。

七是金融合作。争取国家政策性银行在俄罗斯、蒙古国等设立分支机构。支持内蒙古银行、包商银行等商业银行在俄罗斯、蒙古国等设立代表处或分支机构。简化跨境贸易和投资人民币结算业务流程，扩大人民币跨境结算规模。增加本币互换规模，支持以本币进行贸易结算。积极推动卢布现钞在满洲里流通。探索人民币与蒙图直接汇率区域挂牌，建立区域外汇交易市场。提升中蒙商业银行账户清算层次，将内蒙古建成对蒙古国的资金清算中心。推进境内商业银行及支付机构对蒙古国的银行卡及电子结算等业务，推动在蒙古国设立人民币现钞调运中心，拓宽中蒙贸易结算渠道。加快组建中蒙矿业金融与贸易服务中心。

八是内蒙古尽快与蒙古国和俄罗斯西伯利亚联邦管区对接，借鉴北部湾经济圈、大珠三角经济圈和大湄公河经济圈等次区域经济合作圈建设经验，探索在内蒙古、蒙古国和俄罗斯西伯利亚联邦管区共建"北亚经济圈"，在能源资源、环境生态、基础设施、金融、水资源等领域开展跨国界的次区域国际经济合作。

2. 加强基础设施建设，实现互联互通

中蒙、中俄双边协议均把加强铁路、公路等互联互通建设，推进通关和运输便利化，促进过境运输合作，推动跨境输电网建设作为务实合作领域。习近平主席在上海合作组织成员国元首理事会第十五次会议上提到"在未来几年推动建成4000公里铁路，超过10000公里的公路，基本形成区域内互联互通格局"的目标。对中蒙俄三国来讲，基础设施互联互通是深化合作的优先领域，对全面深化各方经贸、人文交流等具有重要支撑作

用。要抓住基础设施互联互通这一经济合作的关键环节，内蒙古要加快跨境基础设施建设，突破基础设施瓶颈制约。

一是加快口岸建设。继续加大内蒙古口岸开放力度。完善满洲里、二连浩特铁路口岸，建设策克、甘其毛都、满都拉、珠恩嘎达布其、阿尔山和黑山头、室韦铁路口岸，共同推动甘其毛都—嘎顺苏海图、策克—西伯库伦口岸升级为国际性口岸，将阿日哈沙特、额布都格、满都拉口岸提升为常年开放口岸。

二是重点推动中俄蒙跨境铁路建设。优先打通缺失路段，畅通瓶颈路段，构建连通俄蒙主要城市、重点矿区、产业园区的交通运输网络。共同推进集宁—二连浩特—乌兰巴托—乌兰乌德中、蒙、俄铁路升级改造并开通客运专线，共同推动满洲里—赤塔和滨州铁路电气化改造。加快满洲里火车站场扩能改造，全力配合滨洲铁路电气化工程，以期与即将竣工的后贝加尔斯克—赤塔电气化铁路相对接，实现跨境铁路运输提速增效，连接快速铁路客运大通道。

三是共同推进与俄、蒙毗邻地区跨境公路建设。建设贯通内蒙古沿边旗县高等级公路。共同推动改扩建满洲里—后贝加尔斯克—赤塔、室韦—奥洛契—赤塔州、黑山头—旧粗鲁海图—赤塔州公路，推进二连浩特—乌兰巴托、阿尔山—乔巴山、珠恩嘎达布其—乔巴山公路升级改造，共同推动阿日哈沙特—哈毕日嘎—乔巴山、珠恩嘎达布其—毕其格图、满都拉—杭吉—赛音山达等中蒙跨境公路建设。共同推进满洲里—阿拉坦额莫勒一级公路、满洲里—新伯鲁克三级公路建设。

四是加快航空领域的建设。优化拓展俄蒙和其他国家航线，提高国内航线覆盖率，共同推进中蒙额布都格—巴彦呼舒口岸跨境经济合作区通勤机场，开通首尔—呼和浩特—乌兰巴托全货运航线，开通呼和浩特—乌兰乌德国际航班，开放阿尔山航空口岸。

五是推进中蒙俄跨境管道建设。支持俄方争取将中俄东线天然气管道在赤塔市分设支线，通过满洲里入境。积极参与扩建漠河—大庆原油管道建设，争取中俄东线天然气管道内蒙古境内段向内蒙古东部地区供气。

六是推进建设中蒙输电通道。共同建设内蒙古电网至蒙古国南部地区的6条220千伏送电通道，与蒙古国南部电网实现多点联网，保障蒙古国南部资源开发电力需求。继续加大向奥云陶勒盖、纳林苏海图和扎门乌德等重点矿区和城市输电。

七是构筑跨境信息通道建设。打造畅通便捷的"信息丝绸之路",共同推进"俄蒙通"跨境电商物流综合服务平台建设,创建中俄蒙之间物流、商品体验、互联网金融三位一体的国际贸易服务新模式。依托"蒙语云"项目的建设,加快与俄蒙之间建立更广泛的信息资源开发和交流平台、经满洲里出口光缆建设、经二连浩特出口光缆建设,为对外提供高速云服务提供支撑,共同建设面向俄蒙、中亚、欧洲提供以云计算为模式的互联网基础平台服务基地。

3. 扩大贸易合作,实现贸易畅通

贸易合作是推进"一带一路"建设的重要突破口。内蒙古具有区位和口岸等优势条件,贸易合作一直是与俄蒙合作的重点领域,为使内蒙古与俄蒙合作释放更大活力,需要各方积极构建良好的环境,深挖合作潜力,使贸易合作释放活力。

一是努力提高贸易互信水平,促进贸易便利化。强化中蒙与中俄信息互换、监管互认、执法互助等海关合作,以及检验检疫、认证认可、标准计量等方面合作。改善边境口岸通关条件,降低通关成本,提升通关能力。加强供应链安全与便利化合作,推动检验检疫证书国际互联网核查,开展"经认证的经营者"互认。降低非关税壁垒,共同提高技术性贸易措施透明度。

二是努力扩大货物贸易规模。扩大建材、果蔬、轻纺产品出口规模,增加乘用汽车、矿用车、铁路车辆及铁轨、风光发电设备、农牧机械、高新技术产品等出口。积极争取国家适当增加对俄罗斯远东地区和蒙古国粮食等重要生活物资出口配额,增加成品油供应,增加乳、肉、绒毛、大麦等进口配额额度。扩大电力出口贸易,带动电力工程承包和设备出口。

三是积极鼓励服务贸易。重点扩大医药、信息服务、软件等特色服务出口。鼓励有条件的企业以带资承包、总承包、BOT等方式在俄蒙开展基础设施建设,带动设备、技术、资金及劳务输出。

四是推动跨境电子商务发展。内蒙古应采取更加灵活的方式和政策,打造具有影响力的跨境电子商务平台和特色门户网站,鼓励企业特别是出口导向型中小企业开展国际电商业务。探索在满洲里、二连浩特建立"中俄蒙跨境电子商务智能监控中心",并提供在俄罗斯和蒙古国的海外仓储服务,通过"网上丝绸之路"缩短与内地的空间和时间距离,切入产业链

分工当中。发挥内蒙古口岸优势，与俄蒙两国进一步落实在商检通关、资金跨境结算等方面的便利化措施，探索建立集支付、清算、物流、仓储、贸易和技术于一体的"在线自贸区"，为各产业链上的企业提供商品贸易、实物交收、仓储物流、质量监管和数据信息等综合配套服务，推动内蒙古国际贸易的转型升级。

4. 深化产业合作，实现互利共赢

一是以建设"中蒙俄经济走廊"为契机，加快满洲里、二连浩特等国际口岸物流基地建设。支持"苏满欧""呼和浩特—法兰克福"等国际铁路货运集装箱班列常态化运行，推进开通"辽蒙欧""粤蒙欧""豫蒙欧"等集装箱班列。围绕煤炭、石油、木材、矿产品等进口资源及食品、服装、机电、建材等出口产品，建设铁路、公路、航空口岸物流园区，在内蒙古建成一批国际物流港。尽快建成满洲里国际公路物流中心，把二连浩特建成对蒙最大的国际商贸集散地。

二是发挥内蒙古在资本、技术方面的优势，加强与俄蒙双方的农牧业合作。俄罗斯是粮食净出口国，在粮食出口物流体系建设、粮食加工、蔬菜种植和生产方面与中国有很强的合作意愿。内蒙古应抓住俄罗斯加大农业投资力度、引进战略合作伙伴的契机，积极促成中俄重大农业项目的合作，支持蔬菜、果品种植出口基地建设，发挥内蒙古农牧业生产技术优势，鼓励有条件的农牧业龙头企业"走出去"，参与哈拉哈等农业合作区建设，共建果蔬、粮油、牧草、现代养殖农牧业基地，发展乳、肉、绒、皮毛等绿色农畜产品生产加工业。

三是以共同打造"万里茶道"等特色旅游品牌为着力点，开展全方位的旅游开发合作。中俄蒙定期召开旅游协调会，加强跨境旅游合作，打造"万里茶道"、中俄蒙国际旅游节、冰雪节等特色旅游品牌。合作开发阿尔山—乔巴山—斡难河、呼和浩特—二连浩特—乌兰巴托—伊尔库茨克等旅游线路，推进海拉尔—赤塔—乔巴山国际旅游金三角发展，建设阿尔山—松贝尔、新巴尔虎左旗—哈拉哈苏木（诺门罕战争遗址）等中俄蒙跨境旅游合作区。相互参与重大旅游会展活动，探索合作举办蒙古族服装服饰艺术节、草原那达慕等具有民族特色的旅游节庆活动。内蒙古"草原之星"延伸到伊尔库茨克旅游专列。支持三方旅游企业组建跨国旅游集团。合作搞好民族工艺品等旅游产品、商品开发。

四是鼓励和支持内蒙古企业同俄罗斯、蒙古国企业合作,参与对俄罗斯西西伯利亚油气区、远东金铁等金属成矿区和蒙古国南戈壁煤铜、乔巴山铀铅锌等金属成矿区开发,合作建设一批产业基地,提高资源就地加工转化比重。支持内蒙古企业参与蒙古国电厂现代化改造、电源点和输电线路建设,拓展在风能、太阳能等清洁能源领域合作。推广"境内生产半成品—境外成品组装销售"和"境外初加工—境内精深加工"的跨境加工模式。

5. 建立中蒙俄智库合作联盟,提升智力支撑能力

目前,在中蒙俄智库之间的学术交流较多,而合作研究特别是系统性合作研究相对缺乏,在中蒙俄经济走廊建设中,对互相合作的诉求不能充分了解和理解。推动建立三方学术与智库交流机制,通过多种智库交流与合作形式,支持三方智库专家开展深入的调查研究,充分反映各方期待与利益诉求,能够准确把握三方在中蒙俄经济走廊建设中的利益契合点,调动三方积极性,从而共同推动中蒙俄经济走廊建设中的务实合作。

智库交流机制的建立能够增信释疑、凝聚共识,共同推进中蒙俄经济走廊建设。发挥智库联盟优势,促进各方智库对中蒙俄合作方面的理解、认同和达成共识,传播传递各方主张和合作理念,促使其发挥对本国政府、媒体和公众的影响力,深刻了解和理解各方战略内涵,推动实现政府间政治互信和政策协调,共同推进各方务实合作。

实施长吉图开发开放先导区战略取得的成效与对策

陈云雾[*]

2009年8月30日,国务院批复《中国图们江区域合作开发规划纲要——以长吉图为开发开放先导区》,标志着长吉图开发开放先导区战略(以下简称"长吉图战略")上升为国家战略。这是我国批准实施的第一个沿边开发开放规划,是党中央做出的一项重大战略部署,对于扩大沿边开放,加强面向东北亚国际合作,振兴东北老工业基地都具有重要意义。长吉图战略,是指立足图们江,面向东北亚,服务大东北,以珲春为开放窗口,以延(吉)龙(井)图(们)为开放前沿,以长(春)吉(林)为腹地支撑,推进以图们江区域合作为重点的区域经济发展战略。长吉图区域包括长春市城区、德惠市、农安县;吉林市城区、蛟河市、永吉县和延边州,面积7.32万平方公里,人口1235.27万人。

一 实施长吉图战略取得的主要成效

几年来,吉林省委、省政府高度重视长吉图战略实施工作,强化组织领导,高位统筹推进,着力攻坚克难,长吉图战略实施进展顺利,经济稳步发展,社会和谐进步,为进一步提高对外开放水平、构建对外开放新格局、推进新一轮吉林老工业基地振兴奠定了扎实基础。

1. 经济总量和经济实力稳步提高

2014年,长吉图区域实现地区生产总值7780亿元,5年年均增长10.8%(以2009年为基期,以下简称"年均增长"),与全省平均增长速

---

[*] 陈云雾,吉林省长吉图开发开放先导区战略实施领导小组办公室副主任。

度持平，占全省经济总量的56.4%，与2009年持平。地方级财政收入实现616.5亿元，年均增长22.9%，高于全省平均增长速度3.1个百分点，占全省地方级财政收入总量的51.2%，比2009年提高6.1个百分点。固定资产投资达到6959亿元，年均增长18.7%，占全省投资总量的50.5%，比2009年提高4.2个百分点。社会消费品零售总额达到3863.74亿元，年均增长17.8%，占全省社会消费品零售总额的63.5%。

2. 互联互通基础设施建设扎实推进

坚持把加快互联互通基础设施建设作为工作的重中之重，全力推进，长吉图区域综合交通体系基本形成。长吉城际铁路、哈大高铁、吉图珲客运专线建成通车，运行效果良好。长春至珲春、沈阳至吉林高速建成通车；长春至四平扩建、长春至双辽、敦化至通化、哈吉高速吉林至荒岗段、延吉至大蒲柴河高速公路和长吉南线一级公路等重大项目正在施工建设。珲春圈河口岸对朝跨境桥梁开工建设，图们跨境桥完成项目前期工作。完成长春龙嘉机场二期改建征地拆迁；省政府成立延吉机场迁建项目推进组，加快延吉机场迁建项目建设。与俄罗斯苏玛集团合作开发建设扎鲁比诺万能海港，朝鲜罗津港建设稳步推进。珲玛铁路恢复常态化运营，开通了珲春经俄扎鲁比诺港至韩国束草、至韩国釜山、至日本新潟等陆海联运航线。长春至海参崴陆路运输通道开通运行。空中航线开发达到136条，通航旅游城市66个。积极开展中蒙"两山"铁路前期工作，已进入预可研编制阶段。目前，正在谋划珲春至海参崴客货两用高速铁路，珲春至海参崴、至罗津高速公路和图们江新的出海通道等重大项目前期工作。

3. 区域产业竞争力得到提升

坚持做大做强支柱优势产业，积极培育战略性新兴产业，加快发展物流、旅游、金融等现代服务业，稳步发展现代农业，以先进制造业和现代服务业为主的产业体系基本建成。实施汽车、石化、农产品加工三大产业振兴工程，汽车整车生产、零部件自主研发和配套能力进一步提高。一汽大众Q工厂、一汽丰田长春丰越年产10万辆RAV4、一汽大众年产45万台EA211发动机等重点项目相继落地，一汽省属口径汽车产量突破260万辆。吉化百万吨乙烯扩建、吉化千万吨炼油、吉神化工30万吨环氧乙烷等重大项目相继竣工投产。滚动实施基因工程药物和疫苗、生物基材料等多项创新发展工程，开展战略性新兴产业集聚区创建，生物医药、光电子信息、新材料、新能源等战略性新兴产业进一步发展壮大。实施服务业三年行动计划，加快现代物流、信息服务、电子商务、金融保险、文化创意、特色旅游、服务外包、商务会展等重点产业发展，服务业发展方兴未艾。

4. 重点开放平台水平得到提高

优化空间布局，加强基础设施建设，狠抓招商引资和项目落地，完善支持政策，长吉图重点开放平台功能进一步加强。经高位推动，国家大力支持，国家先后批准了珲春国际合作示范区、长春兴隆综合保税区、和龙国家边境经济合作区。与新加坡政府合作建设中新吉林食品区。正在全力争取国家批准延吉（长白）国家重点开发开放试验区、吉林自由贸易园区、吉林长东北新区。加大投入力度，完善基础设施建设，提高项目、产业承接能力。珲春国际合作示范区、长春兴隆综合保税区、中新吉林食品区等开放平台基础设施实现了"七通一平"。重点抓好重大项目建设工作。珲春国际合作示范区重点打造了进口资源转化、出口产业加工、商贸物流、旅游休闲基地，培育能源、有色金属、医药食品、纺织服装等产业集群，累计实施重点项目130多个，到位资金142.5亿元。韩国现代汽车零部件、浦项现代物流园、雅戈尔服装、紫金矿业相继落户珲春国际合作区。长春兴隆综合保税区实现正式运营，阿里巴巴"菜鸟"物流、中外运物流、招商局物流、顺丰电商产业园等项目成功落位。中新吉林食品区一期3平方公里加工园区土地已完成"七通一平"，具备百亿元项目入区条件。务实推进与新加坡淡马锡公司合作，百万头生猪产业化项目、吉宝通国际物流园项目等重大项目建设进展顺利。中朝罗先经贸合作区建设稳步推进。

5. 对外经贸合作实现稳步发展

2009年以来，长吉图区域外贸依存度达到17%以上，2014年达到21.1%。高于全省平均水平8.17个百分点。做大外贸总量，调整出口商品结构，转变外贸发展方式，提高对外开放水平。2014年，长吉图外贸进出口总额达到242.8亿美元，比2009年增长1.3倍，占全省的比重达到93.5%，是2009年以来的最高比重。加大招商引资力度，创新方式方法。实施"走出去"战略，推动优势产业、有实力的企业、骨干产品"走出去"，进行境外投资，开辟国际市场。吉林森工、亚泰集团、珲春海华集团、珲春新晟工贸、珲春东扬实业等一大批企业开展了矿泉水、木材、农产品、海产品加工等业务。

6. 体制机制改革创新取得新进展

坚持以改革促开放，以开放倒逼改革，进一步解放思想，充分发挥国家赋予的先行先试政策，积极在促进经贸人员往来、加工物流、旅游、金融创新等方面开展先行先试。加强国际合作，与朝鲜按照"共同开发、共同管理"模式建设罗先经贸合作区。推进内贸外运陆海跨境联运，增加了粮食、木材、铜等品种，目的地港增加到黄埔、泉州、汕头、洋浦等。率先在珲春开展"出境加工复进境"业务，产品范围从单一的服装产品扩大到中国结、十字绣、渔网等。开展了对朝自驾游、中俄公务小型车辆互通。实施珲春市边境旅游异地办证业务，制证中心下放到珲春市。开通对俄国际邮路，推行卢布与人民币自由兑换业务。珲春农村商业银行在朝鲜罗先设立分支机构，开展贸易人民币结算业务。借鉴上海自贸区经验，开展企业准入"单一窗口"管理制度、国际贸易"单一窗口"管理制度、海关特殊监管区货物状态分类监管、企业信用体系、建立企业年度报告公示和经营异常名录制度、适当放宽企业经营场所条件等6个先行先试，并取得积极进展。

二 实施长吉图战略面临的机遇和挑战

1. 面临的机遇

当前和今后一个时期仍然是我国扩大开放、加快发展的战略机遇期。

总的来看，和平、发展、合作、共赢是世界大势的主题。政治多极化、经济全球化、文化多样化、社会信息化是基本特征。客观分析，当今世界，经济全球化的总体趋势没有根本改变，多边和区域双轮驱动的特征没有根本改变，从区域最终推动多边的规则演变趋势没有根本改变。但经济全球化出现新趋势，发达国家加快改革调整，再工业化取得进展，试图巩固传统主导地位。新兴经济体和发展中国家的集团崛起，正在改写世界经济、政治版图。全球价值链深度拓展，新技术和新兴产业层出不穷，地缘政治和经济竞争交织，大国间综合较量加剧，都在谋求占据先机和制高点。商品流、资金流、信息流、技术流、人才流、文化流日益交汇。世界经济联系日益紧密，你中有我，我中有你，一荣俱荣，一损俱损，利益共同体、命运共同体和责任共同体正在形成。

东北亚国家的重要性进一步提升。目前，中俄全面战略协作伙伴关系进入全面发展新阶段，处于前所未有的高水平。在美国重返亚洲、我国周边安全形势趋紧的背景下，俄罗斯作为我国构建多极世界、改善全球治理的好朋友，维护地区稳定、促进合作繁荣的好邻居，提升对外开放、保障能源安全的好伙伴，作用日益凸显。中俄政治和战略互信进一步增强，全方位合作不断扩大和深化，尤其在能源、电力、航空、通信、金融、基础设施建设等一系列重要领域的合作实现历史性突破。乌克兰危机导致美欧同俄罗斯制裁与反制裁不断升级，双方关系跌至冷战结束以来最低点，中俄加强战略合作、牵制美国霸权的需求上升。俄罗斯实施对外合作中心东移战略，远东开发和东北亚合作进一步提速，特别是中俄能源合作有望迎来快速扩张期，这为东北地区与俄远东地区加强开放合作提供了难得的历史机遇。

自2013年6月中国与韩国发表《中韩面向未来联合声明》以来，双方构筑了前所未有的高水平战略沟通关系。近期两国领导人多次互访，习近平主席强调要在"做实政治安全合作，做大经贸互利合作，做活人文交流，做深地区和国际事务合作方面做出努力"。韩国作为中国实现共同发展、致力地区和平、携手振兴亚洲、促进世界繁荣的伙伴作用日益突出。韩国提出多边平衡背景下的"欧亚计划"，在增强朝鲜半岛信赖与东北亚合作基础上，构建欧亚物流网络和能源合作网络，将欧亚发展为统一经济圈。中韩自贸区协定已正式签订，中韩实质性合作进一步扩大。中韩战略对话、人文交流共同委员会等机制加强，中韩战略合作伙伴关系进入"合作升级"新通道。

蒙古国实行不结盟、多支点的对外战略，与俄中两大邻国保持"等距离"关系，积极发展与西方大国和亚太地区重要国家的关系，营造多方均势，并将巩固在亚洲的地位，妥善参与区域政治经济一体化作为对外政策的重要方向。中蒙两国领导人多次会晤，中蒙全面战略伙伴关系快速提升，提出把建设丝绸之路经济带倡议与蒙古草原之路倡议对接起来，优先推动互联互通、矿产、电力、农牧业等一系列重要领域的合作。

朝鲜实施积极外交战略，摆脱外交孤立，同时，不断推动经济特区扩大和升级，向对特区投资的外资企业提供各种税收优惠政策，开放建设若干经济开发区，包括中朝罗先经贸合作区、黄金坪经济区、威化岛经济区等。

"一带一路"战略给实施长吉图战略带来新机遇。我国提出"一带一路"战略，得到沿线各国的积极响应。"一带一路"不是一个实体和机制，而是合作发展的理念和倡议。国家发布的《推动共建丝绸之路经济带和21世纪海上丝绸之路的愿景与行动》中提出，发挥内蒙古连通俄蒙的区位优势，完善黑龙江对俄铁路通道和区域铁路网，以及黑龙江、吉林、辽宁与俄远东地区陆海联运合作，推进构建北京—莫斯科欧亚高速运输走廊，建设向北开放的重要窗口。事实上，长吉图战略包含在"一带一路"规划之中，它通过环日本海区域、环渤海、东北地区与俄罗斯、蒙古国等国家的交通与能源通道，向东连接日本、韩国，向西连接蒙古国、俄罗斯，直至欧洲。"一带一路"战略与蒙古国的"草原之路"和俄罗斯远东开放战略完全契合，三者形成的中蒙俄经济走廊，将会促进东北亚地区的经济合作与发展。"一带一路"战略有极大的包容性，东北亚国家中，韩国、日本、朝鲜尚不是"一带一路"重点合作对象和参与国，但随着东北亚地区在我国对外战略中的地位上升，特别是北冰洋航道重要性增强，不排除韩国等有可能成为"一带一路"的重要参与者，这给吉林通过实施长吉图战略、深化东北亚地区合作带来了更多机遇。

2. 面临的挑战

与吉林省毗邻的东北亚国家经济发展水平不高。俄罗斯远东地区、朝鲜东北部地区地广人稀，资金短缺，经济不发达。产业发展水平和城镇化水平较低，技术、资金、人才、信息等要素集聚能力差，不利于与之开展更大规模、更宽领域、更深层次的经贸往来。吉林省沿边地区经济发展水平也不高，产业结构仍属于内向型产业结构，在开发利用"两个市场""两种资源"上显得力不从心。人口外流，特别是人才流出情况严重，劳动力低成本优势已不存在，人口红利已消失。

东北亚区域地缘政治关系仍然复杂多变。朝鲜外交走向存在很多不确定因素，朝鲜半岛局势无实质性改善。日本右翼势力抬头，与中、俄、韩等国存在领土争端。特别是美国实施重返亚太战略，加大对东北亚地区事务的介入，使东北亚地区的大国博弈更趋复杂。

吉林省与邻省区相比在对俄、对韩、对日、对蒙开发开放上处于劣势。向北有黑龙江省，黑龙江与俄罗斯的地缘、经贸、人文关系更加密切，在对俄经贸方面比吉林更具比较优势。向西有内蒙古，在对蒙、俄经贸方面，内蒙古比吉林更具比较优势。向南有辽宁省，辽宁省拥有良好的港口和海洋运输条件，加上历史、基础等方面，在对韩、日经贸方面比吉林更具比较优势。吉林省向北进入亚欧大陆桥，融入中蒙俄经济走廊，需经黑龙江省和内蒙古自治区；向南出海，融入海上丝绸之路需经过辽宁省。东北地区在推进东亚各国合作上，吉林省处于劣势地位。

三　实施长吉图战略的对策

实施长吉图战略是党中央做出的一项重要部署，是吉林省唯一一个"国字号"战略，是引领吉林省对外开放的一面旗帜。我们要积极抢抓机遇，主动迎接挑战，明确总体思路、战略方向、战略布局，采取超常举措，努力攻坚克难，不断开创长吉图战略实施的新局面。

1. 围绕愿景目标，明确实施长吉图战略的总体思路

以主动融入国家"一带一路"战略为引领，以建设我国向北开放的重要窗口为战略目标，以建设新城新区、试验示范区为先导，以提高外联平台功能为突破口，以产业园区、重大项目建设为切入点，以中心城市、重点边境城市为支撑，加快基础设施互联互通，大力拓展产业投资，深化能源资源合作，提升经贸合作水平，促进区域联动发展，加强人文交流合作，创新体制机制，完善服务保障体系，努力将长吉图先导区建设成东北地区重要的新型工业基地、现代农业基地、科技创新基地、现代物流基地、东北亚国际商务服务基地，基本形成我国东北地区经济发展重要增长极。

2. 主动对接"一带一路"战略，凸显长吉图先导区战略定位

（1）我国"一带一路"向北开放的重要窗口

按照国家"一带一路"战略规划要求，发挥内蒙古、黑龙江连通俄蒙的区域优势，完善对俄对蒙铁路通道和区域铁路网，开展与俄远东地区陆海联运合作，推进构建北京—莫斯科欧亚高速运输走廊，努力将长吉图建

设成为我国向北开放的重要窗口。

（2）中蒙俄经济走廊重要腹地支撑区

发挥区位、资源、产业、科技、人才、生态资源等优势，坚持对外开放与对内合作相结合，沿边开放与内陆开放相结合，"走出去"和"请进来"相结合，依托长春重要节点城市和珲春重要战略支点，努力将长吉图建设成为国家"一带一路"中蒙俄经济走廊重要腹地支撑区。

（3）东北亚国际合作的新通道、新门户、新平台

实施"东进西连""借港出海"战略，畅通对内对外通道，加强与东北地区交通网络衔接，开辟陆海联运国际通道，逐步建成我国东北地区国际新通道。大力发展与东北亚国家的货物贸易、服务贸易、边境贸易，扩大投资合作，密切人文交流，逐步建成东北亚地区对外开放的新门户。发挥外联平台功能，推动建设跨境边境经济合作区，提高要素集聚能力、产业转移承接能力，逐步建成东北亚地区对外开放新平台。

（4）我国东北地区对外开放的示范区

按照习近平总书记来吉林考察时的重要讲话精神要求，坚持解放思想，开拓创新，率先示范，探索开展理顺政府、市场和企业的关系，建设富有活力、运行高效的对外开放新体制等方面的试点示范，以改革促开放，以开放倒逼改革，努力将长吉图先导区建成我国东北地区对外开放的示范区。

3. 加强基础设施建设，务实推进通道互联互通

畅通国际大通道，是融入"一带一路"战略、加快长吉图战略实施的重要前提。针对长吉图区域通道"通而不畅"问题，加大投入力度，加快实施"东进西连""借港出海"战略，重点推进与周边国家，相邻省区的铁路、公路、机场、港口、口岸等设施建设。妥善安排建设时序，突出关键通道、关键节点和重点工程。积极开辟陆海联运航线，实现稳定常态运营，逐步形成铁路、公路、机场、港口、航运相连接立体化交通网络，更好地融入"一带一路"，服务于长吉图战略实施的需要。

4. 积极实施走出去战略，大力拓展产业投资

扩大产业投资，是融入"一带一路"战略、加快长吉图战略实施的基础。发挥长吉图区域的资源优势、产业基础，推动产业开放发展、集聚发

展,实施"请进来"和"走出去"相结合战略,构建与开放型经济发展相适应的现代产业体系。鼓励汽车、轨道客车、农产品加工等产业、有实力的企业和骨干产品"走出去",到境外投资建园兴业。加强与俄、朝、蒙等国能源资源利用合作,有效转移钢铁、水泥、玻璃等产能。做大做强外贸主体,优化出口商品结构,促进产业优势转化为出口优势。加快发展外向型、出口导向型加工贸易产业,承接沿海发达地区加工贸易转移,促进加工贸易、边境小额贸易转型升级。大力发展服务贸易,培育发展服务外包、跨境电子商务、特色旅游、现代物流、金融保险等新业态。

5. 加强外联平台建设,进一步提升承载功能

提升外联开发开放平台水平,是融入"一带一路"战略、加快长吉图战略实施的突破口。重点推进国家已批准的珲春国际合作示范区、长春兴隆综合保税区、中新吉林食品区、和龙国家边境经济合作区建设。积极争取国家批准建设延吉(长白)国家重点开发开放试验区、吉林长春新区、中国(吉林)自贸区等新的平台建设。加大投入力度,进一步提高招商引资规模和水平,完善平台基础设施,提高产业、企业、项目承接能力,发挥平台对外开放和产业集聚作用。

6. 深化能源资源合作,提升合作层次和水平

依托沿边地区与周边国家能源资源优势,支持有实力的企业采取参股、控股、提供设施、技术合作等多种方式,进入当地资源勘探开发和深加工领域,建立资源转化体系,形成利益共享机制。开展对外直接投资和跨国经营,培育一批境外产业基地,推动周边能源资源、加工制造和农业合作。支持国内企业在俄、蒙、朝等国建设一批中俄产业园、中蒙产业园等经济贸易合作园区。加强中韩产业经贸合作。

7. 建立利益共享机制,加快促进区域联动发展

统筹协调沿边开放与内陆开放、对外开放与对内合作、"走出去"与"请进来",形成多层次、宽领域、高水平的全方位开放新格局。加强开放前沿窗口与内陆腹地联动发展,完善联动机制,在发展规划、产业布局、城镇建设、基础设施等方面,统筹规划、协调发展。从布局上看,向南开放,要高度重视哈大线对吉林对外开放的重要作用,支持中部、西部地区

向南开放发展,主动对接京津冀协调发展。向东开放,要充分利用地缘、人缘优势,进一步畅通对朝鲜半岛、日本海的陆海联运通道。东南方向,加快推动白通丹经济带建设,打通面向环渤海经济区的出海通道。向西开放,要依托国际大通道,重点打造中蒙俄经济走廊腹地支撑区。向北开放,要以珲春为战略支点,推进面向俄罗斯远东地区的开发开放。

8. 以改革促开放,加大体制机制创新力度

开放本身也是改革,推进长吉图战略实施要以改革促开放,以开放倒逼改革。要围绕建设东北地区对外开放示范区这一目标,重点开展新城新区建设示范、自主创新发展示范、现代农业创新示范、边境跨境经济合作示范、投资贸易自由化便利化示范、跨境旅游发展示范、转变政府职能示范、金融创新示范、食品安全生产示范、区域联动协同发展示范等十大领域试点示范。通过试点示范区,逐步消除体制机制上的障碍,最大限度地释放体制机制改革创新的红利,增强对外开放内生动力。

充分发挥珲春国际合作示范区龙头带动作用

高玉龙[*]

近年来,东北亚地区维护和平稳定、促进发展繁荣、实现互利共赢始终是发展的主流,图们江区域合作正迎来千载难逢的发展机遇。俄罗斯将滨海边疆区作为超前发展区,要把符拉迪沃斯托克(海参崴)打造成"远东的莫斯科"。朝鲜积极推出各项改革开放举措,要把罗先打造成"朝鲜的深圳"。一个在图们江口的特区群正在加速形成,珲春正是在这一区域与符拉迪沃斯托克、罗先鼎足而立,能够起到引领作用的国际示范城市。从国内看,中央深入实施"一带一路"战略,有利于促进图们江区域乃至东北亚地区的合作发展;国务院《关于支持东北振兴若干重大政策举措的意见》,为珲春等东北沿边、沿海地区带来了新的重大发展机遇,图们江区域乃至整个东北亚地区开发开放必将迎来新的热潮。

一 珲春是国家实施图们江开发战略的前沿阵地

作为全国唯一的以"中国"冠名的国际合作示范区,珲春承担着我国沿边开发开放和国际合作开发的双重历史使命,已经成为贯彻国家战略的前沿阵地。

1. 珲春是国家对外开放战略的先行地区

30多年来,对内改革、对外开放一直是中国的主题。东北地区对外开放始于1984年大连市被批准为沿海开放城市。吉林省对外开放的重要标志就是1986年6月国务院批准珲春行使对朝边境贸易经营权。1988年,珲

---

[*] 高玉龙,中共珲春市委书记,珲春国际合作示范区党工委书记,管委会主任。

春撤县设市,并设省级经济开发区。1990年5月28日,图们江复航成功。1992年3月9日,国务院批准珲春为进一步对外开放的边境城市;9月,设立珲春边境经济合作区。此后,成功举办了"95图洽会"、"98图洽会"和"99旅交会",辟建和升级了4个口岸,形成全国唯一的县级市口岸群;开通了多条通往俄、朝、韩、日的陆海联运航线。2000年和2001年,珲春出口加工区、中俄互市贸易区相继获批建成,构成了独一无二的"三区合一"格局。在国务院批复实施的《中国东北地区面向东北亚区域开放规划纲要》中,珲春是面向东北亚开放合作的重要环节。

2. 珲春是贯彻国家外交战略的重要节点城市

我国一贯奉行睦邻友好和平外交政策,与邻为善,以邻为伴。珲春邻近多国,是执行外交政策的重要节点城市。珲春口岸是吉林省连接俄罗斯的唯一口岸,20多年来,吉林省与俄罗斯远东地区、滨海边疆区官方往来多通过此口岸。珲春铁路口岸是连接中俄的三条铁路大通道之一。圈河口岸是仅次于丹东的我国第二大对朝通道,对于密切两国政治、经济、文化联系发挥着不可替代的作用。珲春对面的罗先特别市是朝鲜对外开放程度最高的地区。2010年中朝两国启动共同开发和共同管理罗先经济贸易区后,珲春在两国外交领域发挥的平台作用日益重要。

3. 珲春是贯彻图们江区域合作开发战略的核心平台

1992年,国务院成立了由20余个部委组成的图们江开发项目协调小组,并批复实施《图们江下游珲春地区综合开发规划大纲》,珲春成为举国关注的焦点。1999年,国务院批复实施《中国图们江地区开发规划》。2009年,再次批复实施《中国图们江区域合作开发规划纲要》。在这些规划中,珲春始终处于核心地位。特别是2009年的规划中,将珲春定位为"长吉图先导区"窗口城市,要求"把珲春开放窗口建设成为集边境区域性出口加工制造、境外资源开发、生产服务、国际物流采购、跨国旅游等多种对外合作形式于一体的特殊经济功能区,成为图们江区域合作开发桥头堡"。

4. 设立国际合作示范区标志着珲春对外开放进入新的历史阶段

2012年4月13日,国务院批准在珲春设立中国图们江区域(珲春国际合作示范区,要求"建设我国面向东北亚合作与开发开放的重要平台,东北亚地区重要的综合交通运输枢纽和商贸物流中心,经济繁荣、环境优美的宜居生态型新城区,发展成为我国东北地区重要的经济增长极和图们江区域合作开发桥头堡"。珲春开发开放掀开了崭新的历史篇章。

二 珲春具备开展国际合作得天独厚的条件

珲春区位特殊、生态优异、资源丰富、政策叠加、人文荟萃,在建设国际合作示范区、参与图们江开发过程中,利用境内外两种资源,面向国内外两个市场,依托长吉腹地支撑,充分借助发挥珲春比较优势和后发优势,必将推动图们江区域国际合作迈上一个新的台阶。

1. 区位优势是珲春开发开放的核心竞争力

珲春地处东北亚几何中心,是海上丝绸之路和丝绸之路经济带上的重要节点城市,是中国通向东北亚的窗口和欧亚大陆桥的起点之一,是我国唯一地处中俄朝三国交界的边境城市,与俄罗斯、朝鲜山水相连,与韩国、日本隔海相望。从珲春防川沿图们江而下到日本海(东海)仅15公里,既是我国直接进入日本海(东海)的唯一通道,也是我国从水路到达韩国东海岸、日本西海岸,以及北美、北欧的最近点。以珲春为中心半径200公里范围内,分布着俄罗斯扎鲁比诺、波谢特,朝鲜罗津、雄尚等10余个天然不冻港。境内拥有珲春口岸、铁路口岸、圈河口岸和沙坨子口岸4个国家级铁路和公路口岸。距珲春仅1小时路程的延吉空港辟建了10多条国际国内航线。珲春通用机场有望"十三五"期间开工。

2. 生态优势是珲春独特的财富

珲春山川秀美,风景怡人,东、南、北三面环山,山地面积占全市80%以上,是中国大陆第一缕曙光首照地。拥有吉林八景之一的防川国家级风景名胜区,以及原生态湿地、沙丘公园、图们江红莲等著名景点和独特景观,并设有东北虎国家级自然保护区,是中国野生东北虎之乡;珲春市属中纬度、中温度、近海洋性季风气候区,温和湿润,冬暖夏凉,森林植被覆盖率高,空气质量在全国居于前列,先后获得国家级卫生城市、森林城市等荣誉称号。

3. 资源优势是支撑珲春产业发展的有力保障

珲春境内分布着吉林省第二大黄金带和亚洲第一大钨矿，铜、铝、锌等有色金属矿产资源储量丰富；活立木蓄积量达5128万立方米；珲春水系发达，江河湖泊星罗棋布，湿地面积大，人均水资源占有量是全国平均水平的5倍；地下蕴藏着吉林省最大的煤田，煤炭远景储量达12亿吨，年产煤1200万吨。珲春是国内外闻名的鱼米之乡，盛产富硒稻米、富硒苹果、延边黄牛、松茸等特产和人参、鹿茸、哈什蚂等名贵药材。除此之外，珲春境内野生动植物资源十分丰富，达1270余种，堪称世界级的"生态宝库"。毗邻珲春的俄朝等周边国家和地区资源开发、利用前景十分广阔。朝鲜已探明矿产种类繁多。菱镁矿储量居世界首位，位于珲春对面的茂山铁矿是朝鲜最大的露天矿山。长达几千公里的无污染海岸线，盛产明太鱼、鳕鱼、鱿鱼等水产品。俄罗斯是世界上自然资源最丰富的国家之一，石油、天然气、煤炭、林木等储量均列世界前三位。俄罗斯远东捕鱼区是世界性渔业高产区，海洋鱼量占全俄海洋鱼总量的80%。每年在符拉迪沃斯托克集散的水产品高达百万余吨。远东地区还有堪察加、马加丹、北方四岛等海产品集散地。与珲春相邻的滨海边疆区煤炭等矿产资源十分丰富；林地面积广阔，林木储量充足。

4. 政策优势是珲春跨越腾飞最直接的驱动力

珲春是中国实施沿边开放的重要战略地和试验田，享受东北振兴、西部开发、边疆少数民族地区、国家级边境经济合作区、出口加工区、互市贸易区等众多国字号政策。《中国图们江区域合作开发规划纲要》赋予珲春"先行先试"的权力。《国务院关于支持示范区建设的意见》单独赋予珲春9条特殊政策，这种支持力度是前所未有的。示范区获批后，国家、省、州等30余个部门相继出台近300项具体政策支持示范区发展，2015年9月14日，吉林省委、省政府出台了《关于支持珲春市加快开放发展的若干意见》，包含19个方面、265项管理权限。此次下放权力之彻底、扶持力度之大、涵盖范围之广前所未有，必将为示范区开放发展注入强劲的动力，插上腾飞的翅膀，珲春迎来了前所未有的重大历史机遇。

5. 人文优势是珲春开展区域合作的重要桥梁

珲春历史悠久，可上溯到新石器时代，至唐朝进入第一次兴盛期。隋唐时期，珲春的防川是举世闻名的"日本道海上丝绸之路"。唐代的经济文化、民俗宗教由此传到日本，促进了两国经济文化交流。唐属渤海国曾建都于珲春八连城，彼时珲春已成为享誉东北亚的著名国际商埠，其辖地包括今天的符拉迪沃斯托克（海参崴）等地区。珲春民族文化多元，少数民族人口占全市总人口的47%，是中国朝鲜族最早居住的地方，也是中国满族重要发祥地之一，历史的沉淀带来了绚烂悠久的文化艺术，餐饮、服饰、歌舞、体育、剪纸、洞箫等民俗风情极具特色。珲春国际文化交融，与俄、朝、韩等毗邻国家民间往来密切，朝鲜族与朝、韩人民语言相通，俄罗斯游客与日俱增，国际化氛围十分浓厚。

三 进一步夯实图们江区域国际合作基础

珲春开发开放历经开放起步期（1984～1991年）、快速开发期（1992～1993年）、调整积蓄期（1994～2008年）和新战略机遇期（2009年至今）四个阶段。开发开放30多年来，珲春市始终高举图们江开发大旗，以主导和先锋的姿态，积极参与区域合作，对外开放工作硕果累累，发展速度在吉林省居于前列，领跑东北沿边开发开放各口岸城市。在吉林省县域发展考评中跃升至第五位，实现了历史性突破。被国家发改委列为吉林省仅有两家的全国中小城市综合改革试点。

1. 内外通道不断畅通

珲春市始终将打通内外通道作为"天字号"工程，不遗余力加以推进。2010年，珲春至罗津港二级公路建成通车。2013年8月2日，停运近9年的珲春至俄罗斯马哈林诺国际铁路恢复通车，市委主要领导多次赴绥芬河请来三峡集团参与铁路运营，目前实现常态化多品种双向运输。中俄小型公务车辆首次互通。新圈河国境桥开工。1998年开通了珲春至扎鲁比诺港及符拉迪沃斯托克（海参崴）等地旅游线路；2009年开通了珲春经扎鲁比诺港至韩国束草的陆海联运航线；2010年开通了经罗津港至我国东南沿海城市的内贸货物跨境运输航线；2015年5月开通了经俄罗斯扎鲁比诺港至韩国釜山的铁海联运航线。2013年3月6日，珲春市至俄罗斯符拉迪沃斯托克（海参崴）市边境包裹邮递业务正式开通；次年开通了珲春至朝鲜罗先的边境包裹邮递业务。2013年6月28日，吉林省公安厅出入境管理局驻珲春国际合作示范区办事处成立,开创了全国省级公安出入境管理派出机构前移至县级城市的先河,赴俄、朝旅游异地办证得以有效解决。

2. 开放型经济快速发展

截至2014年底,全市共有外资企业132家,比2009年增加34家。其中,日资企业17家、韩资企业67家,占外资企业总数的63.7%。落实出境加工复进境政策,利用朝鲜劳动力开展境外加工业务。引进朝鲜技能人才2340人。建成对朝输电塔基113个。取得罗先地区银行代理经营权。实施卢布自由兑换业务。珲春口岸入选全国首批粮食进口指定口岸。商贸旅游繁荣兴旺。成立外来人员服务机构。承办第八届俄侨会,连年举办国际物流、旅游论坛和中俄边境市长会议,珲春成为东北亚旅游论坛永久会址。防川景区晋级国家4A景区,图们江三角洲国际旅游合作区启动建设。2014年珲春各口岸过货97.1万吨,比2011年增长246.8%,年均递增51.4%。外贸进出口总额15.4亿美元,比2011年增长105%,年均递增27.1%。

3. 对外开放平台日臻完善

珲春边境经济合作区2014年实现生产总值84亿元,同比增长13.5%,是建区之初的400倍;工业总产值195亿元,同比增长14.7%,是建区之初的1773倍;财政收入3.8亿元,同比增长31.8%,是建区之初的29倍。出口加工区内企业由2005年的17户增加到目前的86户;2014年完成进出口总额6.6亿美元,同比增长1.3%,是建区之初的228倍。珲春中俄互市贸易区是吉林省唯一对俄开放的边境贸易功能区,区内交易俄方以海产品为主,中方以轻工商品为主。目前,集商品展示交易、货物仓储运输、商务服务等多功能于一体的国际商品交易市场投入使用;2014年俄边民入区15万人次,同比增长20%,是建区之初的8倍。谋划建设了占地面积12平方公里的珲春国际物流园区,已进驻东北亚铁路、浦项现代国际物流园、苏玛集团揽货中心、天道物流、通关服务中心、国际货运枢纽站、中工信百万吨石油保税仓储、北京深银信木材交易市场、创力海运物流、汽车新材料园区10个重点项目,计划总投资150亿元。谋划建设了占地面积2.64平方公里的水产工业园区,设有水产加工区和配套服务区。目前已入驻企业124户,其中加工企业41家、贸易企业83家。

2014年，实现产值42.1亿元，带动就业4000余人。

4. 项目建设成果丰硕

珲春市始终坚持以项目带动集聚生产要素，以项目带动促进投资增长，为示范区发展注入强劲动力。千万吨煤炭基地、欧亚延百购物中心等一批大项目竣工投产。总投资24亿元的韩国浦项现代国际物流园一期建成投产。总投资40亿元的紫金多金属综合回收项目2015年9月试生产。被誉为最美高铁的长珲城际铁路于2015年9月20日全面通车，人流、物流、信息流向珲春集聚。总投资10亿元的雅戈尔服装城项目开工建设。赴俄、韩及国内发达地区举办示范区推介会50余次，俄罗斯苏玛、中勘石油、天亿基金、中工信、中交集团、大连凯洋等一大批国内外知名企业落户珲春。2014年招商引资到位180亿元，同比增长24.1%，比2011年增长118%。在众多项目支撑下，能源矿产加工集散、木材加工集散、海产品加工集散、纺织服装加工、商贸物流五大基地和煤化工、新型材料、海产品、木材、纺织服装、新型建材、温州工业、航空、健康产业、国际物流十大园区建设快速推进。

5. 发展环境不断优化

《示范区总规》获省政府批复。《城市总规》修编完成。按照南北一体、"一轴六区"布局，切实加快城市建设。全面推进总投资45亿元的珲春河、车大人沟河综合治理工程，大力实施供水、供电、燃气、合作区路网等十大基础设施工程建设。东北亚国际学院一期封顶，"三馆一中心"内部装修，人民体育场主体完工，社会养老服务中心开工建设。珲春市跻身全国信息消费试点市行列。三年来累计投资40多亿元，建设各类棚户区、公租房、农村危房、暖房子等安居工程逾400万平方米，人均居住面积全省领先。

四 全力推动珲春国际合作示范区开发开放迈上新台阶

今后一段时期，珲春市将充分发挥区位、生态、资源、政策、人文"五大优势"，抢抓东北振兴新机遇，主动融入"一带一路"战略，适应经济发展新常态，全力开创示范区开发开放新局面。

1. 抓深化改革,争做省、州改革试验田

坚持市区合一、交叉任职体制,进一步凝聚发展合力。推进政府行政审批制度改革,提高办事效率;稳步实施公车改革;以互贸区和出口加工区为基础,申报自由贸易园区。健全完善乡镇财政管理体制,增强乡镇政府财政实力。推进示范区与俄、朝金融领域务实合作。聚焦群众期盼解决的民生改革事项,全面落实学前三年和高中三年免费教育、特殊人才岗位和老年人生活补贴等改革举措。加快通关便利化改革;改革国际人才引进和使用机制。

2. 抓项目和产业,争做全省绿色转型发展排头兵

围绕建设五大基地和十大园区,全力打造能源矿产、有色金属、木制品、海产品、纺织服装、新型建材、商贸物流、旅游休闲"八大百亿级产业",推动产业结构升级。2015 年全力实施 220 个重点项目,计划总投资 2267.6 亿元。全面推进紫金多金属综合回收、浦项现代国际物流园、雅戈尔服装城、吉珲高铁站场等一批大项目。围绕省委绿色转型发展部署,积极参与"民企进吉林"、东博会等大型活动,引进一批国内外知名企业落户珲春。

3. 抓国际合作,抢占东北亚合作战略制高点

推动与罗先经贸区互动发展;推进罗津港、雄尚港合作开发;争取启动柳多岛经济技术合作区。强化与哈桑区农业、物流等方面合作;推进斯拉夫扬卡港、扎鲁比诺港合作开发;加快苏玛集团(珲春)国际物流中心项目建设。在韩国浦项现代国际物流园投产同时,加快韩国工业园建设。积极发挥中俄地方分委会和外服中心作用,增设境外办事机构,与更多境外城市建立友好关系。整合国际物流、旅游论坛和中俄边境市长会议等平台,举办"大图们江国际合作论坛"。全力推动出口加工区申报综合保税区。

4. 抓互联互通,畅通东北亚海上丝绸之路大通道

做好对朝高速公路和铁路前期工作;加快建设新圈河国境桥,提早竣工通车;谋划辟建中朝甩湾子铁路口岸。保持珲马铁路稳定运营,不断拓

展货物品种，2015年力争过货150万吨；做好对俄高速公路和铁路前期工作；争取中俄小型公务车辆互通常态化；谋划辟建中俄分水岭口岸。恢复开通"新蓝海"和内贸外运航线，开辟和培育经扎鲁比诺至新潟，经罗津至萨哈林，经斯拉夫扬卡至欧美的航线。抓紧推进连接黑龙江高速公路和铁路前期工作。

5. 抓环境提升，建设东北亚明珠城市

按照建设国际示范城市的目标，继续强力推进十大基础设施工程，加快珲春河、车大人沟河综合治理工程；积极推进珲春国际大剧院和示范区图书馆建设；确保东北亚国际学院竣工招生；加大各类棚户区改造力度；确保"三馆一中心"和人民体育场投入使用；深入开展"五城联创"活动，打造功能完善的宜居环境。做好吴大澂、依克唐阿、孝贤纯皇后以及骆宾基等历史人物资料发掘工作，着力保护裴优城、萨其城、八连城、温特赫部城等古城遗址，加速文化与旅游产业融合，全力争创历史文化名城，打造开放包容的人文环境。转变农村经济发展方式，加速农村工业化和农业产业化步伐，努力实现产业兴农、工业兴镇（乡），打造质优景美的乡村环境。

图们江合作二十年

学者建言

融入"一带一路"建设
开创东北亚区域合作新局面

叶晓峰*

"一带一路"建设对于推动构建以合作共赢为核心的新型国际关系，推动国际秩序和国际体系向更加公正合理方向发展，我国构建更高层次的开放型经济新体制，形成全方位开放新格局，具有重大深远的意义。适逢此时，迎来了东北振兴进入第二个10年和图们江区域合作走过了20年历程的历史时刻，乘势借力，找准定位，破解东北地区开放程度不高、活力不足、发展缓慢等问题，把东北地区发展放在东北亚区域一体化、"一带一路"建设的大格局中，争取在开发开放和体制机制创新方面尽快取得新进展，进一步激发释放经济发展的内生动力和活力，构建国家东北开放的新高地、经济发展新的增长极。

一 "一带一路"视角下的东北亚区域合作

"一带一路"构想的提出和实施，能够使亚欧各国经济联系更加紧密，相互之间合作更加深入，各国在经济文化建设方面的发展空间更加广阔。共建"一带一路"旨在促进经济要素有序自由流动，资源高效配置和市场深度融合。打造政治互信、经济融洽、文化包容的利益共同体。"一带一路"贯穿亚欧非大陆，一头是活跃的东亚经济圈，另一头是发达的欧洲经济圈。根据"一带一路"的走向，陆上依托国际大通道，以沿线中心城市为支撑，以重点经贸产业园区为合作平台，共同打造6个陆上经济合作走廊。海上以重点港口为节点，共同建设通畅安全高效的运输大通道。

东北亚地区在地理上包括中国、日本、朝鲜、韩国、蒙古国和俄罗斯

---

* 叶晓峰，黑龙江省政府参事，原黑龙江省商务厅厅长，哈尔滨商业大学教授。

远东地区，是亚洲和西太平洋地区的重要组成部分，地处欧亚大陆东北端，是构建"中蒙俄经济走廊"、海上丝绸之路的重要战略关键点。在三部委联合发布的《推动共建丝绸之路经济带和 21 世纪海上丝绸之路的愿景与行动》中明确提出："发挥内蒙古联通俄蒙的区位优势，完善黑龙江对俄铁路通道和区域铁路网，以及黑龙江、吉林、辽宁与俄远东地区陆海联运合作，推进构建北京—莫斯科欧亚高速运输走廊，建设向北开放的重要窗口。"东北亚地区被认为是世界上最具发展潜力、最有发展空间的国际合作区域，各国地域比较集中，生产、流通要素的流动相对便利，基础设施底子好。如，通过绥（绥芬河）满（满洲里）铁路与俄罗斯相连，成为连接"亚欧大陆桥"的枢纽；通过大连经哈尔滨到乌兰巴托和莫斯科铁路线恰是丝绸之路"中蒙俄经济走廊"的主轴通道；通过黑龙江、乌苏里江、图们江可以江海联运直下太平洋。东北地区有 10 多条公路、铁路与朝鲜、俄罗斯、蒙古国相连，有大小港口近 20 个可与世界各国和地区通航。便捷的陆海通道为东北亚区域合作减少了物流成本，提高了经济效益。这些优势是世界其他地区少有的，是东北亚各国开展经济合作的基础。当然东北亚政治经济环境上也存在一定的复杂因素，中日东海上的钓鱼岛争端，日韩的独岛争端，日俄的北方四岛争端以及朝韩对峙等，但东北亚六国均将发展经济作为首要政策目标，地区国家间相互依存，共同发展的基本态势没有改变，开展更加紧密经贸合作的意愿和需求逐步上升，步伐进一步加快。"一带一路"构想的提出，获得了世界大多数国家包括东北亚区域国家的积极响应。2015 年 7 月 9 日在俄罗斯城市乌法，中、俄、蒙三国元首会晤后，批准了《中俄蒙发展三方面合作的中期路线图》，三国有关部门分别签署了《关于编制建设中俄蒙经济走廊规划纲要的谅解备忘录》、《关于创建便利条件促进中俄蒙贸易发展的合作框架协定》以及《关于中俄蒙边境口岸发展领域合作的框架协定》。再加之此前 2015 年 5 月 9 日习近平主席访俄期间，中俄两国共同发表的《中华人民共和国与俄罗斯联邦关于丝绸之路经济带建设和欧亚经济联盟建设对接合作的联合声明》，意味着中方丝绸之路经济带建设、俄罗斯跨欧亚大通道建设、蒙古国"草原之路"倡议将更加紧密对接起来。"中蒙俄经济走廊"将有力地促进东北亚区域经济合作，带动整个欧亚大陆的发展。

俄罗斯跨欧亚大通道由西伯利亚大铁路和贝加尔—阿穆尔铁路组成，对连接幅员辽阔的俄罗斯、连接欧洲大陆发挥着重要作用。蒙古国"草原之路",计划由5个项目组成,总投资约500亿美元。项目包括连接中俄的997公里高速公路,1100公里电气化铁路、扩展跨蒙古国铁路以及天然气和石油管道等。"中蒙俄经济走廊"建设将构成东北亚及欧亚大陆桥沿线各国经贸合作连通的"大动脉"。

韩国认为中国"一带一路"战略是极大的利好消息,有助于韩国扩大与"一带一路"沿线国家的经济合作。中国是韩国的第一大贸易伙伴,最大的出口对象国。韩国是中国最重要的投资来源国之一,韩国希望积极参与"一带一路"建设。2015年6月1日,中韩自贸协定正式签署,此举给东北亚自由贸易框架树立一个样板。一定会激励中俄远东、中日韩、中朝等东北亚区域间的各国合作进一步发展,促进东北亚自贸区成立的条件逐步成熟。

中韩自贸协定正式签署会极大地刺激中日韩自贸区的谈判。中日韩自贸区谈判自2012年11月启动以来,已经进行7轮。中、日、韩三国同为全球重要经济体,国内生产总值合计超过16万亿美元,占世界的20%以上。三国对外贸易额近7万亿美元,占全球贸易额的20%以上。建立中日韩自贸区有助于充分发挥三国间的产业互补性,挖掘提升三国贸易投资水平的潜力,促进区域价值链进一步融合。

朝鲜民主主义人民共和国通过申请加入亚投行表示了愿意参与"一带一路"共建的意愿,只是由于无法提供其经济和金融市场状况的详细信息而暂不能加入。

东北亚区域各国发展水平和产业优势不同,相互间有极强的经济互补性,具有走向区域经济一体化的基础。相对发达的日本和韩国在资本和技术密集产业方面竞争优势明显;中国竞争优势主要集中于制造业,劳动密集型产品、相对过剩的产能和资金;俄罗斯拥有强大的科技实力,远东的资源尤其是能源、石油和天然气,在世界上最为富集;蒙古国和朝鲜拥有丰富的资源。再加之中、日、朝、韩、蒙历史文化背景有较多的类似之处,"一带一路"建设提供和扩大了东北亚区域各国合作的空间,促使东北亚区域合作走向经济一体化由潜力转化为现实,由可能性转变为可行性。

二 图们江区域合作是"一带一路"建设的重要战略支撑点,是东北亚区域合作的契合点和示范区

2015年迎来图们江区域合作开发20周年。由联合国开发计划署倡导,

经各参与方多年的共同努力,尤其在"一带一路"战略实施的推动下,图们江区域合作已逐渐成为东北亚区域内各国合作的利益契合点,区域内各国合作的重要平台和示范区。

"一带一路"建设的本质是在世界政治多极化、经济全球化、文化多样化、信息社会化的大趋势中,把握经济全球化和区域经济一体化的有效对接,不断扩大市场范围和市场规模,使资源禀赋不同的国家和地区发挥各自的比较优势,实施区域内不同国家和地区的分工与协作。分工与协作的深化,可以极大地提高经济效益,实现区域中各经济体的共赢。

"一带一路"建设需要中心城市作为支撑,需要重点经贸产业园区作为合作平台,需要海上重点港口作为节点。图们江区域优势突出,特点突出。从地图上可以看出,图们江区域可分为三个层次。广义图们江地区包括中国东北三省一区、蒙古国东部、俄罗斯远东、朝鲜与韩国西海岸地区;中间层次包括北角的俄罗斯符拉迪沃斯托克(海参崴)市,西角为中国延吉,南角为朝鲜清津市的一个周圈;而其核心层是图们江三角洲地区即图们江国际合作开发区,是指包括俄罗斯滨海边疆区南部的哈桑,中国的珲春和朝鲜的罗津先锋区。这一优越的地理优势,是构建丝绸之路"中蒙俄经济走廊"与"21世纪海上丝绸之路"向北延伸连通日本、韩国的交汇点,完全可以作为实施"一带一路"战略推进东北亚区域经济一体化的最佳突破点。从珲春市的防川村向东南遥望,是浩瀚的太平洋日本海,图们江从这里流入太平洋。这里是日本、俄罗斯、中国、朝鲜、韩国等几个国家进行海路贸易最便捷的通道。

图们江区域合作开发区周边分布俄韩自由贸易区和自由经济区,以及俄朝两国的10余个港口。据悉,俄罗斯总统普京签署法案,决定批准设立符拉迪沃托克自由港。此法案于2015年10月12日正式生效。规划中的自由港总面积为3.4万平方公里,范围覆盖俄滨海边疆区南部各港口,符拉迪沃斯托克国际机场和区内部分铁路运输线路。自由港设立期限为70年,将在税收、海关和检疫等方面为入驻企业提供政策支持和优惠。在俄经济"东向"发展的布局中,符拉迪沃斯托克将成为俄面向亚太地区的物流、投资的关键节点。朝鲜1991年宣布设立罗津、先锋自由经济特区;2011年6月9日中朝举行"中朝共同开发和共同管理罗先经济贸易区"项目启动仪式;2012年2月15日,朝联社报道,中国获得朝鲜罗先区3个码头的建设权和50年的使用权。罗先经济贸易区内的罗津港和先锋港铁路和公路与朝鲜内地相连，港区的宽轨铁路直达俄罗斯哈桑区，标轨铁路与中国图们市接轨，公路与中国珲春的圈河口岸和沙坨子口岸相通。罗津港是中国东北地区实现"借港出海"的最佳口岸。

始于1992年的图们江区域合作于2005年把"图们江地区开发项目"更名为"大图们江倡议"区域合作，至今走过了20多年的历程。20年来在合作各方的积极参与和推动下，图们江区域合作机制不断健全，合作领域不断拓展，合作方式不断创新，为进一步推进中国图们江区域国际合作以及东北亚地区的合作打下了坚实基础。在此基础上认真落实中国提出的《推动共建丝绸之路经济带和21世纪海上丝绸之路的愿景与行动》，并以此作为图们江区域合作开发未来规划的引领和基本依据，充分发挥图们江区域合作开发区"东出日本海，西连蒙古国"、海陆双向、聚集六国的区位优势，实施"政策沟通、道路联通、贸易畅通、货币流通、民心相通"，以促进东北亚区域经济一体化为目标，协调布局，整合升级，为"一带一路"建设提供重要载体支撑，为东北亚区域的各国有效合作提供示范样板。

三　东北振兴和区域一体化是推进东北亚区域经济合作的基石和动力源

"一带一路"建设是中国影响世界最重要的"国家战略"。当今世界全球化出现新趋势，国际经济格局面临重构。美国倡导的"亚太再平衡"战略，美国主导的TPP（跨太平洋伙伴关系协定）试图巩固其传统的主导地位，重构亚太和全球贸易版图，在战略上保持主动。日本和欧盟的自贸区谈判也在进行中。东北亚地区地缘政治和经济竞争交织，各国围绕市场、资源、人才、技术、标准、规划等方面的竞争愈加激烈。各国尤其是大国，都在谋求占据先机和制高点，发展的主导权已成为争夺的焦点。

"一带一路"战略的实施，使我国由过去世界经济格局的接受者、参与者变为塑造者和倡导者；由跟随者变为引领者。从东北亚区域合作的角度看，"一带一路"实施的战略定位应该是：承载丝路精神，用全球视角，世界眼光扩大我国东北地区内陆沿边开放。以经济外交为手段在广阔的东北亚区域建立相互融合、经济更加紧密的发展空间。密切我国与区域内各国的合作关系，提高相互合作的密切程度，实现我国自身地缘政治和地缘经济利益。实施"一带一路"战略，经济合作是"压舱石"。"打铁还需要自身硬"我国东北地区的经济振兴和发展应该是东北亚区域各国经济合作的基石和"主引擎"。

我国东北地区，主要包括辽宁省、吉林省、黑龙江省和内蒙古自治区的东部。全区面积124.16万平方公里，人口约为1.2亿。东北三省一区的经济发展水平直接制约着我国参与东北亚区域经济合作的程度。

东北地区具有综合工业体系优势。东北地区产业配套程度高，产业聚集度高、辐射区域广、产业实力强。我国工业的诸多第一，都诞生在东北：如长春一汽、大庆油田、鞍山钢铁等。多年的奋斗和积累，东北形成了能源、原材料、机械设备、化工、森工和军工等门类齐全的工业体系。直到现在东北仍然是我国重要的石化工业、钢铁、机床、汽车、电站成套设备、船舶、飞机制造业基地。

东北地区总体上讲，科技、教育、人才、资源也具有相对优势，具有较高的科研开发和成果转化能力。作为老工业基地，东北培养造就了一批懂技术、擅管理、训练有素的产业工人和经营管理人才。

东北具有经济发展的环境承载优势。在经济发展"新常态"下。发展绿色经济、低碳经济和循环经济构成了各国和地区经济发展的重心。环境成为影响区域经济竞争力最为重要的因素之一。而东北三省一区，土地辽阔，有优良的生态环境、丰富的自然资源和矿产资源，具有支持经济快速发展的环境承载力优势。

除以上的优势外，东北还是共和国的大粮仓。无论是从经济地理、人文历史还是从自然环境看，东北都是一个比较完整、自成体系、独立性较强的社会经济结构单元。这些决定了东北作为"主引擎"参加开展东北亚区域经济合作的底气和实力。尽管近年东北成为我国体制性矛盾和结构性矛盾较为突出的地区，经济发展速度减慢，但从经济发展的一般规律看，任何经济产业都有着形成、发展、成熟、衰变、转型升级的变迁过程。东北经济正经历"闯改创""滚石上山、爬坡过坎"转型升级的关键阶段。东北蕴含着巨大的潜能，具有较强的爆发力，只要和不断优化的市场环境相结合，加强区域内自我的协调与合作，在中央政府支持下，通过实施"中国制造2025"和"互联网＋"行动计划，发挥区位独特、政策集成、环境容量大、资源承载力强的比较优势和后发优势，就会成为继"珠三角""长江经济带""京津冀"之后的另一新的重要经济增长极。

全面审视国内外大势，当前我国对外开放处于关键阶段，东北亚区域经济合作处于新的关键阶段，东北老工业基地振兴处于新的关键阶段。东北亚区域各国经济合作需要我国的主导、推动，需要我国东北地区为之添加持续不断的驱动力，而我国东北地区振兴，需要深化改革，加大创新力度，完善市场体制机制，同时也更需要不断扩大开放，需要在参与和推动东北亚区域的经济合作过程中促进自身的发展壮大，促进东北振兴。

推动东北亚区域一体化，首先要做到我国内部东北区域的经济一体化。要尽快建立制度性机制，保证和推动东北地区的产业一体化、交通一体化、市场一体化、环境保护一体化、信息一体化、创业就业人才流动配置一体化等。东北地区经济一体化必将生成和提升东北地区的整体竞争力、辐射力，提升主导和推进东北亚区域合作的经济实力。在世界不断变幻和竞争的市场格局中，东北作为整体，势必成为东北亚区域发展中心，并在"一带一路"战略的实施中，发挥更加重要的作用。

四 设立图们江自由贸易区，开创东北亚区域合作新格局

设立自由贸易区是我国顺应世界经济发展新趋势、适应经济"新常态"、全面深化改革、扩大开放所采取的重大举措和有效途径。当前自贸区热度持续升温，长江中下游城市群联合申报自贸区，使得跨区联合申报获得广泛关注。按照我国参与图们江自由贸易区合作开发时确定的"建立图们江自由贸易区"战略初衷，理应抓住机遇，依托"中蒙俄经济走廊""东北亚区域经济合作""海上丝绸之路经济带"，尽快申报和设立图们江自由贸易试验区。

自由贸易区要获得国家的批准，必须有相应的侧重点和区域特色。从国家目前整体区域布局来看，东北内陆沿边筹建新的自贸区会成为必然趋势。图们江区域位于东北三省的中部，南牵辽宁、北连黑龙江、西携内蒙古，具有良好的国内区位优势；图们江区域位于东北亚区域的中心点，同时又具有开展国际合作的区位优势；国务院批复的《中国图们江区域合作开发规划纲要——以长吉图为开发开放先导区》中明确提出，"立足图们江，面向东北亚，服务大东北，全面推进图们区域合作开发"。同时指出，"坚持大胆创新和率先示范，建设富有活力，运行高效的我国沿边开放新机制；坚持统筹国内国际合作，培育优势互补、互利共赢的联动发展新格

局，努力建设我国沿边开发开放的先行区和示范区"。经20年的积淀，大图们江区域合作主体格局初步形成。沿着东北地区的"东边道"向北是中俄边境线城市黑龙江省绥芬河市，绥芬河综合保税区自2009年设立至今，取得良好效果；向南是中朝边境线城市辽宁省丹东市，丹东边境经济合作区1992年经国务院批准设立，取得了显著成绩。以图们江三角洲为轴心，绥芬河综合保税区、丹东边境经济合作区为两翼，辽、吉、黑三省实施"沿海""沿江""沿边"对外开放的协同互动，携手合作。争取在制度创新上再向前迈进一步，在开放效应上再向上提升一步，在东北亚区域合作的一体化方面再突破一步，学习和复制上海自贸区的经验和做法，以"共生、共建、共享、共赢"的理念，申办"南联北开""陆海互动"面向东北亚的大图们江自由贸易试验区。

东北三省一区经济联系密切，特别是在沿边对外开放方面，形成了各具特色的国际合作平台，加强产业合作和基础设施对接，进一步发挥各自比较优势，在更大范围内统筹谋划图们江区域的开发开放，有利于形成分工明确、错位发展、互利共赢、协同推进图们江区域合作开发的新格局。东北三省一区对外开放格局日益完善，开放型经济发展水平不断提高，依托"一带一路"建设，以图们江区域合作开发20周年为契机，设立三省一区共建的图们江自由贸易试验区的基础条件已经成熟。

朝鲜参与图们江区域合作的
历史、现实与未来[*]

张慧智 金香丹[**]

朝鲜北靠中俄、南接韩国，不仅是中国东北中部出海通道的重要关卡，亦是韩国通向欧亚大陆的重要门户。朝鲜作为图们江区域重要国家，其政策走向无疑会对相关次区域合作造成重要影响。20 余年来，朝鲜始终未能从根本上突破对外经济合作封闭的状态，加之朝核问题屡掀波澜，导致其图们江区域合作开发政策具有一定多变性。在中俄积极推进图们江流域开发、打造欧亚交通捷径的大背景下，考察朝鲜参与图们江合作的历程与现状，分析朝鲜重新加入次区域合作面临的问题，对保障"一带一路"建设平稳推进、突破东北经济封闭格局具有重要的战略意义。

一 朝鲜参与图们江区域合作的历程

朝鲜自 20 世纪 90 年代初参与图们江区域开发以来，将罗先区作为对外经贸合作的主要窗口，其开发开放程度有所提高。但由于朝鲜封闭的体制、投资环境及法律建设的落后，罗先地区开发进程表现出"早而缓"的特征。此外，随着"先军政治"路线确立，朝鲜经济建设受制于军事建设、核危机影响，几度调整对图们江区域开发合作的态度，甚至中途退出合作机制。当然，朝鲜促进对外经济合作赚取外汇的意愿从未改变，退出图们江区域合作机制后，罗先地区开发开放并未停止。随着中、俄加大图们江区域开发政策支持，朝鲜恢复参与图们江区域开发热情有进一步升温

---

[*] 本文受教育部人文社会科学重点研究基地重大项目"朝鲜政治经济形势跟踪研究及我国对朝政策"（编号：14JJD810003）资助。

[**] 张慧智，吉林大学东北亚研究院副院长，朝韩研究所所长，教授，博士生导师；金香丹，吉林大学东北亚研究院世界经济专业博士研究生。

的可能。

（一）起步阶段：1991～1994 年

1991 年 10 月，联合国开发计划署（UNDP）宣布将图们江地区开发列为重点支持项目，对此朝鲜表现出高度热情。冷战结束后，世界政治经济格局发生重大变化，朝鲜与社会主义国家的经济合作陷于停顿，UNDP 发起的多国共同开发图们江三角洲设想为朝鲜扩大对外经济合作、建设经济特区提供了契机。1991 年 12 月，朝鲜在咸镜北道罗津—先锋地区设立了首个自由经济贸易区，作为参与图们江区域合作的主要窗口，这也标志着朝鲜加入图们江区域合作的起步。罗津—先锋位于图们江下游，与中俄相邻，与日本隔海相望，处于海陆交通连接的枢纽位置，具有罗津港、清津港等天然不冻港，在打通图们江陆海通道中处于重要位置。在这一阶段朝鲜对图们江区域开发抱有积极态度，希望依托图们江开发项目，引进外资发展罗先经济贸易区，赚取外汇。

（二）积极开发阶段：1995～2000 年

1995 年 12 月，朝鲜签署《关于建立图们江地区开发协调委员会的协定》《关于建立图们江经济开发区及东北亚开发协商委员会的协定》以及《图们江经济开发区及东北亚环境准则谅解备忘录》，开始了对罗津—先锋自由贸易区的实质性开发。为引进外资，朝鲜在罗先自由贸易区实行了各种优惠政策，1997 年引进市场汇率制度、国有企业独立核算制度，并对企业管理人员进行市场经济教育，助推罗先地区开发开放。[①] 朝鲜旨在将罗先自由贸易区建设成为"集特惠贸易、转口运输、出口加工、金融服务为一体的综合自由贸易区"。截至 2000 年，罗先自由贸易区吸引了中国大陆与香港、泰国、日本等国 100 多家企业投资，共吸引外资 2.2 亿美元，主要集中在公路、铁路、港口基础设施及通信、酒店、旅游、赌场等服务业。[②] 通过外来资本、技术的引进，罗先自由贸易区短期内相比其他地区经济发展明显。然而，在 90 年代图们江开发区域整体基础设施落后的背景下，各国政策支持力度不强，加之朝鲜经历"苦难的行军"，对图们江开

---

① 《图们江区域开发 10 年——评价与课题》，《KDI 朝鲜经济述评》，2003。
② 《图们江区域开发 10 年——评价与课题》，《KDI 朝鲜经济述评》，2003。

发心有余而力不足，1997年亚洲金融危机的爆发也导致部分投资项目叫停，朝鲜引进外资面临诸多困难，导致罗先地区开发难以取得实质进展。

（三）消极参与阶段：2001~2009年

步入21世纪后，受多重因素影响，朝鲜参与图们江区域合作的积极程度有所降低，罗先地区开发进入"低迷期"。首先，2000年朝韩实现了分裂后的首次首脑会晤，两国关系快速升温。2002年11月，朝鲜建立开城工业园区同韩国共同开发与管理，罗先地区开发相对"遇冷"。其次，随着伊拉克战争爆发，朝鲜对外部环境变化日渐不安，开始研发核武器保障自身安全，引发联合国多重制裁，也令其与联合国关系急骤降温，进而影响其参加大图们江开发计划的积极性。最后，朝鲜"先军政治"路线的强化也极大地限制了朝鲜政府投向经济建设的注意力，经济建设服从于政治需要导致朝鲜难以持之以恒地参与大规模国际合作。2009年11月，在朝鲜进行第二次核试验后不久，宣布退出大图们动议（GTI）合作机制。

（四）恢复热情阶段：2010年

在这一阶段，朝鲜在核试验后引发国际社会严厉制裁，国际处境更趋孤立，促进经济建设的意志更加坚定。延坪岛事件及天安舰事件的爆发令朝韩关系急转直下，双方经济合作陷入停滞，朝鲜急于寻求新的经济合作对象，加之朝鲜国内经济金融改革接连受挫，民生问题亟待解决，朝鲜促进对外经济合作、吸引外资、赚取外汇的需求日渐增强。2009年，以"中朝友好60周年"为契机，双方高层实现互访，为中朝经贸合作奠定了良好的环境基础。随着2009年中国出台《中国图们江区域合作开发纲要——以长吉图为开发开放先导区》，图们江区域合作开发上升为国家战略，俄罗斯出台《2025年前远东和贝加尔地区经济社会发展战略》，中俄扩大对图们江地区的政策支持，图们江区域开发迎来了新的机遇。2009年12月，金正日亲自视察罗先市，发出朝鲜对开发罗先地区的积极信号，并在次年将罗先升级为特别市，并修订《罗先经济贸易区法》，设立"朝鲜大丰国际投资集团"与国家开发银行支持对外经济合作，朝鲜对罗先地区开发热情"升温"。

2010年11月，中朝签署共同开发和共同管理"两岛一区"相关协定，中国企业开始广泛投资朝鲜矿产资源开发、基础设施建设、制造业、流通业,掀起了图们江区域开发的"小高潮"。

总体而言,朝鲜对图们江合作始终持有积极态度,表明其对改善国民经济、参与东北亚经济合作的动机具有相当的稳定性。然而,在朝鲜与国际社会围绕核问题整体对立的背景下,朝鲜参与图们江区域合作缺乏连贯性,甚至中途退出了 GTI 合作机制。但罗先地区开发并未中断,随着中俄扩大图们江区域开发政策支持力度,朝鲜对罗先地区开发的热情再度升温,为加入图们江区域合作奠定了基础。

二 近年朝鲜经济调整与图们江开发互动现状

金正恩主政后朝鲜对经济建设的重视度有所提高,对外经济合作意愿更加明确。一方面,通过一系列经济调整措施促进国内经济发展;另一方面,以罗先地区为中心积极参与对外经济合作,在打破国际孤立局面的同时,赚取外汇助推国内经济建设。不可否认,朝鲜近年来采取的内、外经济发展措施产生了一定积极效用,经济复苏迹象明显,2011 年,开始连续 4 年经济正增长,分别达到 0.8%、1.3%、1.1% 和 1%。[1]

(一) 推进"新经济管理改善措施",提高农场、企业劳动效率

第三次核试验后,国际社会对朝制裁更加严厉,各国对朝援助及出口总量大幅下降,朝鲜经济发展的外部环境进一步恶化。尽管如此,金正恩执政后对经济建设做出一系列调整,在加强计划经济管理的基础上,探索新的经济管理办法。2012 年 6 月,朝鲜内部宣布"建立我们式经济管理体系",并确立"新经济管理改善措施"(即"6·28 措施"),以农业、工业新措施为主要内容,进一步调整了分配体系。其核心理念为扩大集体农场、工厂、企业的自律性及自主性,允许超额生产部分的市场交易,提高工人劳动效率。2015 年,朝鲜领导人新年致辞中提到"内阁等国家经济指导机关要积极推进确立我们式经济管理措施,使所有经济机关和企业主动地、创造性地进行企业活动"[2],表明新经济管理措施得以确立,经济方面

---

[1] 韩国银行,http://www.bok.or.kr/broadcast.action?menuNavId=2236。
[2] 《朝鲜最高领导人发表 2015 年新年贺词》,http://v.china.com/news/inter/11159676/20150105/19175830.html。

改革将持续进行。

(二) 建设经济开发区,扩大外汇收入渠道

近年来,朝鲜发展对外经济合作的意愿日渐增强,2014 年 6 月,朝鲜扩大内阁管理经济权责,整合外资引进机构,将合营投资委员会和国家经济开发委员会归并贸易省,随后更名为对外经济省。2013 年以来,朝鲜先后设立 19 个经济开发区,颁布《经济开发区法》,在土地租赁、税收、劳动力方面提供了一系列诱人的优惠政策,为改善投资环境做出努力。从地理位置来看,经济开发区主要位于沿海、边境地区,形成环形结构,从开发模式来看主要仿照开城工业园区,提倡由企业主导开发模式。同时,为了培养开发区管理人才,朝鲜在金日成综合大学、人民经济大学、罗津海运大学等学校设立了建设开发区需要的相关专业。朝鲜不断扩大开发开放区域,主要目的在于吸引外资、赚取外汇,然而,由于政策多变,投资环境不稳定,加上朝鲜受到国际社会的严厉制裁,企业多数持观望态度,经济开发区虽然在全国广泛铺设,但未取得实质性进展。

(三) 推进"罗津—哈桑"物流项目,积极参与对外经济合作

近年来,俄罗斯愈发重视亚太地区,加强与朝鲜的政治交流与经济合作,双方高层交往频繁,还将 2015 年制定为"朝俄友好年"。① 俄罗斯对朝采取政治经济分离②政策,不仅减免了朝鲜 90% 的债务,还积极推动两国在铁路连接、油气管道铺设、港口租赁等方面合作,还对朝提供了消防车、粮食及药品等援助。③

朝俄"罗津—哈桑"物流合作是朝鲜近期对外经济合作的重要成就。2014 年 7 月,朝鲜罗津港 3 号码头现代化工程竣工,同年 11 月,朝俄韩合作项目"罗津—哈桑"铁路货物试运,4 万吨俄罗斯煤炭经过"罗津—

---

① 《朝俄将 2015 年定为两国友好年》,朝鲜中央通信社,http://www.kcna.kp/kcna.user.article.retrieveNewsViewInfoList.kcmsf; jsessionid = 109CA5510157E68046C4836445363CD2#this。
② 俄罗斯在朝核问题上的态度没有改变:俄罗斯对朝鲜的核试验表示谴责,坚持要通过六方会谈,以和平对话的方式讨论解决朝核问题;对朝鲜的核试验进行严格制裁。《俄罗斯将执行联合国制裁朝鲜决议》,新华网,2013 年 12 月 3 日,http://news.xinhuanet.com/world/2013 - 12/03/c_ 118395856. htm。
③ 《俄罗斯副总理访问朝鲜赠送 50 辆消防车》,2014 年 4 月 30 日,国际在线。

哈桑"铁路,中转罗津港运往韩国,三国经贸合作取得了重要突破。"罗津—哈桑"项目缘起普京与金正日商谈西伯利亚大铁路(TSR)与横跨朝鲜半岛铁路(TKR)连接构想,2008年,由俄朝合营企业"Rasonkontrans"(双方分别占股70%、30%)着力推进,2013年11月,韩国浦项钢铁(POSCO)、现代商船、铁路公司(KORAIL)等企业团体出资参与罗津港口建设,由此形成朝俄韩多边合作模式。韩国从长期经济角度出发,将"罗津—哈桑"项目视为推进"欧亚倡议"有利因素,特许其作为"5·24措施"唯一例外准予放行。若三方能够签署长期合作协议,不仅为俄罗斯开发远东经济发展提供新机遇,还将给朴槿惠政府倡导的贯穿朝鲜半岛、俄罗斯、中国直至欧洲的"丝绸之路快速铁路"(Silk Road Express,SRX)带来新希望。而对朝鲜而言,该项目亦具有诸多吸引力。首先,可以借助俄韩资本改善国内基础设施条件,通过租赁码头赚取可观外汇,促进国内经济建设;其次,增加与韩国交流合作创造对话氛围,改善朝韩关系,通过经济合作推动政治对话;最后,通过与俄、韩具体经济合作,积累涉外经济合作经验,为进一步扩大合作领域、地域奠定基础。尽管相关经济效益有待评估,该项目作为俄、韩、朝共同参与的多边经济合作的尝试,已经为东北亚经济合作模式提供了新的方向,其地缘经济意义不容小觑。

(四)以罗先地区为中心,积极推进与中国的经贸合作

相对于突飞猛进的朝俄经济合作,中朝经济合作保持着紧密的经贸关系,双方在罗先地区的合作进展虽缓慢但取得了一定的成果。2013年末,张成泽事件令中朝经济合作骤增波澜,短期内中国企业投资热情有所降温,两国经贸合作进展平缓。但总体来看,朝鲜积极引进外资,发展对外经济合作总体方向并未转变。中朝在"将朝鲜罗先区建设成为东北亚重要的国际物流、先进制造业、特色休闲旅游和中朝文化交流等基地"的基本目标指导下,在改善基础设施、畅通对外通道方面做出了诸多努力,并取得了一定成果。2012年,朝鲜元汀口岸至罗津港二级公路改造项目竣工;2013年,中国图们江区域(珲春)国际合作示范区"先行先试",成功实现"内贸外运"。相关货物从珲春圈河口岸出发借用罗津港直航至中国沿海地区,开拓出一条全新的陆海联运航线,对打通吉林省内外通道,发挥罗津港的中转作用具有重要意义。2014年,连接中国图们江国际合作示范

区与朝鲜的罗先经贸区的圈河（中国）—元汀（朝鲜）新跨境大桥勘测工程接近尾声，即将开工建设。随后，6月中朝达成圈河口岸和元汀口岸无周日通关协议①，中朝口岸通关效率及便利度均有所提升，为促进中朝旅游及经贸发展提供了便利。

（五）以"铁路换资源"，更新国内重要商用铁路

"罗津—哈桑"物流项目的成功运行无疑为朝俄经济合作奠定了良好的基础，在此基础上双方决定进一步推进铁路经济合作，由俄罗斯莫斯特维克公司（Mostivik）升级、改造朝鲜内陆约3000公里长的铁路。双方鉴于工程庞大、融资渠道有限，采用"铁路换资源"的新型合作方式，即俄罗斯投资朝鲜铁路改造，朝鲜允许俄罗斯开采矿物资源，并提供劳动力，扬长避短缩小资金缺口。与此同时，朝俄加强金融合作，朝鲜境内已可使用卢布进行银行间结算，此举有利于俄罗斯资本注入朝鲜经济。由于受到俄罗斯卢布危机的影响，相关项目能否持续进行尚未可知，但朝鲜允许国外资本进入国内用于基础设施改建，可见朝鲜对经济建设的需求日渐增加，为外国资本进入朝鲜提供便利的意识也有所加强。

总体而言，近年来朝鲜对外经济合作步伐加快且成效明显。朝鲜对外经济合作主要集中在罗先地区，合作领域以铁路、港口等基础设施建设为主。罗先地区的对外经济合作取得显性成果是多种因素共同作用的结果。

首先，朝鲜对引进外资完善本国基础设施的态度更为积极，发展经济建设的需求更加强烈，与周边国家展开经济合作的意愿有所增加。其次，随着世界经济进入缓慢复苏阶段，东北亚地区各国经济增速有所减缓，为创造新的经济增长点，中、俄、韩纷纷出台区域发展政策。最后，乌克兰危机持续发酵，俄罗斯为控制美欧制裁对本国造成的不利影响，加强与东北亚传统伙伴的关系，为区域经济合作再添动力。在此背景下，朝鲜完善国内基础设施建设的需求与俄罗斯"向东看"战略方向形成交集，加之俄朝拥有长期合作的历史记忆，现实又同为西方遏制、制裁对象，种种因素结合令俄朝关系日渐紧密，为双方经济合作提供了良好的政治环境。对朝鲜而言，发展对外经济合作旨在改善与周边国家关系，谋取更多援助，缓和西方制裁对国内经济建设的影响。从长远看朝鲜增加涉外经贸活动势必

---

① 吉林省人民政府，http://www.jl.gov.cn/ggkf/dwkf/dwmy/201406/t20140623_1685224.html。

促使其加深对市场经济的理解，推动泛日本海周边地区经济发展，为图们江地区开发提供契机。

三 朝鲜参与图们江区域合作的前景及存在的问题

朝鲜虽为图们江区域合作的初始参与国，但第二次核试验后宣布退出，至今尚未恢复加入GTI合作。长期以来，受制于朝鲜特殊地缘政治因素和封闭经济发展模式，图们江合作屡现僵局。金正恩上任后，朝鲜试图打破国际社会孤立，积极参与对外经济合作，扩大对外开放区域，从而赋予了图们江合作以新机遇。近年来，朝鲜对外经济合作主要集中在罗先地区，该地区居于图们江合作核心位置，罗津港现代化建设、"罗津—哈桑"铁路启动、"圈河—元汀"新跨境大桥的建立等朝鲜主要合作项目均可构成图们江区域合作的新内容。因此，朝鲜虽未加入GTI合作，但已实质性参与到图们江地区道路畅通工作。

当前，中俄、朝俄经济互动持续走强，各国对图们江地区的发展战略共振，产生一定规模效应，为图们江合作提供了有利的外部环境与政策支持。随着俄朝经济合作加速，朝鲜面向日本海沿岸地区基础设施建设有望加强，这一新情况对图们江地区开发无异于重大利好消息。中、俄作为与朝鲜共享传统友谊的区域大国，应积极吸引朝鲜重新加入图们江区域开发合作机制中，在交通、能源、旅游等领域开展广泛合作。朝鲜加入GTI不仅有利于图们江合作进程的推进，还能通过与朝鲜构建密切的经济合作关系，令朝鲜融入世界经济发展当中，逐步引导朝鲜敞开国门。

首先，推进公路、铁路、港口基础设施建设等交通领域合作。交通领域合作符合图们江区域各国利益，近期朝鲜对罗津港建设、口岸公路、铁路的基础设施合作持有积极态度，为朝鲜加入图们江区域合作提供机遇。罗津港北靠俄罗斯远东地区、西邻中国延边朝鲜族自治州、南眺韩国、东望日本列岛，地理位置优越，港口优良，具有成为东北亚地区陆海交通枢纽的潜力，对于图们江地区通道建设具有重要地缘意义。2015年，中国东北地区高速铁路网络化发展渐入佳境，东北对外开放条件日渐完善，吉珲、丹大、丹沈客运专线建设进展顺利，高速铁路延伸至中朝边境已成现实。推动中朝铁路互联，突破东北纵深海陆联系瓶颈应成为中国图们江开发的重要课题。当前，在"一带一路"大战略下，黑龙江省面向俄罗斯打通陆海联运航道进展加速，辽宁省大连及丹东港吞吐量不断提升，吉林应抓住当前朝鲜开发罗津港的有利机遇，加速打通东北亚陆海交通新通道，这无疑将提高东北整体开放水平。

其次，探索资源开发和能源领域合作路径与方式。朝鲜地下资源丰富，铁矿、有色金属、煤炭储量都居东北亚国家前列，受制于资金瓶颈及技术水平，开采效率低下。随着俄罗斯加速远东地区能源开发，完善基础设施，图们江区域能源合作提上日程。早在 21 世纪初，俄、朝便有意在铁路连接、天然气管道连接、电力输送等方面推进合作。随着近期俄朝关系的发展，双方能源合作有望推进，对图们江多样化开发模式具有一定意义。

最后，加速推动三国边境地区旅游合作。图们江三角洲地区旅游资源丰富，江河入海、自然景观优美、人文气息独特，具有发展跨境旅游合作的良好条件和前景。近年来朝鲜为发展旅游业不断提供政策支持，加速娱乐、休闲场所的建设，在新建立的 3 个旅游开发区中稳城旅游开发区位于朝鲜稳城岛与中国图们市交界，青水旅游开发区位于鸭绿江边，邻近中国丹东市，朝鲜发展中朝跨境旅游意愿可见一斑。随着内陆铁路逐步升级，朝鲜旅游资源丰富优势将逐渐显现。近年来，中国图们市边境赴朝旅游路线日渐多样，开发出朝鲜稳城一日游、罗先自驾游、朝鲜南阳步行游、朝鲜七宝山列车游等边境旅游线路。[①] 2014 年和龙至朝鲜境内长白山东坡 2～3 日旅游线路全面开通，由于长白山东坡可直接下到天池边，游客可亲手感受天池水，全新的体验吸引了不少游客。[②] 对各国旅客而言，朝鲜长期封闭体制令其多有神秘色彩，赴朝旅游颇具吸引力。朝鲜若能加入跨境旅游合作项目，将为其带来一定外汇收入，并为其他领域合作形成良好基础。

当然，朝鲜加入图们江开发亦存在诸多变数。

首先，朝核问题可能从全球层次冲击朝鲜参与周边合作进程。只要朝鲜未放弃"拥核权力"亦未终止研发远程运载工具，国际制裁依旧延续，朝鲜在国际社会孤立局面很难从根本上改变。自朝鲜提出"核武力与经济

---

① 《中国图们—朝鲜稳城冬季一日游开通》，吉林省人民政府，http://www.jl.gov.cn/zwgk/zwdt/xsdt/201212/t20121211_1345109.html。
② 《和龙新增长白山东坡游》，延边新闻网，http://www.ybnews.cn/news/local/201406/216608.html。

发展并举"路线以来，在经济、民生方面的改善不可否认，但拥核意志日渐强烈。与此同时，朝鲜领导人执政资历尚浅，为"有所作为"、巩固地位，在国际上多有强硬之举，以彰显核力量及远程运载工具为手段，不断激化地区事态。在此种情况下，对朝鲜过分的输血只会为其发出错误信号，助长其核开发进程。因此，只要朝核问题未能缓解，朝鲜对外经济合作不可避免将受到影响，图们江合作亦如狂澜之舟，前景难称乐观。

其次，朝鲜对全面开放的谨慎态度也会制约其对外经济合作。自金正日执政以来，朝鲜能否改变国内经济封闭状况，积极推进对外经济合作始终备受国际社会关注，但多次经济调整均以失败告终。金正恩执政后推行"新经济管理办法"，虽然促进了小规模"市场经济"的发展，但从本质上来看，此次经济调整是在计划经济基础上为增添经济活力而采取的激励措施，难以称为"改革"。朝鲜的经济调整始终步履维艰，究其实质，朝鲜尚不具备全面反思既有政治、经济制度的条件，经济问题的"小修小补"成为唯一可行之路。朝鲜对市场经济的谨慎态度直接限制了其参与经济合作的深度，图们江合作如失一臂，合作流于表面现象难以得到根本解决。

再次，朝鲜国内基础设施落后提高了图们江区域合作的难度。自冷战结束后，经济困境长期难获突破令朝鲜疲于应付民生问题，基础设施更新严重滞后，进而与周边国家形成鲜明反差。仅以铁路一项为例，朝鲜物流有90%依赖于铁路，但由于既有的铁路严重老化，大部分列车行驶时速在30公里以下，京义线新义州至平壤段220公里客运尚需5小时，而中国、韩国高速铁路时速均可超过200公里。随着沈丹、丹大、吉珲高速铁路建成，朝鲜基础设施老旧的弊端愈发凸显。

最后，朝鲜国内法律意识淡薄与投资环境恶劣也会为其参与图们江合作带来变数。朝鲜20余年经济调整历程，其措施虽屡有开放含义，但往往浅尝辄止，直接体现为其经济法律朝令夕改，稳定性不足。国内多有商家投资朝鲜，争为"第一个吃螃蟹的人"，但其结果不尽如人意。法律意识淡薄导致朝鲜招商引资规章多变，不确定性过高，严重限制投资者开发兴趣。纵观朝鲜经济调整举措，虽建设多个经济开发区，扩大对外开放范围，但开发区都是封闭式经营，严格管理外部信息的流入。显然，这样的封闭措施对生产经营者捕捉商机起到了极大的阻碍作用，同时亦会限制外来技术、管理人员前往朝鲜的兴趣，不能从根本上改善投资条件。没有资方支持，朝鲜参与图们江合作短期内仍将是"无根之木"，提振经济活力效果有限。

令人庆幸的是，朝鲜显然已经开始注意到这些问题带来的负面效果，并着手改善相关状况。朝鲜社会科学院学者在最新一期学报上刊登题为《东北亚经济合作的发展和朝鲜半岛》的论文称，为了打开强盛大国之门，朝鲜积极考虑推进图们江区域开发项目，并将其作为韩朝合作示范项目。这反映了朝鲜营造和平环境，集中力量推动经济发展的积极意愿。而金正恩也在不久前视察了金钟泰电力机车生产厂，表示将主抓铁路现代化建设[①]，显示朝鲜已经认识到升级基础设施建设的重要性，这对图们江合作无疑是一大利好信息。考虑到卢布币值有待稳定，俄罗斯经济前景不容乐观，朝鲜经济合作可选择对象显然不多。为今之计，中国正应乘势加强"一带一路"建设对朝鲜的吸引作用，结合图们江合作及"一带一路"建设北段实际需求，考虑以相关合作项目作为亚投行试点工程，观察朝鲜参与经济合作的稳定性与积极性，为中俄朝图们江合作打开融资瓶颈。

参考文献

〔韩〕《图们江区域开发10年——评价与课题》，《KDI朝鲜经济述评》，2003。

〔韩〕《中朝边境地区开发情况与影响》，《现代经济研究院》，2011。

〔韩〕敏准基、郑承浩：《朝鲜推进经济调整政策现状及评价——以"我们式经济管理方法"为中心》，BOK Issue Note，2014.12。

金祥波、王禹：《中朝图们江区域合作与开发》，《延边大学学报》，2012。

---

① 《金正恩视察金钟泰电力机车生产厂》，劳动新闻，http：//www.rodong.rep.kp/ko/index.php？strPageID＝SF01_01_02&iMenuID＝1&iSubMenuID＝1，2015年7月20日。

图们江通海问题回顾与解读

刘曙光[*]

图们江是流经中国、朝鲜和俄罗斯的国际河流，其中绝大部分是中朝界河，而下游到日本海的 15 公里为朝俄界河。我国本来是日本海沿岸国，1860 年《中俄北京条约》使中国失去了日本海的出海权，《中俄珲春东界约》签约后，经我方据理力争，迫使沙俄签订《中俄勘分东界约记》，规定"由土字界牌至图们江口 30 里与朝鲜连界之江面海口，图们江口中国行船俄国不得拦阻"，将我国出入图们江通海航行的权利以条约形式固定下来，我国又重新争得图们江河口段通海航行的权利。1938 年日苏在珲春敬信爆发震惊中外的"张鼓峰事件"，日军在防川以下边界强行封锁图们江出海口，我国在图们江的出海活动被迫中断，但并不是出海权的丧失。朝鲜战争期间，俄朝双方于 1952 年在"土"字牌下游修筑横跨图们江的公铁大桥，构成通航的重要障碍。20 世纪 80 年代以来，随着中国改革开放的推进，图们江出海航行问题又重新提到日程，并于 90 年代初实现两次通过图们江出海科考的历史性突破，随后以图们江出海及图们江地区开发为焦点的东北亚区域、次区域合作进程可谓"波澜壮阔"，然而我国的图们江出海问题却变得"扑朔迷离"，"出海困局"逐步演变为诸多图们江人的一种不解情结。当今国家提出"一带一路"愿景，又使得图们江出海问题成为大家关注的话题。

图们江出海问题涉及领域复杂纷呈，问题背景变幻多端，问题文献卷帙浩繁，本文尝试围绕恢复图们江出海航行问题为主线，通过追踪 20 世纪 80 年代以来的相关文献线索，为今后的相关研究工作提供些许脉络和有益的反思。

---

[*] 刘曙光，中国海洋大学海洋发展研究院副院长，博士生导师。

一 图们江出海通航问题的提出与实践

1. 图们江出海问题的提出

早在20世纪80年代中期,在全国各地掀起对外开放热潮的背景下,作为国家老工业基地的东北地区的对外开放却面临着相当严峻的局面,尤其是作为内陆省份的吉林省深感实现开放战略的地缘局限性,以陈才教授、袁树人教授等为领军的课题组在中苏关系刚刚解冻的国际背景下,通过探寻吉林省政治经济地缘特征和历史发展脉络,提出本省对苏贸易的战略构想,其中陈才教授(1985)在《论吉林省经济地域发展战略》一文中首次提出了其"边疆、近海"的特点。并进一步分析了东北经济区近百年发展历史,提出其经济同国际市场相联系,应该制定东北区全方位对外开放战略,加强区域基础建设,进行超前期流域调查与规划,通过外交途径和争取国家特殊政策,建立全区科研咨询机构,为东北区对外开放服务。

袁树人等(1986)考察了图们江的区域概况,分析了通海的必要性与迫切性,提出了具体方案:如利用图们江河道出海,利用苏联或朝鲜沿海,建一海上平台或修建港口码头;在防川或圈河建设河港等,提出出海权与换地、借地谈判,制定疏浚河道与确定港口、码头地址,相应的铁路公路的建设等对策。进一步提出通过外交谈判,尽快恢复图们江出海权,建议从调整边界中取得通海走廊主动权。

2. 图们江出海问题的政府大力推动

1987年2月5日,国务院国际问题研究中心《简报》第34期提出《关于东北区对外开放战略的几点意见》,认为应该进一步扩大东北区对苏联、东欧集团国家的贸易,首要的问题是要搞好沿海港口布局,开辟吉林省东部边境对外贸易开放口岸。国务委员宋健同志派国家海洋局杨金森同志等到防川现场考察,工作组经讨论研究认为:解决从防川经图们江口出海权,为我国增加一个出海口,对于发展延边地区、珲春县经济乃至全省及东北地区经济有重大意义;在中苏边境谈判中,力争恢复我国图们江口的出海权。时任国家海洋局局长严宏谟同志认为,恢复图们江出海口是我们的合法权益,应该利用中苏边界谈判这个良好时机。恢复出海权具有重要的现实意义和战略意义,打开出海口需关注其可能性和艰巨性。

3. 图们江恢复通航的历史性突破

1989年，国家海洋局在北京召开了图们江通海航行权利及日本海政治经济形势研讨会，吉林省和国家海洋局、国家科委、交通部、中国社会科学院等单位的20多名专家学者，就图们江通海航行权利、东北政治经济形势以及我国在日本海的合法权益等问题进行了深入的讨论。国务委员兼国家科委主任宋健同志就开展图们江地区开发开放课题事宜广泛征求意见，确立了研究工作的重点和突破口，并提出通过国际合作研究的形式推进研究工作深化的指导思想。1990年2月，外交部同意吉林省派船对图们江下游进行科学考察的请示，并分别照会苏联、朝鲜外交部，得到苏朝双方的确认，1990年5月，国务院批准吉林省关于图们江出海航行首次试航方案，随后我国组织专家进行了图们江出海复航的首次科学考察。

二 从图们江出海到东北亚国际合作演进

1. 图们江出海科考的破冰之旅

1990年7月，中国亚洲太平洋研究会（中国API）、美国东西方研究中心（EWC）和联合国开发计划署（UNDP）联合主办，在长春召开了"东北亚地区经济发展国际学术研讨会"，来自中国、美国、苏联、日本、朝鲜、蒙古国、韩国等国家和地区的80多名代表参加了会议，会议的中心议题是图们江地区开发与东北亚区域经济合作，中国专家提出利用特殊的地缘优势发展东北亚金三角的构想。

沉睡多年的图们江地区得到了国际社会的关注，关于出海问题在图们江问题国际化的同时却出现淡化趋势，但是部分学者坚信图们江出海问题的战略价值，探讨可行的推进策略。袁树人等（1990）指出包括海运河运在内的水上运输对东北亚经济的重要性，阐述了东北地区港口体系形成发展特点、结构特点，指出东北地区应该建设以大连港为中心，两翼港口较发达的东北南部海港群；复建东北东部以珲春为中心的图们江江海直达港群；建设以哈尔滨为中心的东北中北部黑龙江水系江海直达港群。丁四保等（1990）认为东北海口—铁路—交运网关系密切，图们江通海航行对东北亚地区交通运输业具有重要影响，应该关注蒙古国进入日本海，发展东北亚大陆桥运输,整合日本海沿岸各国港口等观点。陈才等(1990)认为需要将东北亚区域互补发展和加强跨境基础设施建设同时考虑,应该关注海洋问题。杨金森(1990)则进一步提出图们江出海问题的具体关注领域,即渔业资源和海洋环境保护,开展海洋科学研究等。赵利济博士(1990)提到应该成立国际化的特别工作小组协调东北亚各国海洋问题。

1991年5月16日,中国与苏联签订《中华人民共和国和苏维埃社会主义共和国联盟关于中苏国界东段的协定》,进一步明确"苏方在与其有关方面同意中国船只(悬挂中国国旗)可沿该协定第二条所述第三十三界碑以下的图们江(图曼纳亚河)通海往返航行,与此航行有关的具体问题将由有关各方协商解决",该协议经两国议会批准后即可生效,再经中、朝、苏三国具体协商,图们江通海航行权便可得到正式恢复。1991年5月20日至6月29日,吉林省图们江下游及日本海科学考察领导小组和国家海洋局为进一步摸清图们江入海口周围水域的自然人文和航道情况,征得有关国家同意,成功实现了第二次图们江出海考察。

1991年8月,中国亚洲太平洋研究会(API)、美国东西方研究中心(EWC)和UNDP联合,在长春召开了"东北亚经济发展国际学术研讨会",会议讨论了东北亚地区经济国际合作,包括合作开发海洋资源、图们江地区陆海空运输系统建设、苏联远东地区开发开放、朝鲜清津港开发开放等议题。10月,联合国开发计划署(UNDP)在平壤组织召开协调会议,敦促有关国家就图们江地区开发问题进行磋商,并设立图们江地区开发项目(TRADP)管理委员会;10月24日,UNDP在纽约总部举行了记者招待会,向全世界宣布了多国共同开发图们江三角洲这一宏大设想,并称为具有历史意义,拟筹集300亿美元,联合多国共同开发图们江地区,以使东北亚3亿人民受益,世界各地的报纸和电台广泛地报道了这一消息,图们江地区成为举世瞩目的焦点。

2. 图们江地区开发的"国际主导"

1992年2月,UNDP在韩国汉城主持召开TRADP管理委员会第一次会议。中、朝、韩、蒙四国派代表参加了会议,俄罗斯、日本和亚洲开发银行作为观察员列席了会议,UNDP亚太地区司提供了图们江地区开发计划的项目管理委员会参考条款、投资前资助计划、法律和制度及财政事务专家组计划、宏观经济贸易和投资事项专家组计划、技术可行性基础设施专家组计划等一系列草案。1992年4月，经国务院同意，国务院办公厅正式发函，批准我国参加UNDP图们江地区开发项目，同时责成国家科委、国家计委、经贸部、交通部、吉林省政府、国家海洋局等组成前期研究协调小组。我国组成出席UNDP图们江地区开发项目管理委员会的中国专家组和中国项目办公室。

1992年4月，吉林省图们江地区开发规划课题组提出"图们江地区国际合作开发战略构想"。构想包括图们江地区国际合作开发模式，图们江地区港口及集装箱运输系统规划设想等内容。1992年4月，UNDP在北京召开TRADP第一次专家组工作会议，来自蒙古国、俄罗斯、韩国、朝鲜和中国的专家学者和特邀专家，以及联合国开发计划署总部和驻华代表处的官员出席了会议，中国专家组组长孔德涌、副组长丁士晟在发言中畅谈了图们江地区的开发设想，引起与会代表的很大关注。1992年4~5月，以中国亚太研究会代表我国出席了在平壤召开的第二次东北亚经济论坛国际会议，会议由美国东西方研究中心、日本经济研究会、朝鲜对外经济协力推进委员会共同主持召开，会议一般性地讨论了图们江区域开发与东北亚区域经济合作，并组织参观朝鲜罗津—先锋港和自由经济贸易区。

1992年7~8月，UNDP在俄罗斯海参崴召开了TRADP第二次专家组工作会议，UNDP有8位专家参加了会议，中、朝、俄、韩、蒙各派三位专家与会，会议就图们江"小三角"发展提出不同方案，讨论基础设施建设问题，以及地区贸易和资源开发问题。8月，以中国亚太研究会理事长马宾为团长的一行15人代表团参加了在俄罗斯海参崴召开的第三次东北亚经济论坛国际会议。会议由美国东西方研究中心、日本海经济研究会和东道主俄罗斯科学院远东分院联合主持召开，会议通过了《符拉迪沃斯托克文件》，把交通、通信、环境等基础设施与金融等问题提上了议程。10月，UNDP在北京主持召开TRADP管理委员会第二次会议，中、俄、朝、韩、蒙五国管理委员会成员出席了会议，日本、芬兰、世界银行、亚洲开发银行派代表作为观察员列席了会议，管理委员会同意图们江地区项目参与国政府在保留主权情况下出租土地，土地出租协议按照有关国家主权法律，出租土地实行国际管理，最大限度地吸收国际投资。为呼应UNDP组织开展的TRADP研究工作，中国图们江地区开发协调小组会同国内有关院校的专家完成了《图们江经济开发区交通网络系统规划》《图们江经济区交通枢纽系统分析》课题报告，该项研究提出了"小三角""大三角"地区以及与俄、朝港口群连接的交通基础设施建设规划设想，为支持政府交通投资决策和形成该地区总体开发模式提供了重要依据。

1993年1月，UNDP在汉城、纽约、芬兰多次召开专家会议，就图们江地区开发中涉及的通信、环境、资源、法律、财政、机构等问题进行广泛研究讨论，并为UNDP两个协议的签订和国际公司章程的制定奠定了基础。4月，UNDP在北京召开了一次交通工作会议，讨论了图们江地区铁路、公路、水运、航空等交通方式的规划和布局问题，并对未来国家间的铁路接轨、国际空港的可能位置、现有港口的选择利用等问题进行了探讨。5月，联合国开发计划署在平壤主持召开图们江地区开发项目第三次专家会议，就通信资源和工业布局、交通、环境、金融和投资、机构、核心城市建设、起草图们江地区发展项目合作协议等问题进行了讨论；随后的TRADP管理委员会第三次会议，来自中国、俄罗斯、朝鲜、韩国、蒙古国的专家和代表联合国开发计划署的官员出席了会议，会议起草了《关于向图们江地区开发公司出租土地和建立图们江地区协调委员会的协定》和《关于建立图们江地区开发公司和创建政府间协调委员会的协定》两个协定草案。9~11月，UNDP在海参崴、北京、汉城组织召开了一系列会议，为形成各国政府一致同意的协议打下一定的基础。12月，图们江地区开发协调小组与图们江地区发展计划专家组共同完成了《图们江经济开发区新亚欧大陆桥建设及沿线经济产业带开发研究》报告，分析了以图们江地区港口群为桥头堡的新的亚欧大陆建设方案，为将图们江地区合作开发拓展到大范围东北亚区域经济合作提供了重要理论依据。

1994年4月，朝鲜代表团和中国吉林省代表图在长春进行了友好会谈，双方就图们江地区开发合作，在如下方面达成协：关于罗津港合营建设，共同利用先锋港石油码头及胜利化工厂合营合作问题，关于口岸铁路建设，在珲春、罗津之间建立光缆直达通信问题。1994年7月，在莫斯科先后召开了图们江地区开发项目管理委员会第四次会议和图们江地区开发项目第四次专家会议，总结图们江项目第一阶段情况，对第二阶段基础框架以及各成员国责任进行探讨。

1995年2月，在日本新潟举办了第五届东北亚经济论坛国际会议，讨论了东北亚经济发展的前景、图们江地区开发项目计划、东北亚财政金融的发展、产业中的国际合作。4月,中国图们江地区开发项目协调小组与国内有关单位共同完成了《图们江经济区贸易发展战略》研究报告,为图们江地区开发过程中的贸易促进提供了有价值的思路。

5月,图们江地区开发项目第五次项目管理委员会在北京召开,草签了《关于建立图们江地区开发协调委员会的协定》和《图们江经济开发区及东北亚环境准则谅解备忘录》。9月,中国图们江地区开发项目协调小组与有关院校共同完成了《图们江地区城市可持续发展问题的研究》课题报告,该报告详细分析了图们江地区可持续发展面临的形势、遵循的基本准则、城市化道路的选择以及实现城市可持续发展的主要途径等一系列重要问题,为从根本上树立该地区可持续发展战略提供了理论支持。

1995年12月,UNDP在总部纽约召开图们江地区开发项目管理委员会第六次会议,联合国开发计划署团长斯佩思先生出席并主持会议。中国、朝鲜、俄罗斯、韩国、蒙古国政府代表团参加了会议,我国政府代表由我常驻联合国代表团团长秦华孙大使为团长,国家计委、国家科委、外经贸部、外交部和吉林省的同志组成。这次会议主要是正式签署《关于建立图们江经济开发区及东北亚环境准则谅解备忘录》,标志着图们江地区开发项目从以前期研究为主转入以实际开发为主,表明了相关国家共同开发这一区域的政治态度,意义重大。

1996年4月,东北亚国家关于图们江地区政府间(两个委员会)第一次会议在北京举行,会议决定政府间委员会的秘书处设在中国北京。10月,第二次会议在北京举行,讨论"图们江地区开发协调委员会"和"图们江经济开发区及东北亚开发协商委员会"议事规则等议案,审议"关于1997年图们江项目基金使用计划"。1997年11月,图们江地区国际合作项目政府间第三次会议在北京召开,联合国开发计划署与五国政府签署了图们江经济开发区二期合作项目文件,联合国开发计划署计划在1997~1999年期间对该项目投入340万美元的技术援助,与会各方认为图们江地区旅游业发展、环境保护项目建设、基础设施建设等尤为重要。

3. 由图们江开发走向东北亚合作

2001年4月,中、俄、蒙、朝、韩在香港召开了政府间协商委员会会议,签署了图们江地区第三周期的项目文件。11月,联合国开发计划署与图们江秘书处在中国延吉组织召开了图们江地区开发项目协调员会议,探讨了建立东北亚能源合作与东北亚通讯合作的政策和行动计划,讨论了资源筹集战略的实施方案等有关事项。

2004年7月,联合国开发计划署在吉林省长春市组织召开了图们江区域开发项目第七次政府间协商协调会议,会议将《关于建立图们江地区开发协调委员会的协定》、《关于建立图们江经济开发区和东北亚开发协商委员会的协定》和《关于图们江经济开发区和东北亚环境准则谅解备忘录》三个1995年签署的法律文件有效期顺延10年。

2005年9月,图们江区域开发项目第八次政府间协商协调会议在长春国际会展中心举行,中国、朝鲜、韩国、俄罗斯和蒙古国五国一致同意,将1995年签署的项目咨询委员会协议再延长10年,并将"图们江区域开发"更名为"大图们江区域合作倡议",审议通过中国政府提出的方案,达成了5个成员国共同建立财政管理资金,合作开发建立中俄珲春—哈桑路港关工程建设、中俄珲春克拉斯诺木材加工储运批发等6个双边合作项目的共识,使图们江区域合作开发从会议研究阶段转入实质操作阶段。

2006年以来,大图们江区域合作倡议(GTI)计划如期推进,但是较之20世纪90年代的图们江开发热潮,其会议频次、参与范围、在各国的关注程度都有所衰减。

三 "一带一路"愿景与图们江出海战略重提

2010年我国吉林省提出"长吉图"一体化开发战略,使得图们江地区开发与图们江出海问题被再度关注,但是由此延伸出的恢复图们江出海科考的事宜始终没有付诸实施。

2014年以来,我国提出"一带一路"倡议,尤其是21世纪新海上丝绸之路倡议,使得本地区的国际合作开发又迎来一丝转机。其实,早在中国唐朝初年,居住在东北一带的满族先世粟末靺鞨人在珲春建立唐朝统治下的地方政权——渤海国,就有从珲春经过摩阔崴(今俄罗斯克拉斯基诺)乘船直达日本的水上通道,成为当时的"海上丝绸之路"。古代以来乃至近代历史上的经由图们江出海活动,是东北亚地区和平与文化繁荣的"晴雨表"与"显示器"。因此，我国在和平崛起背景下的国际合作"亲、诚、慧、融"理念，与实现图们江出海推动地区国际化交流可谓"一脉相承"。

四　图们江出海问题解惑

1. 图们江出海通航的"困局"反思

开始于 20 世纪 90 年代初期的两次图们江出海科考令人兴奋，而后"出海通航之梦"渐远，应该至少有以下几点值得思考：90 年代大开发背景下的单方强调的内河大港模式和国际租地等模式缺乏可行的经验借鉴；国际成员就本问题缺乏共同利益相关交集；国际社会（UNDP 等）迅速介入以及更大范围国家成员参与，使得图们江地区开发动机超越我国的出海通航诉求，后续的东北亚国际合作又在超越图们江地区开发范畴；当然，还有国内不同部门、层次地区对于恢复我国出海权的战略意义难以达成高度共识。

2. 图们江出海问题的国际视角调整

随着全球经济危机后的国际格局深度调整，东北亚地区国际紧张局势依然存在甚至加剧，但是区域合作和交流依然是不变的主题，如何争取战略主动是我们今后对待我国图们江出海通航问题的理性选择。应该从我国走向世界的大格局范畴重新审视和预判图们江出海的地位和作用，利用国际框架规范的多向约束性，引领图们江问题向有利于周边国际环境稳定和我国恢复通航问题解决的方向推进。

3. 图们江出海问题的现实选择

充分理解和利用已有的东北亚国际合作框架，以国际互惠合作和共同发展为主题，纳入图们江地区多方通道建设的网络化体系，继续推进与俄罗斯、朝鲜港口群的海陆配套工程，逐步发展未来的河—海分拨和喂给服务。参与三角洲地区的海岸带生态环境保护、生态旅游等活动，避免过度开发和过快开发导致的国际环境问题。

参考文献

陈才、袁树人:《东北亚区域合作与图们江地区开发》,东北师范大学出版社,1996。

图们江问题研究国际互联网报道资料(1997~2014)。

图们江问题研究论文及学位论文(1992~2014,限于篇幅,详目从略)。

图们江合作二十年

附件资料

一 图们江地区开发三个纲领性文件

1995年12月6日，在联合国开发计划署（UNDP）纽约总部召开的图们江地区开发项目管理委员会第六次会议上，中、俄、朝三国政府代表签署了《关于建立图们江地区开发协调委员会的协定》，中、俄、朝、韩、蒙五国政府代表签署了《关于建立图们江经济开发区及东北亚开发协商委员会的协定》和《图们江经济开发区及东北亚环境准则谅解备忘录》。三个文件的签署，表明了各缔约国对共同合作开发这一地区的态度，标志着UNDP从1991年开始倡导和支持的图们江地区开发项目，由前期研究论证阶段转入区域合作开发的实施阶段。

《关于建立图们江地区开发协调委员会的协定》

朝鲜民主主义人民共和国、中华人民共和国和俄罗斯联邦各国政府（下文称"缔约各方"），为了促进和加强图们江经济开发区的合作，改善各项开发活动和贸易的协调，达成如下协议。

第一条 基本原则

1.1 缔约各方重申，他们在图们江地区的合作是建立在各国政府增进互利，加强经济技术合作，为图们江地区各国和人民谋求更快的增长和持续发展的共同利益基础上的。

1.2 缔约各方将在指导国与国关系的国际法准则，特别是在相互尊重各国主权和独立、平等、互利和睦邻友好的基础上履行本协定。

1.3 缔约各方将努力保证图们江经济开发区对国际投资，贸易和商业中的吸引力。

第二条 图们江地区开发协调委员会

2.1 缔约各方将建立一个图们江地区开发协调委员会（以下简称"委员会"）。

2.2 委员会将就任何缔约方提出的有关其主权的社会、法律、环境和经济问题进行磋商和协调。

2.3 委员会将由各缔约方的一名副部长级政府官员，或各缔约方一致决定的其他级别的一名政府官员和各缔约方的另外三名官员组成。

2.4 委员会将就图们江经济开发区的经济发展，特别是贸易与投资的促进提供协调和建议，并将进一步对由缔约各方建立的在图们江经济开发区从事开发活动的任何其他的政府间的机构或组织提供协调和建议。

2.5 为工作便利，委员会可以设立下属机构。

2.6 委员会每年定期会晤两次。如有必要，主席可以应某一缔约方的要求召集特别会议。

2.7 委员会主席将由各缔约方按国别英文字母顺序轮流担任，任期一年。会议地点由缔约方协商一致后决定。

2.8 委员会的决定需由各缔约方协商一致后做出。

2.9 该委员会的秘书处可以与东北亚及图们江地区开发协商委员会的秘书处协调其职能和活动，只要该委员会认为这种协调将减少开支和更有效地完成其使命。

2.10 委员会的工作语言为英文。

第三条 其 他

3.1 鉴于本协定的意图，本协定中的"图们江经济开发区"系指位于东北亚的朝鲜民主主义人民共和国、中华人民共和国和俄罗斯联邦边界相邻地区，其范围可由该缔约方随时自行修订并通知其他各缔约方。

3.2 本协定需履行缔约各方国内法律程序并自该缔约方将完成法律程序的最后文件交存联合国秘书长之日起生效。

3.3 本协定自生效之日起有效期为十年，除非缔约方另外达成协定，该协定将自动以十年有效期连续顺延。

3.4 任何缔约方均可提出修改该协定。修改该协定的建议应提交给委员会主席。主席在收到建议三十天内将建议散发给各缔约方。委员会应在最近的例会上讨论修改建议。缔约各方达成一致后方可通过修正案。

3.5 任何缔约方均可提出退出该协定，但须于正式退出前六个月书面通知其他缔约方，六个月期满时，该缔约方的退出生效。

本协定，用英文书就，于1995年12月6日在纽约市签订，将交存联合国秘书长，秘书长将经核证的副本交付缔约各方，并将该协定在联合国秘书处登记。

《关于建立图们江经济开发区及东北亚开发协商委员会的协定》

朝鲜民主主义人民共和国、中华人民共和国、大韩民国、蒙古国和俄罗斯联邦各国政府（以下简称"缔约各方"）为促进和加强在东北亚，特别是图们江经济开发区的合作，达成以下协议。

第一条 基本原则

1.1 缔约各方重申，他们在东北亚特别是图们江经济开发区的合作是建立在各国政府增进互利，加强经济技术合作，为东北亚，特别是图们们江经济开发区各国和人民谋求更快的增长与持续发展的共同利益基础上的。

1.2 缔约各方将在指导国与国关系的国际法准则，特别是在相互尊重各国主权和独立、平等、互利、和睦、友好的基础上履行本协议。

1.3 缔约各方将努力保证东北亚，特别是图们江经济开发区对国际投资，贸易和商业的吸引力。

第二条 图们江经济开发区及东北亚开发委员会

2.1 缔约各方将建立一个图们江经济开发区及东北亚开发委员会[以下简称"委员会（commission）"]。

2.2 委员会将由各缔约方一名副部长级政府官员和另外三名官员组成。

2.3 委员会将寻求对开发东北亚特别是图们江地区的支持，促进东北亚特别是图们江地区各国和各国人民的协商、相互了解和共同受益，以及促进经济、环境和技术合作。

2.4 委员会将寻求缔约各方的共同利益进行合作，获得持续发展的机遇，促进在缔约各方的投资，并促进在东北亚，尤其是图们江经济开发区在交通、电信、贸易、工业、电力、环境、金融和银行等重点方面的投资。

2.5 为工作便利，委员会可以设立下属机构。

2.6 委员会在其成立后的头两年内，每年定期会晤两次，之后由委员会报据一致意见决定会晤时间，但每年不得少于一次。应某一缔约方的请求可由委员会主席召集特别会议，但这种请求应得到其他两个缔约方的支持。

2.7 委员会主席由各缔约方按国别英文字母顺序轮流担任，任期一年。会议地点由委员会协商一致后决定。

2.8 委员会的各项决定应由缔约各方协商一致后做出。

2.9 委员会将成立缔约各方专家组成的秘书处,也可聘任国际专家成为秘书处成员或顾问,如果该委员会提出要求,联合国开发计划署及其他国际组织可向秘书处提供帮助。秘书处将在委员会权限内制定和监督图们江地区开发计划的工作方案及各项后续计划。

2.10 缔约各方通过委员会协商一致后,可以邀请对此感兴趣的其他东北亚国家政府加入该委员会。

2.11 对此感兴趣的政府、国际组织及国际金融机构,如果得到缔约各方通过委员会协商一致后发出的邀请,可成为该委员会的观察员。观察员将无权参与该委员会的决策。

2.12 委员会的工作语言为英文。

第三条 其他

3.1 鉴于此协定的意图,本协定中的"图们江经济开发区"指位于朝鲜民主主义人民共和国、中华人民共和国和俄罗斯联邦边界相邻地区,经与其他各缔约方协商并通知各缔约方可随时修订其范围。

鉴于此协定的意图,东北亚系指图们江经济开发区及对缔约方互利的项目展开的其他缔约方接壤领域。

3.2 本协定需履行缔约各方国内法律程序并自该缔约方将完成法律程序的最后文件交存联合国秘书长之日起生效。

3.3 本协定自生效之日起有效期为十年,除非缔约方在协议到期前六个月另外达成协定,该协定将自行以十年有效期连续顺延。

3.4 任何缔约方均可提出修改该协定。修改该协定的建议应提交给委员会主席。主席在收到建议三十天内将建议散发给各缔约方。委员会应在最近的例会上讨论各修改建议。缔约各方达成一致后方可通过修正案。

3.5 任何缔约方均可提出退出该协定,但须于正式退出前六个月书面通知其他缔约方,六个月期满时,该缔约方的退出生效。

3.6 缔约双方或多方在有关该协议的解释及适用方面产生争议时,应相互磋商,以求根据《联合国宪章》,通过谈判或其他自愿的和平手段解决争议。

3.7 本协定的解释和应用,应本着诚信的原则根据协定各条款在文本中的常规意义,并考虑到其宗旨和目的。

本协议,用英文书就,于 1995 年 12 月 6 日在纽约市签订,将交存联合国秘书长，秘书长将经核证的副本交付缔约各方，并将该协议在联合国秘书处登记。

《图们江经济开发区及东北亚环境准则谅解备忘录》

朝鲜民主主义人民共和国、蒙古国、中华人民共和国、大韩民国和俄罗斯联邦各国政府（以下简称"缔约各方"），对以下达成一致。

宗 旨

缔约各方确认总体目标是按以下各点实现东北亚特别是图们江经济开发区（以下简称地区）环境上健康持续发展。

1. 在《关于建立图们江经济开发区及东北亚开发协商委员会的协定》中缔约各方所承担的义务；
2. 在联合国环境与发展大会上各国达成的一致；
3. 国内法律和法规及双边、多边环境协议的要求；
4. 以及由缔约方作为成员的多边开发银行的环境要求。

鉴于此谅解备忘录的意图，图们江经济开发区应指在朝鲜民主主义人民共和国、中华人民共和国及俄罗斯联邦的领土疆界内的那片区域，经与其他缔约方协商并通知各缔约方可随时修订其范围。

鉴于此谅解备忘录的意图，东北亚指图们江经济开发区（如附件中所描述）及对缔约方互利的项目展开的其他缔约方接壤领域。

各缔约方确认他们互相合作与协调来保护与改善本地区环境的意向，并且在不破坏任何缔约方、任何国家或国家管辖范围之外地区环境的情况下，在本地区开展各种开发活动。

各缔约方将在指导国与国之间关系的国际法准则，特别是互相尊重各国主权与独立、平等、互利和睦邻友好的基础上履行此谅解备忘录。

环境评估、调节及管理

1.1 缔约各方同意进行国内有协调的及共同的努力去收集、对照、共享，兼容及分析相关的环境标准和其他区域数据，辨别及弥补数据空缺。

1.2 缔约各方将进行联合（定期更新）区域环境分析，对经反复研究的整体地区发展规划在当地、国家、区域以至全球的环境影响进行评估，并联合制定区域环境调节与管理计划，以防止调节对环境的危害，基于区域环境分析及其他相关数据促进环境的改善。

1.3　假使需要某些法律法规、协议或政策来保持这一地区环境良好的持续发展。缔约各方将准备并采取适当的国家法律、法规、双边和多边的环境协议或政策，包括区域的、次区域的和国家机构的安排。

1.4　区域环境调节与管理规划将包括合适的措施，包括但不局限于土地使用管理规划，以及为以下行动的实施所确定的日程安排。

——保护土地资源，特别是潮湿土地，薄弱的沿海地区，森林及敏感的生态系统；

——生物多样化的保护，包括受到威胁的或处于危险中的物种及其栖息地；

——建立自然防护区，公园及保护区；

——空气和水质量的保障及改善；

——海洋环境和海洋生物资源的保护；

——对危险及固体废料的健全的排放、管理、处理及转移；

——应急计划及排泄防护；

——环境卫生；

——有毒物质的利用和搬运；

——有效地生产和利用能源；

——监测污染及环境条件。

1.5　缔约各方将举办（或应邀举办）一次具体项目的"环境评估"并准备（或应邀准备）一次具体项目的"环境调节及管理计划"，是针对该区域任何具有重要潜在环境影响的发展项目的计划，这一具体项目的"环境评估"及"环境调节管理计划"的准备工作将由项目所在地的缔约方领导并将包括其他受影响的缔约方专家。

1.6　缔约各方进一步就相互间协调与合作达成协议，以确保在该地区的开发规划活动中考虑到该地区的成果及具体项目的"环境评估"，并履行区域的及具体项目的"环境调节及管理计划"。

1.7　所有的"环境评估"及"环境调节及管理计划"将按照国际承认的程序和原则来进行。

缔约各方的其他环境责任

2.1　缔约各方将单独地或与其他各方合作，就其在该地区的活动努力完成国际环境协定的宗旨和标准。

2.2　缔约各方就其在该地区的活动及履行各自国家的环保法律时将

与其他各方协调，并考虑到使这些法律逐步协调的建议。

2.3 缔约各方与其他方共同合作，通过科学技术知识交流、技术转让、环境管理、法律、法规方面特长和经验的共享以及其他适当的方式来加强持续发展的能力建设。

2.4 缔约各方在本地区开发和环境计划进程的适当的阶段，将对受影响的市民和感兴趣的民间组织提供咨询、信息和参与的机会。

2.5 缔约各方将提供或寻求必要的资金来准备环保评估和环境调节及管理计划，并履行本谅解备忘录规定的其他环保责任。

其他条款

3.1 缔约各方将在履行本谅解备忘录的机构安排上取得共识。此项机构安排应与"关于建立图们江经济开发区及东北亚协商委员会的协定"中的规定一致。

3.2 该谅解备忘录须履行各缔约国国内法律的法律程序，并自该缔约方将完成法律程序的最后文件交存联合国秘书长之日起生效。

3.3 缔约各方达成共识后可邀请东北亚感兴趣的国家政府加入此谅解备忘录。

3.4 本谅解备忘录自生效日起有效期为十年，除非缔约各方另外达成协定，将以十年有效期连续顺延。

3.5 缔约一方打算退出备忘录必须在六个月之前向其他各方递交书面通知。该（六个月）期限期满时，该缔约方的退出生效。

该谅解备忘录于1995年12月6日在纽约市以英语形式完成，将呈交联合国科书长，由其向缔约各方转交经核证的副本并在联合国秘书处登记备案。

二 中国历任党和国家领导人关注图们江地区开发与合作

1.2015年7月16日至17日，中共中央总书记、国家主席、中央军委主席习近平到延边朝鲜族自治州考察调研。

2.1991年1月7日至9日，时任中共中央总书记、国家主席、中央军委主席江泽民视察珲春。

3.2001年8月19日，时任中共中央政治局常委、国家副主席、中央军委副主席胡锦涛视察珲春。

4.2002年7月18日，时任中共中央政治局常委、全国人大常委会委员长吴邦国视察图们江地区。

5.1991年8月6日，时任中共中央政治局常委、国务院总理李鹏视察图们江地区。

6.1991年6月14日，时任中共中央政治局常务、国务院副总理朱镕基视察图们江地区。

7.2001年7月，时任中共中央政治局常委、全国政协主席李瑞环视察图们江地区。

8.2006年5月19日，时任中共中央政治局常委、全国政协主席贾庆林视察图们江地区。

9.2003年5月31日，时任中共中央政治局常委李长春视察图们江地区。

10.2003年7月17日，原中共中央政治局常委、中央纪律检查委员会书记尉健行视察图们江地区。

11.2006年3月17日，时任中央政治局常委、中央纪律检查委员会书记吴官正视察图们江地区。

12.1991年6月20日，时任国务院副总理田纪云视察图们江地区。

13.1990年6月21日，时任国务院副总理、外交部长钱其琛视察图们江地区。

14. 1992年8月9日,时任国务院副总理吴学谦视察图们江地区。

注:党和国家领导人,本书仅记录了中共中央政治局常委和国务院副总理到图们江地区开发重点区域——延边朝鲜族自治州和珲春视察、调研。

三 大图们倡议（图们江地区开发项目）历次政府间协商委员会部长级会议报告

会 议	日 期	地 点	主要讨论内容及决定事项
第一次	1996年4月18日	中国北京	1. 通过了协商委员会的章程； 2. 将未来18个月工作重心放在发展区域贸易合作上，包括罗津—先锋投资发展论坛、俄罗斯滨海边疆区投资发展论坛等； 3. 图们江地区开发项目秘书处设址北京； 4. 讨论建设通信以及有关基础设施等中长期工作计划
第二次	1996年10月21日	中国北京	1. 要求中俄双方就边境开发、国际铁路建设合作交换意见、达成共识； 2. 要求中俄在边境安排单独的签证签发系统，提供短期签证签发和落地签等特殊服务； 3. 讨论了延边—罗津—束草旅游路线建设工作； 4. 提议各成员国积极参与贸易领域的研究
第三次	1997年11月17日	中国北京	1. 决定从1997年到1999年的工作计划； 2. 决定部长级会议在每年下半年召开，国家协调员会议于每年上半年召开； 3. 发表了秘书处组织撰写的研究报告：《图们江经济开发区近期外国投资趋势和成果报告》、《旅游促进进展报告》、《资金流动和周转报告》、《图们江经济开发区环境准则和原则》、《长白山旅游开发准则》等
第四次	1999年6月9日	蒙古国乌兰巴托	1. 讨论了建设东北亚/图们投资集团（NEATIC）的方案； 2. 听取PADECO Co. 提出的"图们江地区开发项目成员国间跨境交流政策障碍研究"； 3. 同意为多目的地旅游项目进行联合市场推广； 4. 中、韩表示愿意支持东北亚跨境环保合作

续表

会 议	日 期	地 点	主要讨论内容及决定事项
第五次	2001年4月5日	中国香港	1. 就图们江地区开发项目的合作前景交流意见； 2. 提出建立专家委员会，推动区域合作网络建设； 3. 通过《图们江区域开发项目第三阶段开发进展》和《图们江投资者网络建设服务第二阶段计划》
第六次	2002年6月1日	俄罗斯符拉迪沃斯托克	1. 决定由国家协调员组成工作小组，就图们江地区开发项目的未来发展方向进行详细讨论； 2. 进一步探讨了UNDP停止资助后，如何升级政府间合作的潜力，健全区域经济合作的法律基础
第七次	2004年7月8日	中国长春	1. 确定建立成员国主导的、结果导向的合作机制； 2. 确定优先合作领域为交通、能源、旅游以及投资和贸易； 3. UNDP承诺将继续为图们江地区开发合作项目提供专业性支持，帮助成员国进行能力建设； 4. 确定2006年以后资金来源
第八次	2005年9月2日	中国长春	1. 决定在1995年的图们江东北亚区域合作开发协商委员会的协议基础上，将合作再续10年； 2. 决定举办一年一度的大图们倡议投资论坛； 3. 正式更名为大图们倡议，将开发范围扩大至大图们区域，包括中国东三省及内蒙古、朝鲜罗先经济贸易区、蒙古国东部省份、韩国东部港口以及俄罗斯滨海边疆区； 4. 建立商务咨询委员会，加强与私营部门的合作
第九次	2007年11月15日	俄罗斯符拉迪沃斯托克	1. 确定了一批重点领域的大图们倡议项目； 2. 成立能源委员会、旅游理事会（后改为旅游委员会）与环境合作框架（后改为环境委员会）
第十次	2009年3月24日	蒙古国乌兰巴托	1. 成立交通委员会，关注跨境陆海联运航线建设； 2. 提出设立贸易便利化委员会； 3. 提出尽快通过《大图们倡议谅解协议》； 4. 同意每年与政府间协商委员会部长级会议平行举办地方发展论坛； 5. 建立轮值主席国机制
第十一次	2010年9月1日	中国长春	1. 同意稳步实施大图们倡议的法律过渡； 2. 通过了贸易便利化委员会章程； 3. 同意启动大图们倡议地方发展论坛； 4. 推动跨境游和多目的地旅游项目； 5. 主张东北亚各国中央政府、地方主管部门、商界和学术界间建立强大的协商合作网络

续表

会议	日期	地点	主要讨论内容及决定事项
第十二次	2011年9月28日	韩国平昌	1. 大图们倡议东北亚地方合作委员会正式成立； 2. 通过《2006~2015大图们倡议战略行动计划》； 3. 通过了交通走廊研究项目，强调进一步推动陆海联运航线建设； 4. 决定召开东北亚旅游论坛； 5. 批准了东北亚地方政府能力建设项目
第十三次	2012年10月10日	俄罗斯符拉迪沃斯托克	1. 批准新的《2012~2015年战略行动计划》与几项新的研究工作； 2. 决定举办大图们倡议交通基础设施展览； 3. 中国、蒙古国、韩国三国进出口银行（EXIM）签署了启动东北亚进出口银行联盟的备忘录； 4. 决定建设东北亚旅游数据库，建立东北亚多目的地旅游促进中心
第十四次	2013年10月30日	蒙古国乌兰巴托	1. 确定将大图们倡议法律过渡为独立机构。 2. 批准了跨大图们区域交通走廊——基础设施发展融资、罗津（朝鲜）—哈桑（俄罗斯）铁路和港口研究项目、交通走廊建设软件支持、东北亚交通合作国际研讨会； 3. 确定每年举办大图们倡议贸易投资博览会和东北亚贸易便利化国际能力建设项目； 4. 讨论农业机制化合作的可能性
第十五次	2014年9月17日	中国延吉	1. 通过《大图们倡议法律过渡的概念文件》，敦促各国协调员在抓紧讨论进程，并于2015年部长会上提交《基础协议》； 2. 批准了大图们区域陆海联运研讨会，扎鲁比诺海港项目开发市场调研； 3. 通过了4个能源项目：发电和输电——跨越朝鲜半岛的发电和传输的初步经济研究；煤与综合天然气在东北亚地区的可行性研究；工业能源有效性经验交流会；区域工业能源有效性合作研究； 4. 同意建立大图们倡议农业委员会； 5. 决定成立大图们倡议研究机构网络与东北亚商会联盟； 6. 正式启动东北亚进出口银行联盟

图们江地区开发项目
第一次政府间协商委员会部长级会议报告

1996年4月18日，图们江地区开发项目第一次政府间协商委员会部长级会议在中国北京召开。中、朝、蒙、韩、俄五国及联合国开发计划署和联合国项目事务厅的官员与会讨论了协商委员会的规章程序、未来工作计划、秘书处的组织和设立以及资金问题。

（一）协商委员会规章程序

成员国组成专家小组对协商委员会的规章程序进行了讨论和修改。会议通过了修改版的协商委员会规章程序。

（二）未来工作计划

成员国就未来18个月的工作计划达成共识，焦点集中在发展区域贸易合作上，包括罗津—先锋投资发展论坛、俄罗斯滨海边疆区投资发展论坛等。会议指出周转资金和吸引外国投资者的重要性，除了由图们江信托基金（Tumen Trust Fund，TTF）提供资助外，会议敦促秘书处积极寻求外部资源的支持。会议认为，工作计划的完善将在未来6个月的会议上继续讨论。

（三）秘书处的组织建立

成员国达成共识，自1996年7月1日起之后的3年中，秘书处将设立在北京。1999年7月1日之前的一年中，成员国将再次就秘书处的地理位置开会商谈。

成员国同样就秘书处主任的选任达成共识。联合国开发计划署项目主任将继续担任秘书处主任，任期保留至1996年底。联合国开发计划署应在6月前提交主任候选短名单，供成员国在9月会议上选出新主任。

（四）资金来源

成员国同意与本国财政部门商谈出资比例，联合国开发计划署将支持本项目在1996年余下时间中的运行。

图们江地区开发项目
第二次政府间协商委员会部长级会议报告

1996年10月21日，图们江地区开发项目第二次政府间协商委员会部长级会议在中国北京召开。会议主要内容是讨论阻碍成员国之间合作的壁垒，力求创造一个更加和谐的东北亚合作环境。

目前，在东北亚地区，中国、俄罗斯、朝鲜三国边境之间的交流依然存在较多障碍，阻碍了商业贸易、交通、旅游等事业的发展。因此，跨境便利设施建设对于推动地区贸易合作的进一步发展至关重要。会议要求中俄两国外交部就边境开发问题尽快达成共识，为第三方国家的护照持有者提供便利的出行条件。会议还要求中俄双方就合作开发国际铁路尽快交换意见。

委员会还对中国代表团提出要求，希望了解目前交通便利化设施建设的具体状况，并且要求中国政府和吉林省政府将重点放在边境设施建设上，重点关注投资、设计和赞助几方面的工作。委员会还要求朝鲜在1996年结束之前就开放边境事宜与中国政府交换意见。

委员会就签证事宜进行了细致的商讨。委员会要求中国和俄罗斯在边境安排单独的签证签发系统，提供短期签证签发和落地签等特殊服务。

会议同时讨论了关于铁路设施建设的安排。中俄两国目前已建成第一条跨境铁路，并将在明年投入商业运营。俄罗斯和朝鲜的交通基础设施目前尚未得到充分开发，中韩之间的铁路建设目前也在商谈中。委员会具体讨论了这些分歧，并确定了未来的工作步骤。

会议还讨论了延边—罗津—束草一线的旅游路线建设工作，并强调了韩国政府在组织跨境旅游路线中的重要支持和作用。会议对旅游和交通路线开发给予了高度的关注，并确定了由秘书处在未来举办旅游工作会议。

同时会议还讨论了贸易领域的合作问题。会议提议中国政府与图们江秘书处合作，对图们江区域各国的出口规定等进行研究，同时还要求中国代表重点关注煤炭和玉米交易的领域。会议还要求秘书处对图们江区域各成员国的金融经济风险做出研究。会议提议各成员国都参与到这些领域的研究中来。

本次会议还重点讨论了图们江地区开发项目的融资问题，并提出了未来工作计划安排。同时协商委员会通过决定，正式对日本发出邀请。

图们江地区开发项目
第三次政府间协商委员会部长级会议报告

1997年11月17日,图们江地区开发项目第三次政府间协商委员会部长级会议在中国北京召开。会议回顾了自1996年10月第二次政府间协商委员会部长级会议召开以来的工作,认为图们江区域开发计划进入了一个新的发展阶段。在协商委员会的指导下,在联合国开发计划署的资金支持下,图们江区域开发计划越来越专注于成员国的意愿和利益。成员国协商决定,部长级会议在每年下半年召开,国家协调员工作会议在每年上半年召开,用于提交、审议、制定活动和项目计划,并为部长级会议做准备。

(一)图们江地区开发项目主要在以下几个领域取得了进展,未来几年的工作也将围绕这些方面开展

(1)图们江地区开发项目第二阶段自1997年2月起顺利实施。
(2)除了成员国的资金支持,还在寻找其他资金来源。
(3)图们江地区开发项目在金融、投资、环境、旅游推广、跨境货物转运合作等领域开展了多样的合作,尤其在能力建设方面(培训及考察团等)。
(4)各国图们江地区开发合作办公室正在建立过程中,并且有望在下一年里建成有效的地区合作网络。
(5)1998年计划在符拉迪沃斯托克、珲春和罗先地区举办投资推广活动。
(6)为蒙古国提供技术支持,开发交通建设项目,以加强蒙古国和图们江地区口岸的联系。

(二)为图们江地区开发提供技术支持

(1)图们江地区开发项目国际会议:过去的12个月中,共举行过8次国际工作会议,比上一年多出一倍。
(2)访问考察:在UNDP的支持下,图们江地区开发项目秘书处组织过4次考察活动。相比较,上一年只有一次考察。
(3)图们江地区开发宣传活动:过去的12个月中,秘书处组织了8

次图们江地区宣传活动,带领考察了延边和罗津—先锋区。

(4) 项目任务和组织:图们江地区开发项目秘书处组织了多次实地考察和培训活动,重点在于本地区的能力建设。

(5) 可行性调查和相关研究。1997 年完成了三个研究项目,分别为图们江地区旅游开发研究、UNDP 首尔商业与投资银行课题研究、蒙古国中部和中国铁路建设可行性研究。

(三) 有限发展领域

图们江地区开发项目秘书处在过去一年中开展了多个项目,反映了成员国的要求。在投资领域、跨境建设、资金融通等方面都取得很大的进展。其中最为关键的活动就是为成员国提供的技术支持项目。

会议上还发表了 1998 年重要活动时间表以及由图们江地区开发项目秘书处组织撰写的研究报告:《图们江经济开发区近期外国投资趋势和成就汇报》、《旅游工业推广进程汇报》、《资金流动和周转汇报》、《图们江经济开发区环境准则和原则》、《长白山旅游开发准则》等文件。

图们江地区开发项目
第四次政府间协商委员会部长级会议报告

1999 年 6 月 9 日,图们江地区开发项目第四次政府间协商委员会部长级会议在蒙古国乌兰巴托召开。会议议题主要涵盖了图们江区域开发项目的未来发展、资金流转、重点领域的具体工作计划、经济发展与环境保护等。中、俄、蒙、韩四国代表参加了会议,朝鲜代表因故缺席。

(一) 图们江地区开发项目的新方向

图们江地区开发项目秘书处执行主任发表讲话指出,当前应当重点关注三个领域:地区性经济发展合作、与赞助机构的合作以及在东北亚发展合作的大背景下探讨图们江地区开发项目的未来发展方向。这意味着未来发展的新方向将更侧重于跨境合作、交通走廊建设和环境保护工作。图们江地区开发项目将作为地区性合作的促进因素,在东北亚范围内开展更广泛的合作。

（二）资金流转

会议上讨论了建设东北亚/图们投资集团（Northeast Asia/Tumen Investment Corporation，NEATIC）的方案。NEATIC 将从国际金融市场上周转资金对图们江地区基础设施建设项目进行投资。

会议强调，NEATIC 并不是一个发展银行。尽管随着时间的推移，有可能会具有发展银行的某些特质，但是其最主要的目标将是资助基础设施建设。成员国普遍表示了对 NEATIC 的支持，但是对发展速度和规模的扩大，成员国表示要谨慎。

（三）关键领域的工作进展

在成员国国家的帮助下，秘书处已经在环境、旅游和交通领域形成了良好的行动计划。其他领域的行动计划也基本达成共识。

1. 旅游

地区性的旅游项目有利于成员国的发展。世界旅游组织（World Tourism Organization，WTO）主席介绍了世界旅游组织为图们江地区开发项目所设计的旅游项目，并提出需要发展可持续的、环保的旅游事业，共同努力开发多目的地的旅游项目并联合进行市场推广工作。

2. 交通

图们江地区开发项目资助日本一家咨询公司 PADECO Co.，进行了"图们江地区开发项目成员国间跨境交流非物理性障碍研究"。研究报告提供了多种消除壁垒的方法和举措，例如减免签证费用、简化文件手续、多目的地签证发放等。该项目的第二阶段将针对优先领域提出具体的解决方案。

3. 环境

UNDP 中国区的代表提出并讨论了东北亚跨境环保合作的具体措施。

世界环保设施组织（The Global Environment Facility，GEF）是图们江地区开发环保项目的重要参与人。GEF 资助了一系列的环保项目，其中包括环境领域的战略行动计划和图们江地区跨境水域生态和生物多样性的研究。GEF 在中国黄海启动的新项目得到了韩国和中国的支持，两国已经表示愿意参与到开发进程当中。

4. 人力资源发展

图们江地区开发项目秘书处高级项目官员在会上介绍了 AIDS/HIV 所产生的社会和经济影响。各国政府在对抗疾病中的作用得到了强调。一项旨在提高图们江国家之间的信息交流程度的新项目被提出，以鼓励成员国之间共同形成有效的防疫措施和政策。

成员国接下来对图们江地区开发项目当前的进展和未来的工作发表了各自的观点。本次会议在促进成员国国家之间的区域合作意愿方面起到了重要的作用。图们江地区开发项目能够有效地传达各成员国之间的意愿。会议指出，图们江地区开发项目将要继续在不同的领域之间寻找平衡：成员国提出具体的项目实施计划，同时地区性的重要问题也不能够被忽视。图们江地区开发项目是东北亚区域开发中的一个重要部分，需要不断寻找并实施可持续性的区域发展战略。

图们江地区开发项目
第五次政府间协商委员会部长级会议报告

2001年4月5日，图们江地区开发项目第五次政府间协商委员会部长级会议在中国香港召开。会议讨论了图们江地区开发项目的合作前景以及区域内国家之间政策协调等问题。

UNDP 行政官员 Mr. David Lockwood 指出，图们江地区开发项目在过去几年的东北亚发展中扮演了重要的角色，UNDP 将持续为图们江地区的经济开发与合作提供重要支持。他同时还表达了 UNDP 对图们江地区开发项目前景的看法。UNDP 为图们江地区开发项目提供了丰厚的资金支持，而与东南亚地区相比，东北亚地区在区域合作和经济一体化等方面的进展远远落后。地缘政治和中俄两国的金融危机使得地区性合作遭遇困难。同时，在 UNDP 停止对该项目提供资助之后，该项目的可持续性有待商榷。

图们江地区开发项目秘书处主任卓赛罕·贡布就图们江地区开发项目过去取得的成就发表了重要讲话。过去10年之间，图们江地区国家之间的合作有了很大变化，在贸易、交通和其他领域的经济合作取得了积极进展，成员国边境开放也为很多领域的活动开展提供了方便。会议还讨论了图们江地区开发项目未来主要的几个挑战。

（1）项目规模较小，不便吸引国际社会的注意。

（2）项目和基础设施资源有限。

（3）区域中一些国家之间有尚未解决的分歧，以及东北亚整体的政治形势较为复杂。

（4）中央政府对于地方政府的具体要求支持不够。

各国代表就图们江地区开发项目过去的进展和未来的前景发表了讲话，表达了各国的看法和建议。

大会主席龙永图副部长提出，图们江地区开发项目在过去几年中促进和推动了东北亚区域合作的发展，目前，东北亚区域政治氛围良好，有利于进一步开展合作。主席还提出以下建议。

（1）以1995年签署的三份法律文件为基础，开展大图们地区即东北亚地区的合作交流。

（2）邀请日本加入项目合作。

（3）在大图们地区成员国之间推动双边对话。

（4）为蒙古国和朝鲜提供支持。

《图们江地区开发项目第三阶段开发进展》主要关注图们江地区开发项目的可持续性发展，关注主权、媒体、资源流通及可行性等。会议还指出，图们区域开发项目的主要任务并不是执行区域合作计划，而是积极实现成员国之间的合作。

接下来，会议重点讨论了区域合作网络建设，提出建立专家委员会。提名了4位委员会成员名单以及选举委员会主席的方法。UNDP代表提出要有长期性的战略眼光，加强图们江地区内部人员的交流沟通与合作。未来图们江地区开发项目有望发展为东北亚人权及安全合作组织。图们江地区开发项目秘书处主任最后提出了一系列具体的建议，目的在于完善图们江地区开发项目的组织结构，强调和区别了成员国代表、工作小组和国家协调员的不同角色和任务。以上建议在成员国中达成了共识。

本次会议建立了专家委员会，各成员国和UNDP代表对专家委员会的成立表示欢迎。会议接下来讨论和修改了由秘书处起草的会议章程，成员国最终就该章程达成了共识。会议后，成员国和UNDP共同签署了两份文件：《图们江地区开发项目第三阶段开发进展》和《图们江投资者网络建设服务第二阶段计划》。

图们江地区开发项目
第六次政府间协商委员会部长级会议报告

2002年6月1日，图们江地区开发项目第六次政府间协商委员会部长级会议在俄罗斯符拉迪沃斯托克召开。同期举办了专家委员会成立会议以及国家协调员会议。会议主要内容涵盖了图们江地区开发项目的前景、如何发挥已建成的政府间机构的作用以及UNDP主导阶段之后的项目发展。除5个成员国国家的代表之外，日本作为观察员国参与了本次会议。

UNDP行政官员强调，图们江开发项目在东北亚地区发展中扮演了重要角色，是维护该地区和平稳定的重要因素之一。UNDP一直为该项目提供支持。根据UNDP对地方合作项目的支持政策，18个月之后，UNDP会停止提供资助并对该项目的历程、前景进行评估，以重新决定UNDP未来在该项目中的参与程度。UNDP行政官员建议高级政府官员组成一个工作小组，就该项目组织未来的发展方向进行详谈，以前期主题为"东北亚经济合作：未来方向"的研讨会上讨论的文件为基础，形成具体的意见和建议提交给下一届协商委员会。

各国参会代表就形成工作小组并讨论未来发展方向这一问题发表了见解。中国强调UNDP对该项目持续不断的支持至关重要，并呼吁成员国保持乐观的同时，也要有长远的眼光并保持实际的态度。朝鲜代表对UNDP一直以来的支持表示感谢，强调未来的发展方向应该专注于吸引能源和交通设施方面的投资，并表示这两个领域是朝鲜最为关注的。蒙古国代表强调了最感兴趣的是能源开发领域，并提出了关于蒙古国东部能源开发的一些提案和建议，同时建议协商委员会重新考虑去年会议上所提出的有关扩大图们江地区开发合作项目地理范围的提案。韩国代表提议各成员国中央政府应更加注重图们江地区开发项目的多边合作和信息交流，同时也强调了UNDP的支持对于成员国来说至关重要。俄罗斯代表强调地方政府应当在项目合作中扮演更重要的角色，同时也认同UNDP支持的重要性。

成员国最终达成共识，由各国国家协调员共同讨论图们江地区开发项目的未来安排。会议上还讨论了其他国际组织对图们江地区开发项目支持的重要性以及秘书处的组织结构等问题。会议最后通过了修订过后的会议章程，确定了下一次部长级会议召开的地点为中国。

图们江地区开发项目
第七次政府间协商委员会部长级会议报告

2004年7月8日,图们江地区开发项目第七次政府间协商委员会部长级会议在中国长春召开。会上,图们江地区开发项目秘书处做了工作汇报,会议主要讨论图们江地区开发的发展前景、成员国的责任和义务以及区域合作的新发展方向。

成员国一致认为,图们江地区开发项目在维持东北亚地区和平稳定的过程中扮演了关键的角色。如今的东北亚地区的地缘政治形势为区域经济合作提供了良好的环境。图们江地区开发项目以及其日益完善的组织结构框架,有利于成员国之间开展更紧密的合作、取得更卓著的成效。因此成员国一致表示支持图们江地区开发项目。

(一)成员国共识

与会代表们认为,图们江地区开发项目最重要的目标是使得东北亚地区所有国家能够在一个更广泛的国际组织合作框架中,共同创造一个更强大繁荣的东北亚地区。东北亚地区如今已经成为世界经济增长中的重要组成部分。但是在最终目标达到之前,图们江地区开发项目将扮演一个过渡性的角色,推动东北亚地区的区域合作不断发展。与会代表一致认同应当将图们江地区开发合作发展为更高级别的政府间合作项目。

为了更好地发挥图们江地区开发合作项目的作用,与会代表提出了中长期的目标。

1. 图们江地区开发项目应当成为一个成员国主导的、结果导向的合作机制,因此成员国应当集中有限的资源进行具体项目的建设,有选择地举办工作会、协商会或研讨会,避免开展重复的研究项目。

2. 选择开展项目的标准如下。

(1)项目必须建立在成员国共同利益基础上,并得到参与项目的所有成员国的一致认可。

(2)项目必须有能力吸引国际金融组织或私人部门的投资。

3. 合作的重点领域包括:交通、能源、旅游以及投资和贸易。

与会成员国和代表一致认为私人部门的参与是未来图们江地区开发项

目合作成功的关键因素之一。吸引私人部门投资需要建立图们江地区开发合作项目的良好的公共形象。图们江地区开发项目成员国一致表达了对UNDP长期以来的支持的感谢，并且开始商讨将图们江地区开发项目从副部长级别提升到部长级别的可能性。

（二）UNDP的立场

1. UNDP将继续为图们江地区开发合作项目提供专业性的支持。

2. UNDP将在2005年12月之后停止在联合国体系内为图们江地区开发项目提供资金支持，但将保持对开发项目中有价值的具体工程提供支持。UNDP同时也会借助相关国家的经济资源来为相关项目提供支持。

3. UNDP将持续帮助成员国进行能力建设，直到成员国有能力自主运行合作机制。同时，UNDP会持续为项目寻找更多的合作伙伴。

4. 因此，UNDP对成员国做出了以下几点要求。

（1）成员国应当更加重视自身对项目的义务和责任，同时更加努力地发展经济合作。

（2）成员国政府将向秘书处派出政府官员并在2005年12月之后为项目提供资金支持。

（3）图们江地区开发项目将从一个UNDP项目转变成为一个由成员国主导、运营的国际倡议。成员国应当加大对该项目的参与力度。

（三）资金来源

本次会议阐述了将从2006年1月起适用的资金来源规定。成员国达成共识，本项目将转变为由多方共同融资运营的合作项目。可能的资金来源渠道如下。

1. 成员国政府对秘书处的资金支持。
2. UNDP对某些具体项目的资金支持。
3. 国际金融组织投资。
4. 私营部门投资。
5. 其他。

成员国达成共识，融资将成为未来交通、能源等领域工作的重要部分。协商委员会的代表们一致认为，应当首先联系亚洲开发银行商讨融资事宜。同时，为了争取私营部门的投资，应当有意识地更多地推广宣传活动。

随后,代表们就图们江地区开发项目具体的转型过程简单交换了意见,并同意就此问题展开详细研究。

图们江地区开发项目
第八次政府间协商委员会部长级会议报告

2005年9月2日,图们江地区开发项目第八次政府间协商委员会部长级会议在中国长春召开。会上,成员国共同制定了未来发展方向,一致同意将合作延长10年,并扩大开发范围。会议签署了《长春协议(2005)》。本次会议是一次具有里程碑意义的会议,就未来区域行动计划达成如下共识。

1. 在1995年12月6日签署的《关于建立图们江经济开发区及东北亚开发协商委员会的协议》与《关于建立图们江地区开发协调委员会的协议》基础上,将合作顺延10年。

2. 为进一步促进图们江地区开发项目的发展,更名为大图们倡议。进一步加强现有的区域合作关系,推动经济增长和东北亚经济繁荣。每年与政府间协商委员会部长级会议背靠背举办大图们倡议投资论坛。

3. 确保成员国主导,在大图们倡议框架下形成合力。联合国开发计划署承诺继续支持更多具体项目,通过大图们倡议的机制促进东北亚经济合作。

4. 将大图们倡议的覆盖范围扩大到大图们区域,按照各个成员国的立法决策,其范围包括中国东三省及内蒙古、朝鲜罗先经济贸易区、蒙古国东部省份、韩国东部港口以及俄罗斯滨海边疆区的部分。

5. 建立商务咨询委员会(BAC),加强大图们倡议与私营部门的合作。

6. 将大图们倡议秘书处的资源向各优先领域(交通、能源、旅游、投资和环境)的具体区域项目倾斜。与此同时,努力寻求并建立新的伙伴关系,拓宽融资渠道。

7. 通过对大图们倡议秘书处提供资金支持,派遣本国专家,巩固成员国主导性,增强秘书处开展具体项目的能力。

大图们倡议
第九次政府间协商委员会部长级会议报告

2007年11月15日,大图们倡议第九次政府间协商委员会部长级会议在俄罗斯符拉迪沃斯托克召开。会议重申了成员国政府对大图们倡议的主导权,通过了《符拉迪沃斯托克宣言(2007)》。

会上,各方积极讨论,表现出高度的协同意识,力求解决悬而未决的问题,进一步发挥大图们倡议作为区域性政府间机制的平台作用,推进区域经济合作、促进社会与经济繁荣、扩大东北亚地区的政治经济政策对话的广度与深度。

(一)讨论决议

会议确定了一批重点领域的大图们倡议项目(GTI Projects),计划进一步融资和推广,使其在未来几年内顺利实施。这些项目将会重点促进大图们区域和东北亚地区的经济合作和发展,并对促进双边对话起到重要作用。

会议决定将成员国会费转移到新设立的共同基金,作为支持大图们倡议秘书处的运营费用。

(二)第八次部长会后的工作进展

1. 商务咨询委员会

会议讨论并签署了商务咨询委员会(Business Advisory Council,BAC)的章程,确定了具体的职责范围。商务咨询委员会由资深商业领袖、成员国杰出人士及外国投资者组成,将作为一个由私营部门主导并资助的非政府实体,为私营部门与政府提供持久的对话平台。成员国政府对商务咨询委员会的成立表示欢迎,同时对联合国伙伴关系办公室的支持表示感谢。

2. 能源委员会

会议同意设立大图们倡议能源委员会,旨在通过能源合作加强大图们江区域的能源安全。同时,为区域性的整体能源规划打下良好基础。能源委员会还将带动能源相关的基础设施建设,进一步促进大图们江区域的经济发展。

3. 旅游理事会

会议同意设立旅游理事会(Tourism Council)。作为给政府和协商委员会提供旅游领域咨询的理事团队,该理事会旨在协助实现本区域的旅游战略目标,如促进跨境旅游、提供旅游设施和服务、开发图们江区域旅游产品等。旅游理事会将由来自公共部门和私营部门的代表组成。

4. 环境合作框架

会议认为,环境是大图们区域的重点治理领域。会议决定设立环境合作框架(Cooperation Framework on Environment,CFE),作为一个正式的跨境机制,整合大图们区域的环保资源和力量。CFE 被认为是关键的能力建设项目,将由一个协调小组和工作小组来进行项目工作。协调小组将负责项目运行的总体框架和日程安排,工作小组则负责项目的具体实施和运营。

大图们倡议
第十次政府间协商委员会部长级会议报告

2009 年 3 月 24 日,大图们倡议第十次政府间协商委员会部长级会议在蒙古国乌兰巴托召开。中、蒙、韩、俄及联合国开发计划署强调了朝鲜积极参与活动的重要性,会议通过了《乌兰巴托宣言(2009)》。会议期间,第二届大图们倡议投资论坛与商务咨询委员会第一次会议同时举行。

(一) 第九次部长级会议后的工作进展

1. 大图们倡议项目

会议讨论了在第九次政府间协商委员会部长级会议通过的大图们倡议项目的进展,并对秘书处、联合国开发计划署及成员国所做的努力表示认可。成员国政府一致决定继续推动这些项目以吸引更多外部资源。如要成功发展跨境项目,则需要一个强大的合作伙伴关系,以及大图们倡议成员国与国际组织和私营部门之间的密切合作。

2. 大图们倡议组织架构

会议回顾了上届部长级会议新设立的"能源委员会"、"旅游委员会"（原旅游理事会）与"环境委员会"（原环境合作框架）的工作开展情况。会议强调了设立新组织的重要性，重申将加强在关键领域的经济合作。为促进区域贸易便利化，会议提出设立贸易便利化委员会，并要求秘书处草拟章程。

3. 大图们倡议谅解协议

成员国政府重申了对大图们倡议的绝对主导，表明了尽快签署《大图们倡议谅解协议》的决心，并希望联合国开发计划署给予进一步支持。会议认为，该协议是对1995年签署的《关于建立图们江经济开发区及东北亚开发协商委员会的协议》的有效补充。

（二）加强东北亚地区的合作

1. 加强区域机制

大图们倡议是东北亚经济合作与交流的一个重要平台，为促进可持续发展和区域稳定发挥着积极作用。成员国将做出务实努力，推进区域合作，加强大图们倡议的机制作用，实现成员国的所有主导权。

因此，会议认为，应在更高政治层面讨论东北亚的区域合作。会议同意每年与政府间协商委员会部长级会议平行举行地方发展论坛（Local Development Forum，LDF），同意推动"快速通道项目"，以促进区域经济合作。

2. 交通领域

会上，成立了以加强大图们倡议各国之间交通基础设施和物流网络建设来推动经济合作为宗旨的交通委员会。会议批准了该委员会的职权范围，并同意第一次交通委员会会议应在2009年下半年举行。成员国及联合国开发计划署代表均认为方便和发达的交通系统是经济发展和一体化的一个非常重要的前提。因此，成员国政府一致同意要多关注建设大图们倡议跨境陆海联运航线。

3. 委员会主席

为了促进大图们倡议成员国在协商委员会会议期间进行密切的政府间合作，会议同意建立协商委员会轮值主席国机制。

（三）伙伴关系的发展

为加强东北亚区域的公私伙伴关系，受联合国伙伴关系办公室的支持，在本次会议框架下举办了商务咨询理事会（BAC）第一次会议。百余名政府和企业代表参会，就当前区域投资环境展开讨论，重点关注了海关和跨境货运的问题。与会者同意在减少贸易壁垒方面加强合作，并采取其他措施，增加该地区的投资吸引力。

大图们倡议
第十一次政府间协商委员会部长级会议报告

2010年9月1日，大图们倡议第十一次政府间协商委员会部长级会议在中国长春召开。成员国政府和联合国开发计划署对自第十次部长会召开以来所取得的进展表示满意，并认为大图们倡议作为经济合作平台，在加强东北亚地区发展的可持续性和稳定性方面起到了积极的作用。

会议框架下举办了与商务咨询委员会（BAC）合办的联席会议，由80余名政府与商界代表出席，共同讨论大图们区域的投资渠道、环保措施等问题。与会者一致认为，东北亚地区的公私伙伴关系应得到加强，朝鲜与日本的机构组织也应当融入其中。

会议通过了《长春宣言（2010）》，表达了积极促成朝鲜回归的意愿。

（一）法律基础

成员国对加强大图们倡议合作的法律基础表示满意。会议重申，大图们倡议秘书处应转变为一个独立的实体。成员国同意进一步推进实现大图们倡议的独立地位，联合国计划开发署将继续为秘书处提供支持与帮助，秘书处也将继续在联合国开发计划署的框架下开展活动。

（二）关键领域的合作

会议认识到，大图们倡议框架下各委员会对关键领域的合作起到了重要作用。成员国和联合国开发计划署一致认为，有必要进一步优化大图们倡议各委员会的活动，使其既符合政策要求，又具可操作性。此外，各成员国政府承诺为大图们倡议组织架构的完善提供进一步支持，以确保相关部委高级别官员的参与。

1. 贸易便利化

为促进东北亚区域成员国之间的贸易往来，会议成立了贸易便利化委员会（Trade Facilitation Committee，TFC），并通过其章程。该委员会将作为政府间协商委员会在贸易与投资领域的咨询委员会发挥作用。

贸易便利化委员会作为一个制度工具，将致力于简化技术程序，解决贸易瓶颈，从而有助于繁荣区域贸易和吸引投资。由于贸易和经济往来的飞速发展，各成员国同意探索建立跨界合作的新模式，包括考察设立跨境经济区的可行性。

2. 交通领域

成员国强调，大图们区域作为连接亚洲和欧洲的桥梁扮演着重要角色。此外，成员国充分意识到交通基础设施是区域经济发展的基本要素之一。会上，成员国重申将在交通基础设施建设领域采取具体措施以扩大合作。会议通过了大图们倡议交通委员会所提出的2010~2012年交通合作计划，并强调交通走廊的综合发展规划的重要性。

3. 旅游领域

会议认为，图们江区域独特的风景与多文化特色众所周知。这种得天独厚的旅游资源应该得到充分的开发。会议对旅游委员会在往年取得的可观进度表示认可，并重申将通过成员国之间的合作进一步促进旅游资源开发，包括跨境游和多目的地旅游项目。

（三）伙伴关系的发展

为推动大图们倡议项目的实施和发展，成员国一致同意重点开发几个优先项目，并要求秘书处积极筹款，发展与相关机构的伙伴关系。

考虑到亚行近年来在中亚区域经济合作以及大湄公河次区域框架中发挥的积极作用，成员国希望亚行继续为大图们倡议提供支持。会议敦促大图们倡议秘书处与其他国际金融机构和发展组织展开密切合作，以吸引对大图们倡议项目的资金支持。

会议提出，成员国地方政府在跨境合作中起到关键作用。会议对2010年9月2日首次举办的大图们倡议地方发展论坛表示欢迎，提出为地方政府之间的合作建立协商机制。

为了实现成员国之间的有效参与，会议强调需要采用一个新的综合视角，在东北亚各国的中央政府、地方主管部门、商界、和学术界间建立一个强大的协商合作网络。

大图们倡议
第十二次政府间协商委员会部长级会议报告

2011年9月28日，大图们倡议第十二次政府间协商委员会部长级会议在韩国平昌召开。会议通过了《平昌宣言（2011）》。本次会议框架下还举办了大图们倡议地方发展论坛和东北亚经济合作论坛。成员国政府对相关方之间的交流和知识共享表示满意，并认为这些交流能够为大图们倡议未来的活动提供更多的建议与发展空间。

成员国政府对联合国开发计划署的持续支持表示感谢，重申了大图们倡议是成员国主导的区域合作平台，肯定了大图们倡议活动在吸引朝鲜回归和日本加入方面所做的努力，强调了东北亚所有国家加入大图们倡议合作的重要性。

（一）战略前景

成员国政府重申，将通过不懈努力，加强合作，使大图们倡议最终升级到一个更高的政治层面，从而提高大图们倡议的机构能力，深化东北亚地区合作和经济发展。会议批准了由专家组撰写、秘书处提交的《2006~2015大图们倡议战略行动计划》。

（二）关键领域的合作

会议指出，通过具体的合作项目，大图们倡议框架下各委员会在各自领域取得了切实可行的成果，成员国认为，合作重点应放在优先项目，以求在短期内达到最为理想的结果。

1. 交通领域

成员国政府认为，交通领域的合作是大图们倡议的重中之重。考虑到交通基础设施的重要性，对大图们倡议区域交通网络实施整体规划尤为必要。会议对大图们倡议交通走廊研究项目表示欢迎，其中韩国政府强烈表示，愿意为其提供额外资金支持。此外，会议强调了早期推出的大图们倡议跨境公路和铁路桥梁建设的重要性。

成员国政府还强调，要动员所有东北亚国家的参与，进一步推动大图们倡议跨境陆海联运航线建设。

2. 贸易便利化

会议强调，贸易便利化是减少贸易壁垒的关键，有助于增加贸易总量和投资流量。会议决定在2011年11月于北京召开贸易便利化委员会成立大会，以加强成员国之间在跨境贸易政策、法规和规章建设的信息共享。此外，会议一致认为大图们倡议应广泛研究并分享国际与地区的有关贸易便利化的良好措施，包括统一和简化跨境手续与程序，开发电子证书联网核查系统等。

3. 旅游领域

会议强调旅游业在促进经济发展中的显著作用，并对大图们倡议旅游委员会所取得的成果表示满意，包括多目的地旅游项目以及用5种语言出版的GTI旅游指南。会议进一步强调发展多目的地跨境旅游项目的重要性，以进一步挖掘区域旅游业的发展潜力。此外，成员国政府对将于2012年在中国珲春召开的第一届大图们倡议东北亚旅游论坛表示热烈欢迎。

（三）地方政府合作

成员国政府承认东北亚地方政府在大图们倡议活动中的积极参与，并重申地方政府在具体项目合作与实施中的关键作用。因此，会议宣布成立大图们倡议东北亚地方合作委员会（Local Cooperation Committee，LCC），以进一步推动成员国地方政府以及朝鲜、日本地方政府的参与，旨在加强地方和中央政府对东北亚地区经济合作的协同作用。虽然日本并非大图们倡议的成员国，但日本鸟取县地方政府的加入表示在大图们倡议的机制下仍然存在共同合作的空间。

在此背景下，成员国政府批准了由中国政府和亚洲开发银行共同资助的东北亚地方政府能力建设项目。项目计划于2011年底或2012年完成。

（四）伙伴关系的发展

成员国政府强调，有必要与国际，区域和双边发展机构以及私营部门建立伙伴关系，以筹集资源并协调大图们倡议各利益相关方面的合作。会议对秘书处的工作，即加强与国际合作伙伴的沟通和发展合作关系表示赞赏，并鼓励秘书处连同各成员国一起继续努力，扩大建设大图们倡议合作伙伴网络。

大图们倡议
第十三次政府间协商委员会部长级会议报告

2012年10月10日，大图们倡议第十三次政府间协商委员会部长级会议在俄罗斯符拉迪沃斯托克召开。成员国就大图们倡议的发展状况进行讨论，共同展望东北亚区域经济合作和发展前景，并商议未来可能的战略计划，进一步推进区域合作。与此同时，成员国政府对第十二次政府间协商委员会部长级会议以来所取得的显著进展表示满意，并对合作伙伴以及联合国开发计划署的持续支持表示感谢。会议通过了《符拉迪沃斯托克宣言（2012）》。

（一）战略前景

会议表示，要进一步推动大图们倡议的成员国主导性，并希望能够将大图们倡议上升到更高的政治层面进行讨论，以更好地推动东北亚区域多方经济合作的发展。会议回顾了在推动大图们倡议成为法律独立实体上取得的进展，希望通过国家协调员特别会议，制定过渡路线图，并准备相应的法律文件，以便在下一次政府间协商委员会部长级会议上进行审批。

会议鼓励所有东北亚国家加入大图们倡议，并强调在具体项目实施过程中加强与朝鲜和日本的联系。

会议批准了新的《2012~2015年战略行动计划》以及几项新的研究工作，从战略方面指导大图们倡议以及成员国之间的共同建设与合作。

(二) 关键领域的合作

会议充分肯定了大图们倡议项目的实施所带来的实质性的成果以及在各重点领域所取得的进展，并提出要在各个领域进一步加强合作。

1. 交通领域

交通运输领域的合作得到了肯定。委员会重申，交通基础设施建设的合作是重中之重，也是其他领域发展之根本。

会议对大图们倡议交通走廊研究项目的实施情况表示满意，并祝贺大图们倡议交通委员会于2012年7月5日在韩国束草成功举办第二次会议。

与会者一致同意将更加努力地推进交通运输合作项目的开展，包括开发海陆多式联运线路，完善铁路网络和港口基础设施建设。要继续支持现有的交通运输项目建设，同时欢迎新项目，包括东北亚海陆线路综合评估研究。委员会计划于2013年在韩国江原道举办大图们倡议交通运输基础设施展览，重点关注区域交通基础设施的建设和发展。

2. 贸易便利化

在此次会议上，中、蒙、韩三国进出口银行签署了启动东北亚进出口银行联盟建设的备忘录。在达成促进贸易便利化的重要共识后，成员国承诺继续支持并促进该地区的经济与贸易便利化的活动。与此同时，会议对2011年11月24日在北京举办的贸易便利化委员会成立会议与第一届贸易便利化国际研讨会的圆满结束表示祝贺。鉴于贸易便利化国际能力建设项目所取得的成功，会议高度赞扬了韩国海关总署对今后每年组织能力建设培训的决定。

会议强调了知识共享的重要性，并计划于2012年10月在韩国同时召开第二届贸易便利化国际研讨会与第二次大图们倡议贸易便利化委员会会议。为进一步加强企业，地方政府和其他区域合作伙伴之间的贸易和投资合作，委员会计划于2013年在韩国江原道举办大图们倡议贸易投资展览会。

3. 旅游领域

会议强调了对多目的地旅游线路的支持，进一步推动大图们区域成为有吸引力的、世界一流的旅游目的地。会议对 2012 年 9 月 9 日在中国珲春举行的第五次大图们倡议旅游委员会会议与第一届东北亚旅游论坛的圆满落幕表示祝贺。

基于旅游合作项目所取得的成功，会议决定启动新项目，即由中国国家旅游局、中国吉林省政府以及联合国世界旅游组织共同支持的东北亚旅游数据库建设，在旅游利益相关者之间建立定期信息交流渠道。此外，与会者一致同意建立推广东北亚多目的地旅游中心，有效发挥区域旅游资源的潜力。

为了营造区域内良好的经营环境，会议强调要简化大图们区域内外人员往来的手续，并支持综合签证便利化研究项目的启动。

4. 能源和环境领域

会议肯定了在能源和环境领域所取得的进展，并对委员会提出更高要求，在现有项目基础上进一步加强以结果为导向的双边及多边合作。

5. 其他合作领域发展情况

为了在东北亚地区营造良好的商业环境，成员国强调与国家政策协调，简化过境手续，包括采取更高效、自由的签证政策。

成员国一致同意通过共同努力，找出现有的政策障碍和可行的解决方案。

此外，委员会讨论了大图们倡议框架内的农业制度化合作，以发掘潜在的合作可能性。

（三）伙伴关系的发展

会议总结了大图们倡议与其他国际组织、东北亚地方政府以及私营部门为地区发展所进行的合作。联合国开发计划署长期以来对大图们倡议提供各个方面的支持，尤其是在大图们倡议秘书处的运作、地区合作、贸易便利化以及发展伙伴关系等方面，联合国开发计划署的帮助至关重要。德国国际合作机构（GIZ）与亚洲开发银行（ADB）也为大图们倡议的技术方面提供了很大的支持。与此同时，会议对2015年初签署的大图们倡议——德国国际合作机构（GIZ）合作协议表示欢迎。

为了建立有效的发展融资机制，在大图们倡议框架下计划成立东北亚进出口银行联盟。中国、蒙古国、韩国三国进出口银行签署了启动东北亚进出口银行联盟的备忘录，会议鼓励俄罗斯发展与外经银行尽早加入。同时，会议支持韩国主办第一次东北亚进出口银行联盟成立会议，进一步推动发展成员国之间的金融合作平台。

会议重申东北亚地方政府在区域合作领域的重要作用，并欢迎在大图们倡议东北亚地方合作委员会（LCC）和东北亚地方政府在项目中的积极参与。会议强调，要借鉴国际最佳做法，加强与其他地区合作机制的交流，如亚太经合组织、大湄公河次区域、上海合作组织及中日韩三国合作秘书处等。这将加速大图们倡议的机制建设。

大图们倡议
第十四次政府间协商委员会部长级会议报告

2013年10月30日，大图们倡议第十四次政府间协商委员会部长级会议在蒙古国乌兰巴托召开。成员国政府对上次会议以来所取得的显著成果表示满意。为使大图们倡议成为一个完整独立的机构，会议启动了关于大图们倡议法律过渡程序的讨论。会议通过了《乌兰巴托宣言（2013）》。

（一）战略前景

会议重申了大图们倡议作为一个由成员国推动的平台的意义，即为成员国提供合作的平台，实现东北亚地区的共同繁荣。

在对大图们倡议战略方向达成共识的基础上，成员国政府坚定了推进大图们倡议合作发展以及取得独立法律实体地位的信心。会议回顾了由秘书处起草的机构独立概念文件并敦促国家协调员（NC）和秘书处加快战略层面的讨论，争取在2014年第二次国家协调员会议之前完成概念文件的定稿，并抓紧制定带有具体指标的路线图，于2016年完成法律过渡。

成员国政府再一次鼓励所有东北亚国家参与到大图们倡议中来，加速发展区域经济一体化，并强调有必要在具体项目上加强与日本和朝鲜的合作，重申大图们倡议对以上两国的邀请。

(二)关键领域的合作

会议充分肯定了大图们倡议项目实施所带来的实质性成果以及在各重点领域所取得的进展,并同意进一步在各领域加强合作。

1. 交通领域

交通运输领域的合作取得了可观的进展。2013年8月1日于俄罗斯符拉迪沃斯托克举行的第三次交通委员会会议正式批准了《大图们区域交通战略和行动计划》。会议认为,这对成员国发展跨大图们区域交通走廊、加强交通规划协调是尤为关键的一步。

会议对大图们倡议交通走廊研究项目的圆满完成表示欢迎,此项目连接主要海路、铁路、公路和港口,对推动区域交通走廊的发展至关重要。会议认为,2013年8月重开的珲春—马哈林诺铁路和2013年9月重开的罗津—哈桑铁路将给跨境贸易提供更短更经济的交通连接。会议对于东北亚海陆线路综合评估研究的进展表示支持与欢迎,同时批准了三项新项目:跨大图们区域交通走廊——基础设施发展融资、罗津(朝鲜)—哈桑(俄罗斯)铁路和港口研究项目、交通走廊建设软件支持,和东北亚交通合作国际研讨会。

2. 贸易与投资领域

会议强调了知识共享在贸易便利化领域的重要性,并认可第三次贸易便利化委员会会议及第三届贸易便利化国际研讨会(2013年8月6日,乌兰巴托)的积极成果。

会议对2013年6月在韩国江原道举办的第一届大图们倡议贸易投资博览会所取得的数百万美元交易量的杰出成就表示赞赏。在被批准为年度活动后,成员国政府一致同意将通过共同努力,鼓励更多的企业参与,并期待下一届博览会于2014年10月在江原道的举办。会议对一年一度的东北亚贸易便利化国际能力建设项目表示满意,包括2012年12月在北京举办的东北亚贸易和投资便利化能力建设培训,并对贸易便利化研究项目的进展表示关注。

此外,会议同意重启大图们倡议商务咨询理事会,通过与工商部门的密切联系,办好东北亚经济合作论坛,推动企业间的交流,并定期举办经济合作对话活动。

3. 旅游领域

会议对第六次旅游委员会会议（2013年6月10日，韩国平昌）和第二届东北亚旅游论坛（2013年9月8日，中国珲春）的成功举办表示欢迎。

会议对多目的地旅游产品的衍生项目表示关注，包括在吉林省建立多目的地旅游宣传中心、建设数据库，这些将在地方政府和旅游机构的大力支持下进一步推动区域合作和知识共享。

4. 能源与环境领域

成员国强调需要进一步加强在能源和环境领域的务实合作，并祝贺第二届能源委员会会议（2013年5月28日，符拉迪沃斯托克）圆满举行。同时，会议对《2013～2014年大图们倡议能源行动计划》的批准以及能源能力建设项目的进展表示满意，并期待更多成员国能源主管部门的积极参与。

5. 其他领域

为了在东北亚地区营造良好的商业环境，会议强调与协商改变各国政策的必要性，提出简化签证、过境手续，实现人员和货物更高效、自由的流动。成员国政府一致同意通过共同努力，确定现有的政策障碍，并找到可行的解决方案。

此外，委员会讨论了大图们倡议框架内的农业制度化的合作，以发掘潜在的合作空间。

（三）伙伴关系的发展

会议总结了大图们倡议与其他国际组织、东北亚地方政府以及私营部门之间开展的合作。会议认为，在过去一年内，大图们倡议在与其他机构加深伙伴关系的方面取得了明显进展，有效促进了各国在各个领域的合作。

联合国开发计划署长期以来对大图们倡议提供了各方面的支持，尤其在大图们倡议秘书处的运作、地区合作、贸易便利化以及发展伙伴关系等方面。除联合国开发计划署外,德国国际合作机构(GIZ)、联合国亚太经社理事会(UNESCAP),以及亚洲开发银行(ADB)也为大图们倡议的项目设计和落地提供支持。其中,大图们倡议于2013年6月与联合国亚太经社理事会签署的《大图们倡议——亚太经社会合作谅解备忘录》对加强双方合作起到了至关重要的作用。此外,委员会欢迎欧亚经济委员会(EEC)参与第十四次政府间协商委员会部长级会议。

会议对大图们倡议东北亚地方合作委员会(LCC)和首届LCC会议(2013年8月30日,中国长春)的成功举办表示支持与欢迎。首届会议参与者包括来自东北亚地方政府的省长/副省长级官员和私营部门的代表。

东北亚进出口银行联盟的发展对关键领域区域项目的顺利实施有着至关重要的作用。成员国欢迎该联盟的计划,建立密切的磋商渠道,并在明年举行成立大会。为加快联盟运作,会议敦促国家协调员(NC),与各委员会共同制定2014年区域项目清单,供联盟筛查选定几个试点项目。

会议支持成立研究机构网络,在优先选择项目和开展相关研究方面提供智力支持。

大图们倡议
第十五次政府间协商委员会部长级会议报告

2014年9月17日,大图们倡议第十五次政府间协商委员会部长级会议在中国吉林省延吉市召开。在为期三天的会议中,协商委员会的成员国就大图们倡议的发展状况进行讨论。讨论的内容主要分为三个方面:其一是大图们倡议的战略转型,其二是当前在大图们倡议的框架下,各成员国在各重点领域的合作状况,其三是大图们倡议与其他机构伙伴关系的发展。本文将从这三个方面对本次大图们倡议政府间协商委员会部长级会议进行介绍。

(一)战略转型

在此次会议上,着重讨论了大图们倡议的战略转型问题。从战略角度上说,本次会议既对大图们倡议的机制做了进一步的明确及强化,也指明大图们倡议下一步的发展方向。

1. 此前会议对大图们倡议转型的探讨

在 2010 年 7 月的各国协调员会议上，成员国政府首次对大图们倡议转型的问题进行了探讨。在此次会议上，各成员国达成了共识，即大图们倡议秘书处应当转型为一个独立政治实体。实现转型将有助于秘书处工作更为有效的开展。

随即在 2010 年 9 月的第 11 届协商委员会会议上，成员国重申了在两个月前"关于大图们倡议秘书处应实现转型"的共识，并发表在大图们倡议《长春宣言》上。在此次会议之后，大图们倡议秘书处开始起草有关转型的法律文件，并交由成员国审议。在随后的两年时间内，大图们倡议的转型并没有实质性的进展，仍处于方案准备的阶段。

到了 2012 年 8 月，在各国协调员会议上，成员国对联合国开发计划署提交的草案进行了仔细的讨论，尤其是在财务方面。在此次会议上，第一次有成员国提出应该设立一个清晰的路线图及时间表，从而尽早地加速大图们倡议的转型进程。

因此，在一个月后的协商委员会会议上，各成员国政府同意在未来的各国协调员会议上进行有关大图们倡议转型的专门探讨。在《符拉迪沃斯托克宣言》中，成员国政府同意采取行动加速大图们倡议的转型进程，并让各国协调员及大图们倡议秘书处主任准备转型路线图以及相关法律文件，在下一次的协商委员会上提交给各成员国代表。

在 2013 年的各国协调员会议和协商委员会会议上，大图们倡议的转型得到了进一步的推动。譬如在 3 月和 7 月的两次协调员会议上，各国代表就大图们倡议应该以 APEC 模式还是其他国际组织的模式进行了比较及讨论，同时，大图们倡议秘书处也开始就转型设定具体的时间表和期限。而在第 14 次协商委员会会议上，成员国政府同意将转型期限设定在 2016 年。

2014 年的两次协调员会议对转型的具体细节进行了探讨：各国协调员同意考虑提高会议的层级。这两次会议完成了转型相关文件的起草工作，并将其提交给第十五次政府间协商委员会。

2. 本次会议上关于大图们倡议转型的讨论

在前几年的工作铺垫之后，在第十五次政府间协商委员会部长级会议上，各成员国对大图们倡议的转型进行了卓有成效的讨论。

本次会议明确了大图们倡议的性质。会议将大图们倡议定义为一个由各成员国共同推动的平台：各成员国借此平台促进东北亚各国的多边经贸合作，实现可持续发展和共同繁荣，并在未来实现更为深入的合作。在本次会议上，各成员国重申将进一步强化大图们倡议这一机制。

会议对大图们倡议的发展蓝图做了规划。在此次会议上，各成员国就大图们倡议发展成为独立的政府间组织这一战略方向达成了广泛共识。会议将具体完成转型的时限定于2016年5月。为了达成这一目标，各成员国重申将采取行动推进大图们倡议在法律上的转型进程。而本次会议所批准的大图们倡议过渡方案，即标志着大图们倡议转型的加速。会议将这一方案交由各国协调员及大图们倡议秘书处，由二者负责过渡路线图中的具体步骤，并在2015年下一届咨询委员会上提交报告。

会议还对大图们倡议发展方向进行了讨论。各成员国希望大图们倡议能够成为一个更具有战略针对性、更实用以及结果导向的国际组织，从而增强成员国的共同利益，加速在重点关注的如交通业、贸易与投资业、旅游业、能源领域和环境保护等领域，以及其他如农业领域的经济增长及可持续发展。

会议还对转型之后的机构设置达成了共识。转型后的大图们倡议将包含如下机构：部长理事会、高级官员会议、在各重点领域的委员会和秘书处。除此之外，各成员国还考虑在两年到三年内，组织会保持现阶段的部长级合作并实现更高层级上的合作。

会议还鼓励日本与朝鲜两国参与到该框架下的地区合作中来。为了更好地促进地区经济合作，大图们倡议会深化与各国中央及地方政府、国际发展机构、金融机构和私营部门的合作，发展与这些机构的伙伴关系，为地区合作争取更多的支持。

(二) 发展情况

本次大图们倡议政府间协商委员会部长级会议主要对2013年10月到2014年9月大图们倡议的发展情况进行回顾。

目前大图们倡议的重点领域主要有交通、旅游、贸易和投资、能源、环境与农业等。在本次会议上，各成员国充分肯定了大图们倡议在过去一年中，在各重点领域所取得的成果和进展。会议同时认为，为更好地促进东北亚地区的发展，大图们倡议应该进一步推动其在重点领域中的合作，从而更好地为东北亚地区的共同繁荣做出实质性的贡献。

1. 交通领域

在本次会议上，各成员国认为交通基础设施合作仍然是大图们倡议的重点发展领域。实现大图们地区交通的连通性将是各成员国在其他领域取得进一步发展合作的基础。

同时，在本次会议上，各成员国对过去一年中大图们倡议在交通领域所取得的进展均表示了肯定。在战略规划方面，交通领域的进展主要包括2014年6月19日在中国满洲里所举行的东北亚交通合作论坛的召开，以及两个新项目的实施（大图们地区海陆联运研讨会、扎鲁比诺港项目发展的市场调研）。两个项目对大图们倡议在交通领域所做出的提议在本次会议上得到了各成员国的认可。

除了发展规划，大图们倡议在交通领域的各主要项目也取得了令人满意的进展。这些项目主要包括大图们地区交通走廊的软件支持研究，跨大图们交通走廊（资助基础设施建设），东北亚海陆路线的评估研究，以及有关朝鲜和俄罗斯的铁路与港口项目研究。这些项目的交付为连接大图们地区主要海陆干道、铁路和港口地区交通阶梯的发展提供新的动力。

本次会议还对大图们倡议交通领域的发展前景做出了展望。各成员国同意在交通领域不断深化合作，如在现有交通走廊的基础上推动和建立东北亚地区的"经济走廊"。而除了继续合作和保持现有的发展项目之外，大图们倡议也意识到：各成员国可以通过其他努力来进一步促进本地区交通领域基础设施项目，如，进一步提高投资热度、推动公私伙伴关系的发展，以及提高地区政府在基础设施方面的能力

2. 旅游领域

旅游业对大图们倡议成员国的合作具有重要作用，因此大图们倡议会进一步促进旅游业的发展，旨在使得东北亚地区成为全球性的旅游目的地，并增强该地区各成员国和地区之间的跨境旅游人数。

在过去的一年中，大图们倡议在旅游方面取得多项进展。譬如于2014年5月18日在俄罗斯符拉迪沃斯托克举行的第七届大图们倡议成员国旅游委员会，2014年9月19日在珲春举办的第三届东北亚旅游论坛。同时，大图们倡议旅游能力建设培训也将于2015年1月在中国内蒙古阿尔山举

行。此外，多目的地旅游促进中心在中国吉林省正式成立。这些会议的举办增强了各成员国间在旅游方面的合作，从而进一步推进大图们地区成员国在其他领域的合作。

除了各国政府，各地区政府为大图们地区旅游能力的提高也做出了许多努力：如中国吉林省珲春市成为东北亚旅游论坛的永久会址。在此次会议上，各成员国鼓励大图们地区其他城市举办类似活动，从而加深各成员国及各地区之间在旅游方面的交流与沟通。

3. 贸易与投资领域

在本次会议上，各成员国重申了贸易便利化对于大图们地区的重要性。这种重要性尤其体现在创造更多的就业机会以及推动地区经济繁荣两个方面。

各成员国承诺会支持地区贸易便利化的举措，帮助减少大图们地区的贸易和投资壁垒。这一工作将于 2014 年 11 月在俄罗斯符拉迪沃斯托克举行的第四届贸易便利化理事会会议以及第四次贸易便利化国际论坛起步。在这次会议上，各成员国的海关等部门将会就货物过境程序精简的问题展开讨论。

对于贸易便利化在组织架构方面存在的不足，此次会议也提出了相应的解决方案。各成员国认为应该重新组织贸易便利化委员会，以赋予委员会更广泛的任务，解决其当前存在的不足。同时，会议还要求大图们倡议秘书处准备有关贸易便利化委员会未来方向的草案，提交到 2015 年第一次国家协调员会议进行讨论。

在此次会议上，各成员国还鼓励更多机构参与到大图们地区贸易投资便利化的进程中，尤其是通过参与大图们倡议贸易投资博览会的方式：贸易投资博览会将为各国在贸易便利化和投资便利化方面的合作提供一个平台与渠道。因此，各成员国对于 2014 年 10 月在韩国光武道举行的第二次大图们地区贸易投资便利化博览会具有很高的期待。同时，对于各国在促进贸易便利化方面做出的贡献，会议也表示了认可，譬如韩国成功举办了东北亚贸易便利化国际能力建设的年会，韩国海关培训中心也被作为大图们倡议贸易便利化能力建设机构。

为了进一步深化在商业方面的合作，会议对商业和贸易投资领域的机构设置进行了调整。在本次会议上，各成员国同意建立，旨在重新激发大图们倡议商业咨询委员会及东北亚经济合作论坛的活力。为了东北亚国家商会以及委员会能够发挥应有的作用，会议希望各成员国的有关官员能够加入商会中，从而使这一调整能够在2015年得到落实，正式启动商会的有关活动。

4. 能源与环境领域

在此次会议上，在能源与环境领域中，各成员国认为有必要进一步发展与实施更为实用和以目标为导向的能源与环境合作项目。

会议充分肯定大图们倡议在能源能力建设项目取得的重大成效及积极进展。会议通过了四项能源项目提案。

（1）发电和传输项目：跨越朝鲜半岛的发电和传输的初步经济研究；
（2）煤与综合天然气在东北亚地区合作的可行性研究；
（3）工业能源效率经验交流会；
（4）地区工业能源效率合作研究。

这些项目若能够得到充分的实施，将对整个大图们地区在能源和环境领域的合作与发展具有重大的意义。

本次会议还对大图们地区在绿色发展和环境保护方面的合作赋予了重要的意义。大图们倡议将尝试从不同方面加强这方面的努力。譬如继续加强绿色科技的发展，努力提升公众的环保意识，提高企业的社会责任感、鼓励绿色投资和绿色金融以及强化在生物多样性方面的合作等。同时，还将选择在大图们倡议框架下有代表性的环境项目与东北亚地区的环境组织进行合作，从而获得他们的支持。

5. 农业领域

尽管当前农业领域尚未被列入大图们倡议的重点项目，但各成员国已经意识到大图们地区的农业合作不仅对农业环境和农业发展，而且对大图们地区整体经济的发展亦具有重要意义。地区农业合作将有效地克服大图们地区农业环境的地理限制，并充分发挥大图们区域在农业上的潜力。因此会议支持建立大图们倡议农业委员会。对于韩国政府对东北亚农业合作项目研究所提供的资金支持，会议表示由衷的感谢。同时，会议也希望项目研究成果能够为未来大图们倡议框架下的农业合作提供坚实的基础。

（三）伙伴关系的发展

此次会议还总结了大图们倡议与其他国际组织、东北亚地方政府以及私营部门对大图们倡议为地区合作和发展所进行的合作。会议认为，在过去的一年内，大图们倡议在与其他机构加深伙伴关系的方面取得了明显的进展。而这些进展也有效地促进了大图们地区在各个领域的合作。

联合国开发计划署长期以来对大图们倡议提供了各个方面的支持，尤其是在大图们倡议秘书处的运作、地区合作、贸易便利化以及发展伙伴关系等方面。除联合国开发计划署外，德国国际合作机构、联合国亚太经社理事会、联合国工业发展组织以及亚洲开发银行也为大图们倡议的项目设计和落地提供了技术支持。其中，大图们倡议还将与德国国际合作机构的合作谅解备忘录继续更新到2015年6月，延长了双方的伙伴关系，以方便当前许多双方正在合作或刚起步的项目能够得到贯彻与实施，并进一步增强双方的合作。此次会议上，大图们倡议承诺会增强与合作伙伴间的互动，从而推动地区发展的协同作用。

东北亚地方政府也在地区合作中起到了重大作用。2014年8月6日，第二届东北亚地区合作委员会和地区发展论坛在日本鸟取举办，大图们地区共有11个各国的地区政府与会并签署了"鸟取宣言"。会议希望东北亚地方政府间的协调和交流这一趋势能够进一步加强，从而让各地方政府参与到大图们地区的建设中，共同建设地区的繁荣未来。因此，各成员国对2015年在蒙古国举行的第三次地区合作会议表示十分期待。

2014年9月18日，东北亚进出口银行联盟成立大会举行。在此次会议上，各成员国认为东北亚进出口银行联盟框架协议将能够为大图们倡议下项目的实施提供有效的资源调动机制，从而推动大图们倡议项目的实施。为了推动联盟的运作，会议还督促大图们倡议秘书处，以及各领域会议和委员会，汇编地区间可行的项目名册，交由东北亚进出口银行联盟考察并挑选，以作为大图们倡议框架下东北亚进出口银行联盟参与的第一批试点项目。

会议还批准签署了大图们倡议研究机构网络，以便为本地区经济合作与一体化提供智力支持。会议还欢迎特定的机构与组织能够加入这一研究网络中，从而为大图们倡议下一步的发展方向和战略提供咨询服务。

四　图们江区域合作开发组织体系沿革

联合国开发计划署（UNDP）主导期间

图们江地区开发项目（TRADP）为大图们倡议（GTI）的前身，1991~2005年期间由UNDP主导。

1991年，联合国开发计划署倡议发起了图们江地区开发项目。

1995年，创始成员国中国、朝鲜、韩国、蒙古国和俄罗斯就该开发项目签署合作协议。

2005年，成员国一致同意将1995年签订的协议再延长10年。图们江地区开发项目更名为大图们倡议，扩大了合作的地域范围，并确定了交通、旅游、能源、投资与环境5个优先的合作领域。

大图们倡议期间

自2005年起，由UNDP主导的图们江地区开发项目（TRADP）转为大图们倡议（GTI）。

2008年，召开旅游委员会成立会议。

2009年，召开能源委员会成立会议。

2010年，召开交通委员会成立会议。

2011年，召开贸易便利化委员会、环境委员会（前身为环境合作框架机制）成立会议。

2013年，召开地方合作委员会成立会议。

2014年，召开东北亚进出口（开发）银行联盟成立会议。

2015年底，拟召开农业委员会、研究机构网络和东北亚商会联盟成立会议。

独立的国际组织

2010年，成员国在国家协调员会议上达成共识，计划开始过渡成为一个独立的法人实体，并开始起草相关的法律文件。

2012年，成员国在国家协调员会议上就联合国开发计划署提出的法律过渡草案进行了讨论。

2013年,成员国就过渡后的机构模式、过渡时间表进行了详细讨论。大图们倡议第十四次协商委员会部长级会议将完成法律过渡的时间定为2016年。

2014年,第十五次协商委员会部长级会议通过了大图们倡议法律过渡的概念文件及路线图。

2015年,经四次国家协调员会议,成员国基本完成了由大图们倡议过渡为独立的政府间组织的《基础协议》的磋商。

(大图们倡议秘书处　尹含玥/整理)

五　大图们倡议各专业委员会工作纪事

1. 交通委员会

2009 年，在蒙古国乌兰巴托召开的第十次部长级会议上，交通委员会正式成立。成员包括：中国交通部、蒙古国道路交通部、韩国国土部、俄罗斯交通部。

会　议	时　间	地　点	会议成果
交通委员会第一次会议	2010 年 6 月	韩国釜山	1. 讨论了在大图们地区推动交通领域合作的前景； 2. 批准了大图们交通委员会 2010～2012 年合作项目计划（后期延长到 2013 年），并批准实施大图们倡议交通走廊研究项目； 3. 成立了专家委员会，为交通委员会提供咨询和建议
交通委员会第二次会议	2012 年 7 月	韩国江原道束草	1. 审议了大图们地区交通走廊建设项目中期报告，探讨了相关的地区交通战略等问题； 2. 批准了大图们倡议交通委员会的章程，并同意将交通合作项目计划（2010～2012）延续到 2013 年； 3. 批准实施东北亚海陆联运评估计划，重点分析大图们地区现有的运输路线
交通委员会第三次会议	2013 年 8 月	俄罗斯符拉迪沃斯托克	1. 批准了大图们地区交通战略中期行动计划，这也是大图们地区交通走廊建设研究项目的重点成果； 2. 成员国一致认同在大图们地区交通领域开展合作的重要性，同时探讨了交通走廊建设研究项目所取得的其他成果，评估了东北亚海陆联运研究项目的进展； 3. 大图们倡议交通走廊成员批准了 2013～2014 年的三项新项目：跨大图们区域交通走廊——基础设施发展融资、罗津（朝鲜）—哈桑（俄罗斯）铁路和港口研究项目、交通走廊建设软件支持

续表

会 议	时 间	地 点	会议成果
交通委员会第四次会议	2014年6月	中国满洲里	1. 评估研究了大图们地区交通战略的实施进展； 2. 讨论了三个研究项目的进展：东北亚海陆联运路线研究、跨东北亚交通走廊建设研究、交通走廊软件操作支持研究； 3. 根据俄罗斯"扎鲁比诺港口建设"研究项目讨论了交通委员会的后续计划，该计划将作为初步纲要提交给东北亚进出口银行联盟
交通委员会第五次会议	2015年6月	蒙古国乌兰巴托	1. 讨论了区域内的交通基础设施； 2. 分析了多边海陆联运合作的现状和弱点，回顾了东北亚海陆联运评估研究项目的成果，并就提高区域内海陆联运合作交换意见； 3. 讨论了罗津—哈桑港口和铁路建设项目的成果，探讨了韩国提议的大图们地区和朝鲜跨境物流系统研究项目的可行性

2. 旅游委员会

2007年11月，在俄罗斯符拉迪沃斯托克举行的第九次部长级会议上，旅游委员会正式成立。成员包括：中国国家旅游局、蒙古国文化体育和旅游部、韩国文化体育和旅游部、俄罗斯滨海边疆区。

会 议	时 间	地 点	会议成果
旅游委员会第一次会议	2008年6月12日	韩国首尔	批准了大图们旅游委员会的章程
旅游委员会第二次会议	2009年9月1日	中国长春	同意设立一年一度的东北亚旅游论坛
旅游委员会第三次会议	2010年5月21日	俄罗斯符拉迪沃斯托克	1. 通过了大图们倡议旅游指南初稿； 2. 通过了多目的地旅游项目的概念书； 3. 强调与旅游私营部门加强合作
旅游委员会第四次会议	2011年8月16日	蒙古国乌兰巴托	1. 通过了修改后的大图们倡议旅游委员会章程； 2. 同意在中国珲春举办第一届东北亚旅游论坛； 3. 通过了旅游项目模板，各成员国将以此为基础提交多目的地旅游项目提案

续表

会议	时间	地点	会议成果
旅游委员会第五次会议	2012年9月8日	中国珲春	1. 签署了东北亚旅游合作与促进跨界旅游的谅解备忘录； 2. 讨论了简化旅游签证，多目的地旅游项目，以及成员国之间的区域旅游发展前景； 3. 同意建立大图们倡议东北亚跨境多目的地旅游促进中心
第一届东北亚旅游论坛	2012年9月8日	中国珲春	会议就加强东北亚旅游发展及旅游产品推广进行了探讨
旅游委员会第六次会议	2013年6月10日	韩国江原道	1. 验收多目的地旅游项目研究报告； 2. 审议关于建立跨境多目的地旅游促进中心的详细计划
第二届东北亚旅游论坛	2013年9月8日	中国珲春	与会人员就东北亚旅游市场开发、旅游信息及经验共享、构建图们江三角洲国际旅游自由区等面临的问题进行探讨与交流
旅游委员会第七次会议	2014年5月18日	俄罗斯符拉迪沃斯托克	1. 同意中国吉林省珲春市成为东北亚旅游论坛的永久举办地； 2. 同意开设能力建设培训
第三届东北亚旅游论坛	2014年9月19日	中国珲春	与会代表就将图们江三角洲打造成世界级旅游目的地等议题进行广泛研讨
旅游委员会第八次会议	2015年7月2日	蒙古国乌兰巴托	1. 批准建立GTI旅游经济合作中心； 2. 批准了成员国提出的6个多目的地旅游项目：环日本海域豪华游轮游、中蒙俄三国旅游合作圆桌会议、图们江三角洲国际旅游区、中俄（黑河）跨境旅游示范区、茶道国际旅游区、阿尔山—松贝尔跨境旅欧合作区

3. 贸易便利化委员会

2010年9月，在第十一次部长级会议上，贸易便利化委员会正式成立。牵头成员包括：中国商务部、蒙古国海关总局、韩国战略与财政部、俄罗斯联邦海关。

会 议	时 间	地 点	会议成果
贸易便利化委员会第一次会议	2011年11月24日	中国北京	1. 通过了贸易便利化委员会的章程； 2. 批准了国际能力建设项目的任务书
贸易便利化委员会第二次会议	2012年10月24日	韩国首尔	举办东北亚地区国际多式联运的运输发展和便利化研讨会
贸易便利化委员会第三次会议	2013年8月6日	蒙古国乌兰巴托	1. 确定了贸易便利化委员会的优先活动与项目； 2. 重点讨论了东北亚贸易便利化设施建设
贸易便利化委员会第四次会议	2014年11月19日	俄罗斯符拉迪沃斯托克	1. 重点讨论了贸易便利化设施建设的进展； 2. 提出2015年能力建设项目并讨论了具体细节； 3. 就贸易投资委员会及贸易便利化会议的发展前景进行了讨论
贸易便利化委员会第五次会议	2015年9月2日	中国长春	1. 批准举行地方性大图们倡议跨境贸易便利化和单方面政策实施论坛； 2. 提议加强与地方政府委员会（LCC）以及中央政府在贸易关键领域的合作； 3. 通过了贸易便利化委员会未来工作方向的概念文件

4. 环境委员会

2007年11月举行的第九次部长级会议上设立环境合作框架机制，后改为环境委员会。成员包括：中国环境保护部、蒙古国环境保护部、韩国环境部、俄罗斯环境资源与生态部。

会 议	时 间	地 点	会议成果
环境委员会第一次会议	2011年6月	中国北京	1. 批准了大图们倡议环境委员会章程； 2. 讨论了成员国递交的10个环境合作项目
环境委员会第二次会议	2015年7月	蒙古国乌兰巴托	1. 成员国同意对现有的项目提案持保留意见； 2. 讨论了成员国递交的包括环境教育和生态保护等在内的新的环境合作项目； 3. 计划开展东北亚环境合作研究项目； 4. 批准了大图们倡议环境委员会2015~2016行动计划

5. 能源委员会

2007年11月,在第九次部长级会议上,能源委员会正式成立。成员包括:中国能源局、蒙古国能源局、韩国知识经济部、俄罗斯能源部。

会议	时间	地点	会议成果
能源委员会第一次会议	2009年9月16日	蒙古国乌兰巴托	批准了大图们倡议能源委员会章程
能源委员会第二次会议	2013年5月28日	俄罗斯符拉迪沃斯托克	1. 批准了大图们倡议能源能力建设项目的提议; 2. 批准了大图们倡议能源委员会2013~2014年行动计划; 3. 批准了修订版的能源委员会章程
能源委员会第三次会议	2014年6月	蒙古国乌兰巴托	1. 批准了以下项目提案:发电和传输项目——跨越朝鲜半岛的发电和传输的初步经济研究、煤与综合天然气在东北亚地区合作的可行性研究、工业能源效率经济交流会、地区工业能源效率合作研究; 2. 批准了能源委员会2014~2015工作计划
能源委员会第四次会议	2015年9月7日	中国延边	1. 成员国达成共识,将与能源委员会会议同期举办东北亚能源论坛。 2. 批准了能源委员会2015~2016工作计划

6. 农业委员会

2013年10月,在第十四次部长级会议上,成员国讨论了在大图们倡议框架下将农业合作机制化的可行性。2014年9月,在第十五次部长级会议上,成员国决定成立农业委员会。

会议	时间	地点	会议成果
首届农业工作小组专家研讨会	2015年6月	中国北京	提交并讨论了《东北亚农业合作的课题研究》
农业委员会准备会议	2015年10月15日	中国北京	讨论并完善了农业委员会的章程、2016年工作计划和成立会议的安排
首届大图们倡议农业委员会会议暨农业委员会成立会议	2015年12月8~10日(计划)	韩国首尔	通过农业委员会章程

7. 大图们倡议研究机构网络

2014年9月,在中国延吉举办的第十五次部长级会议上,决定成立大图们倡议研究机构网络,以便为区域经济合作一体化提供智力支持。主要成员包括:中国国际贸易学会、韩国对外经济政策研究院、蒙古国国家发展研究院以及俄罗斯对外贸易学院。

会 议	时 间	地 点	会议成果
研究机构网络预备会议	2014年11月19日	俄罗斯符拉迪沃斯托克	1. 批准了2015年工作计划; 2. 就谅解备忘录草案及合作研究项目交换意见
研究机构网络第二次工作会议	2015年4月24日	中国北京	1. 签署了临时谅解备忘录; 2. 由中国国际贸易学会以"图们江二十年合作"为题展开研究;由俄罗斯对外贸易学院研究承担"东北亚合作前景:大图们倡议向国际组织转型路径"研究; 3. 听取成员机构介绍研究活动及其对大图们地区和东北亚竞争力的评估
研究机构网络成立会议	2015年12月8~10日(计划)	韩国首尔	签署谅解备忘录

8. 东北亚地方合作委员会

2011年9月,在韩国平昌举行的第十二次部长级会议上,东北亚地方政府合作委员会正式成立。成员包括:中国吉林省、辽宁省、黑龙江省、内蒙古自治区人民政府;日本鸟取县政府;蒙古国东方省、肯特省、色楞格省政府;韩国釜山市、江原道、济州特别自治道政府;俄罗斯后贝加尔斯克边疆区。

会 议	时 间	地 点	会议成果
东北亚地方政府合作委员会第一次会议	2013年8月30日	中国长春	1. 通过了地方政府委员会章程; 2. 确定了在交通、贸易投资、旅游和环境方面开展具体的合作

续表

会 议	时 间	地 点	会议成果
东北亚地方政府合作委员会第二次会议	2014年8月6日	日本鸟取	1. 确定了地方政府合作委员会的战略工作计划； 2. 确定将东北亚地区的陆海联运及港口建设、过境程序简化以及地方合作委员会能力建设为工作重点
东北亚地方政府合作委员会会议暨地方发展论坛及大图们倡议交通物流委员会成立会议	2015年8月7日	蒙古国乔巴山	1. 釜山市、济州特别自治道成为地方合作委员会新成员； 2. 建立交通物流委员会； 3. 确定将地方合作委员会的工作与成员国的区域合作战略相结合，包括"一带一路"倡议、"欧亚倡议"、"欧亚经济联盟"及"草原之路"

9. 东北亚进出口（开发）银行联盟

2014年9月，在中国延吉举行的第十五次部长级会议上，东北亚进出口（开发）银行联盟正式成立。成员包括：中国进出口银行、韩国进出口银行、蒙古国家开发银行、俄罗斯开发与对外经济事务银行。

会 议	时 间	地 点	会议成果
东北亚进出口（开发）银行联盟成立	2014年9月19日	中国延吉	签署了东北亚进出口（开发）银行联盟的框架协议
东北亚进出口（开发）银行联盟第一次工作会议	2015年11月19日	俄罗斯符拉迪沃斯托克	1. 初步审议各成员银行提交的项目提案； 2. 就试点项目的筛选与评估程序及标准交换了初步意见
东北亚进出口（开发）银行联盟第二次工作会议	2015年4月2日	韩国首尔	1. 审议更新的项目提案； 2. 就韩国进出口银行及俄罗斯开发与对外经济事务银行提案，和联盟运作机制展开讨论； 3. 讨论了联盟2015年工作计划

续表

会 议	时 间	地 点	会议成果
东北亚进出口（开发）银行联盟第三次工作会议	2015年7月8日	蒙古国乌兰巴托	1. 审议18份更新项目提案，并于第一轮讨论中选取扎鲁比诺港建设项目及中俄朝跨境国际旅游区两项提案成为联盟首轮联合项目； 2. 讨论了由韩国进出口银行准备的联盟运作机制概念文件草案
东北亚进出口（开发）银行联盟第四次工作会议	2015年10月13日	中国宁波	1. 审议包括蒙古国家开发银行更新的两份提案在内的11份项目提案； 2. 确认扎鲁比诺港建设项目为联盟2015年优先项目； 3. 讨论并基本通过了由韩方递交的联盟运作机制框架协议修正案草案； 4. 审议并基本通过俄罗斯开发与对外经济事务银行起草的关于扎鲁比诺港建设项目融资合作谅解备忘录
东北亚进出口（开发）银行联盟第五次会议	2015年12月8~10日（计划）	韩国首尔	1. 将通过扎鲁比诺港建设项目融资框架协议与谅解备忘录； 2. 将于东北亚经济合作论坛"大图们倡议未来伙伴关系"板块进行关于"进出口银行及其他融资机构的协同工作"的主题小组讨论

六 大图们倡议中、韩、俄、蒙四国学术机构网络成员简介

1. 中国国际贸易学会图们江分会

2012年11月，经中国民政部批准的专门研究图们江区域合作开发的社团组织和专业智库，与吉林省图们江国际合作学会合署办公。

学会秉持"创新研究、辅助决策、开拓平台、引领合作"的宗旨，通过对图们江区域合作有关重大理论和现实问题的研究，取得了一系列具有重要理论和应用价值的研究成果，为国家和地方政府制定图们江区域国际合作政策提供了重要价值的决策参考，为国内开展东北亚经贸合作的企事业单位参与图们江区域开发合作提供咨询建议，在促进图们江区域国际合作开发上，发挥了积极作用。学会定期出版《图们江合作》期刊，开通了中国图们江合作网（ww.tmjhz.org）。

2. 韩国对外经济政策研究院

始建于1990年，是一所由韩国政府资助的经济研究机构。在国际经济及韩国对外经济研究方面处于国内领先地位。作为韩国国际经济政策信息库，研究院为韩国政府提供主要经济政策建议。此外，研究院还承担韩国境内外其他经济研究机构委托的科研项目。

研究院在中国北京设有办事处，向韩国政府及时提供重要的中国经济发展信息。研究院与美国韩国经济研究院合作紧密，除经贸研究外，还为加强全方位韩美关系服务。韩国政府已指定对外经济政策研究院为韩国国际开发合作研究中心和国家亚太经合组织研究中心。研究院同时与国内外知名经济学者及商务人士保持广泛联络。

一直以来，各种对外合作关系的加强为研究院进一步了解世界经济事件提供了助力。通过展开合作项目，研究院力求与世界领先研究院共同打

造一个广泛且紧密的联络网。

3. 俄罗斯对外贸易研究院

创办于 1931 年，隶属于俄罗斯经济发展部，以培养具有从事外经贸活动的专业人才为主，成立 80 多年来，培养了一大批外经贸领域干部，在培养人才、制定国家对外经济政策方面，做出了重要贡献。成立以来，共培养了 2 万多名毕业生，活跃在俄罗斯外经贸行业。

研究院具有一大批丰富实践、教学和科研经验的师资力量，从事国际贸易问题、法规、俄罗斯对外经济政策的研究，与国外研究机构建立合作关系。现有 1 名院长和 4 名副院长。研究院开设有人文和社会科学、世界和民族经济、国际和对外贸易、外贸工艺技术、财政和外汇、数字信息、国际商务英语等 19 个专业课程。研究院主办了《俄罗斯对外经济信息》期刊。

1994 年，为扩大国际经济联系，俄罗斯外贸研究院在远东地区的堪察加成立远东分院，专门为远东地区培养对外经济专业人才，至今 20 年来，共培养 3500 名毕业生，在国内外从事外经贸工作。该分院目前设 6 个系，有 60 多名具有丰富经验的教师队伍。

4. 蒙古国国家发展研究院

由蒙古国政府于 1999 年创办，隶属于蒙古国科学院，旨在研究和建立蒙古国社会经济可持续发展的理论基础。通过高质量科研成果及政策分析，为政府政策制定提供智力支撑。2006 年，蒙古国政府重新组建后，该研究院的研究活动开始接受蒙古国总统办公室和蒙古科学院的直接监督指导。该研究院每年发布超过 15 个政策建议。2014 年，该研究院向政府提交了 11 个关于社会经济发展问题的政策建议。建院 15 年以来，蒙古国国家发展研究院积累了丰富的科研经验。自办刊物《蒙古发展研究》刊载了大量研究院的科研成果，是国家政策制定者、政要以及国内外研究机构的重要信息来源。此外，蒙古国国家发展研究院还与国内外合作伙伴及研究机构保持紧密长期的合作关系。

七 图们江区域合作开发 20 年大事记（1995～2015）

1995 年

4 月 3 日

联合国开发计划署（UNDP）在延吉举行图们江地区开发项目通讯会议。中国、俄罗斯、蒙古国、韩国代表出席了会议。

5 月 29 日至 6 月 2 日

UNDP 驻中国北京图们江办公室，在吉林省举办投资促进培训班。这是 UNDP 在吉林省组织的第一次专题培训班。

同时期，UNDP 在北京主持召开了图们江地区开发项目第五次管理委员会会议。中国、俄罗斯、朝鲜、韩国、蒙古国的政府代表团出席了会议。会上各国政府代表草签了《关于建立图们江地区开发协调委员会的协定》、《关于建立图们江经济开发区及东北亚开发协商委员会的协定》和《图们江经济开发区及东北亚环境准则谅解备忘录》三个文件，标志着图们江地区开发进入了一个新阶段。

6 月 23 日

中国国家领导人深入中国图们江地区视察该区域开发建设情况，并题字"开发珲春，开发图们江，发展与东北亚各国的友好合作关系"。

6 月 26 日

吉林省与俄罗斯滨海边疆区共同举行第六次双边混合委员会会议，就进一步加强双方的经济技术合作、开通海陆联运航线、开展双边贸易、促进边境旅游和加强人员交往等议题进行深入交谈。

7 月 25 日

吉林省政府在长春召开新闻发布会宣布，开通了由延边地区经朝鲜清津港到日本西海岸诸港的定期班轮和由珲春经俄罗斯海参崴、纳霍德卡、扎鲁比诺、波谢特港到韩国、日本诸港的陆海联运航线，基本实现了开边通海战略设想。

8月19日

UNDP在中国吉林省龙井市召开由中国、蒙古国、朝鲜、俄罗斯等国家和国际组织出席的国际研讨会，专题讲述图们江经济开发区投资、贸易等问题。

9月25日

俄罗斯在滨海边疆区扎鲁比诺镇召开由中国、日本和俄罗斯三方参加的国际会议，研究建立由珲春至扎鲁比诺港的国际运输枢纽事宜。会上达成《关于建立滨海国际运输枢纽协调工作小组的协议》。

10月6～8日

UNDP在中国长春主持召开了图们江地区交通建设发展研讨会。会议对图们江地区交通发展规划进行了研究，对目前存在的问题提出了解决办法。

10月10日

联合国工业发展组织（UNIDO）、中国外经贸部、吉林省政府、延边州政府联合举办中国图们江地区国际投资贸易洽谈会。29个国家和地区350多位客商参会并签订合同、协议、意向书118个，总投资额达8亿美元。

10月16日

第二届环日本海（东海）据点城市会议在日本鸟取县米子市召开，核心主题是探讨环日本海据点城市的作用。

11月16日

第二届环日本海（东海）四国地方政府首脑会议在日本召开。日本鸟取县、俄罗斯滨海边疆区、韩国江原道和中国吉林省地方政府首脑出席会议。

12月6日

UNDP在联合国总部所在地纽约召开图们江地区开发项目管理委员会第六次会议，会上中国、俄罗斯、朝鲜、韩国、蒙古国五国政府代表正式签署了《关于建立图们江地区开发协调委员会的协定》、《关于建立图们江经济开发区及东北亚开发协商委员会的协定》和《图们江经济开发区及东北亚环境准则谅解备忘录》三个文件，标志着UNDP由1991年开始倡导和支持的图们江地区国际合作开发项目，从前期研究论证阶段转入区域合作开发实施阶段。

1996 年

3 月 27~28 日

UNDP 在朝鲜罗津—先锋自由贸易区召开了图们江地区开发通信交通会议，中、俄、朝、韩、蒙代表在会上就电子数据交换通信系统应用及建立国际交换中心等问题进行讨论。

4 月 18~19 日

图们江地区开发项目第一次政府间协商委员会部长级会议在北京举行。会议第一任主席，中国外经贸部部长助理龙永图主持会议。会议讨论建设通信以及有关基础设施等中长期工作规划，决定筹建信托基金，并设立 UNDP 图们江地区开发项目秘书，秘书处所在地设在中国北京。

4 月 23~25 日

俄罗斯滨海边疆区在海参崴（符拉迪沃斯托克）举办主题为"扩大俄罗斯与亚太地区国家合作及俄罗斯远东在跨世纪国际合作中的促进作用"国际会议。该会议是滨海边疆区举办的第一次探讨俄远东开发，并加强与亚太地区国家合作的国际会议。

6 月 26 日

UNDP 图们江地区开发项目秘书处在中国长春举行了"口岸过境会议"。会议就入境签证、简化过境手续、改善口岸设施、协调边检和检疫等问题进行协商。

8 月 23~27 日

UNDP 图们江地区开发项目秘书处在俄罗斯纳霍德卡举办了"项目投资评估培训班"。这次培训是秘书处成立后举办的第一届培训班。

9 月 11 日

中国、日本、韩国和俄罗斯四国 29 个地方政府参加了在韩国庆尚北道庆州召开的会议。会议通过了"联合宪章"，东北亚地区地方政府联合会（NEAR）正式成立。

9 月 13 日

UNDP 图们江地区开发项目秘书处和 UNIDO 在罗津—先锋市举办了"罗津—先锋自由经济贸易区国际经贸洽谈会"。此次会议共签订合同和意向书共 11.4 亿美元。

9 月 29 日

第三届环日本海（东海）据点城市会议在韩国东海市召开，会议核心主题是制订据点城市间的合作方案。

10月21~22日

图们江地区开发项目第二次政府间协商委员会部长级会议在北京召开，会议决议邀请日本参加"图们江经济开发区及东北亚开发协商委员会"。同时决定在中国延吉、俄罗斯海参崴（符拉迪沃斯托克）、朝鲜罗津分别建立投资促进办公室或商业服务中心。

11月1日

吉林省政府批准珲春市开展对朝边民互市贸易。

11月21日

第三届环日本海（东海）地方政府国际交流合作论坛在韩国江原道召开。与会各方代表签署了《交流与合作事业实务协议事项备忘录》。

12月4~6日

UNDP图们江地区开发项目秘书处在朝鲜平壤召开"联合国开发计划署边境问题工作会议"，会议就简化过境手续、畅通转口货物运输等5个方面议题进行双边和多边讨论。

12月13~16日

UNDP在珲春召开"过境运输和转口贸易专门会议"。会议就运营中俄珲马铁路、开通束草（韩）—罗津（朝）—延边（中）陆海联运航线、改造完善扎鲁比诺港、罗津港设施等畅通通道建设议题进行了讨论。

12月23日

国务院批准圈河公务通道为国家一类口岸。

1997年

1月9日，吉林省召开专题会议，传达了外交部批准圈河边境公务通道临时扩大通行第三国人批复和中朝双方的外交照会内容。

1月15~17日

UNDP图们江地区开发项目秘书处在北京召开投资保护研讨会。秘书处国际顾问马科代尔对签订国际投资保护协议的方式、程序及具体条款的内容进行了介绍。

5月14日

UNDP图们江地区开发项目秘书处在俄罗斯海参崴（符拉迪沃斯托克）召开图们江地区环境准则谅解备忘录全球环境基金会议。会议介绍了环境备忘录及全球环境基金项目协调实施情况。

5 月 28~29 日

UNDP 图们江地区开发项目秘书处在北京召开五国协调员会议，会议主要研究讨论了图们江地区的规划及资金筹措等问题。

5 月 30 日至 6 月 2 日

UNDP 全球环境基金/战略行动计划项目考察团到吉林省访问，就图们江水域水资源管理，生物多样性保护等问题与有关部门进行了探讨。

6 月 17 日

中朝边民互市贸易开通仪式在圈河—元汀里口岸朝方一侧举行。"中朝边民互市贸易市场"占地 5000 多平方米，设有 52 个床位。每周有 3 个交易日，中朝双方可互派 50 人到市场进行交易。

8 月 7~9 日

中国外经贸部副部长龙永图邀请瑞士驻华大使希克先生，瑞士信贷第一波士顿银行北京代表处首席代表布克曼博士、香港英皇集团董事局主席杨受成先生、中国天平经济文化发展公司董事长李博伦先生等对中国延边和朝鲜罗津—先锋地区的投资环境进行考察，探讨研究成立图们江国际投资银行等问题。

8 月 9~24 日

中国图们江地区开发项目协调小组组织成员单位赴北美自由贸易区考察，考察期间先后参观了美、加、墨三国自由贸易区，为中国图们江地区开发提供了宝贵参考经验。

8 月 22 日

图们（中国）—罗津（朝鲜）国际旅游列车开通。

8 月 26 日

第四届环日本海（东海）地方政府国际交流合作论坛在日本鸟取县召开。

10 月 8 日

第四届环日本海（东海）据点城市会议在韩国束草市召开，会议核心主题是制订交流合作与发展方案。

11 月 17~18 日

图们江地区开发项目第三次政府间协商委员会部长级会议在北京召开，会议讨论资金筹措问题，决定让日本继续保持观察员国身份，并签署了图们江地区开发第二期项目文件。

12月9~11日

吉林省代表团参加了俄罗斯远东港口扩大过货量会议。中俄双方签订《关于中俄两国代表团就利用俄罗斯远东港口运输中国货物的会议意向》文件。

12月15日

UNDP图们江地区开发项目"环境工作组"和"旅游工作组"成立,负责图们江地区环境和旅游项目有关协调工作。

12月26日

吉林省政府发展研究中心和吉林省东北亚技术经济合作促进会共同举办了"'97吉林省推进图们江地区实质性合作与交流研讨会暨吉林省东北亚技术经济合作促进会首届年会"。会议就图们江地区面临新形势及进一步推进该地区实质性合作进行讨论。

1998年

1月19~21日

俄罗斯经济部主持的中俄边境地方经贸合作常设工作小组第二次会议、中俄边境地方经贸合作协调委员会第一次会议在俄罗斯阿穆尔州首府布拉戈维申斯克召开。会上双方宣布正式成立中俄边境地方经济合作协调委员会,审议并签署委员会章程。

2月4日

俄驻华大使馆复照中国外交部同意开设中俄珲春(中)—马哈林诺(俄)铁路口岸。按照中俄两国政府关于过境口岸协定、口岸开通时间等有关问题,两国政府将另行外交换文确认。

3月16~17日

中国吉林省和俄罗斯滨海边疆区混合工作组(1998)第一次会议在珲春举行。会上就完成珲马铁路建设并尽快开通运营、吉林省利用俄方港口转运货物、建立珲春—哈桑互市贸易区等问题进行会谈,达成共识并签署会议纪要。

5月5日

珲春—克拉斯基诺口岸旅客通道正式实现过客。

5月27~30日

UNIDO、UNDP和俄罗斯滨海边疆区行政公署共同举办海参崴(符拉迪沃斯托克)国际投资洽谈会。16个国家和地区的代表出席会议。

7月23~24日

UNDP图们江地区开发项目秘书处在中国延吉市召开旅游工作会议，明确开展旅游开发合作应首先"建立信息交流系统"、"建立旅游资源综合评估体系"并"编制该区域的旅游地图"。

8月22日

第五届环日本海（东海）地区国际交流与合作地方政府首脑会议在中国吉林省召开，会议通过了图们江地区开发等4个地区经济合作方案。

9月3~7日

UNDP图们江地区开发项目秘书处在俄罗斯符拉迪沃斯托克组织召开环境工作会议。会议确定区域环境监测与规划、跨国界环境污染预防与治理、人员培训和资金筹措为优先发展项目。

9月21~23日

UNIDO、UNDP图们江地区开发项目秘书处、中国外经贸部、吉林省政府、延边州政府、珲春市政府共同举办了"'98中国图们江地区国际投资贸易洽谈会"。大会共签约投资项目117项，投资总额11.92亿美元。

10月19日

第五届环日本海（东海）据点城市会议在中国珲春市召开，会议核心主题是环日本海经济圈的旅游开发与经济合作。

10月20日

东北亚地区地方政府联合会第2次全体会议在日本富山市召开。为扩大会员规模，会议决定下设5个专门委员会。

12月7日

UNDP图们江地区开发项目秘书处在中国延吉市组织召开交通工作会议。会议确立了图们江地区交通的行动计划，并将建立专家咨询委员会。

12月17日

国务院同意批复开放圈河口岸为国家一类口岸。同日，批复开放珲春铁路口岸。

1999年

1月25日

UNDP图们江地区开发项目秘书处在长春召开了长白山旅游开发项目的后期报告会。

4月22日

由联合国世界和平公园促进委员会发起、建立图们江地区世界和平公园的签约仪式在中国珲春市举行。来自联合国、俄罗斯、韩国、中国的四方代表参加了签约和揭幕仪式。

4月26~27日

中国吉林省与俄罗斯滨海边疆区在珲春召开了（1999）第一次混合工作组会议，双方就俄方港口的利用、保证通信电路通畅等问题达成协议。

同月，经中国国务院批准，将原中国图们江地区开发项目前期研究协调小组调整为中国图们江地区开发项目协调小组，吉林省政府是协调小组的副组长单位。

5月12日

中国珲春至俄罗斯卡梅绍娃国际铁路开通试运行。

6月9日

东北亚经济合作会议在蒙古国乌兰巴托召开。

同日，图们江地区开发项目第四次政府间协商委员会部长级会议在蒙古国乌兰巴托举行，会议一致同意建立图们江区域投资者服务网络项目。

6月16~18日

中国、俄罗斯、美国政府间机构和组织在海参崴举行了会议，研究建立"东方—西方"运输走廊计划。会后，中、俄、美三方签订了经俄滨海边区转运货物的协定。

6月28日

中国图们江地区开发项目协调小组召开第一次全体会议。会议明确了协调小组的性质和主要职责及地方图们江地区开发办所处的地位和作用并对今后开展的重点工作进行了部署。

8月28日

中国图们江地区珲春国际旅游交易会在珲春召开，此次"旅交会"由UNDP图们江地区开发项目秘书处、中国国际经济技术交流中心、延边州政府、珲春市政府共同主办。

10月9日

第六届环日本海（东海）四国地方政府首脑会议在韩国江原道束草市

召开。

11月1日

UNDP图们江地区开发项目秘书处旅游考察团对珲春市的旅游前景规划进行考察。

12月17日

联合国世界和平公园建设研讨会在吉林省珲春市召开。

12月18日

中俄珲马（珲春—马哈林诺）铁路正式开通运行。

2000年

1月25日

东北亚经济论坛第十届年会在日本新潟召开。

同年2月，珲春中俄边境铁路口岸投入运营。2000年4月起，珲春口岸允许第三国人通行。至此，珲春口岸正式成为中俄边境国际口岸。

3月8日

UNDP图们江地区开发项目秘书处在北京组织召开了图们江地区贸易投资促进会。

4月27日

经国务院批准，珲春出口加工区正式设立，该区是中国15个首批出口加工区试点之一。

4月28日

韩国束草—俄罗斯扎鲁比诺—中国珲春海陆客货联运航线首航班轮"东春号"由韩国束草港起航前往珲春。

6月26日

UNDP在中国北京组织召开了图们江地区协调员会会议。

7月24日

UNDP全球环境基金项目官员到吉林省考察。

8月17日

第六届环日本海（东海）据点城市会议在中国延吉市召开，会议主题是21世纪环日本海的国际合作。

8月22日

UNDP全球环境基金项目协调小组在北京组织召开图们江战略行动计划启动会议。

8月30日

UNDP图们江地区开发项目秘书处在朝鲜罗津市和中国北京市、延吉市分别召开了中朝双边通关会议。

9月4日

东北亚地区地方政府联合会第3次全体会议在日本兵库县召开。会议讨论设立常设秘书处等议题，并一致同意为接纳朝鲜地方政府加入联合会而共同努力。

9月5日

第一届东亚区域旅游论坛在韩国江原道召开。

10月19日

UNDP图们江地区开发项目秘书处在中国北京召开国家协调员会议。

10月30日

UNDP图们江地区开发项目秘书处在中国长春市组织召开交通工作会议。

11月7日

第七届环日本海（东海）地方政府首脑会议在日本鸟取县召开，本次会议接纳蒙古中央省为正式成员，使成员国地方政府增加到5个。

12月4日

UNDP图们江地区开发项目秘书处在北京组织召开图们江地区开发项目发展会议。

2001年

2月1日

国务院批准设立珲春中俄互市贸易区，该区占地面积9.6公顷，2001年12月7日启动试运行。

4月5日

图们江地区开发项目第五次政府间协商委员会部长级会议在中国香港召开。会议决定将工作范围扩大到东北亚区域，并重点讨论区域合作网络建设，提出建议专家委员会。

4月27~29日

第十届东北亚经济论坛在吉林省长春市召开。中、韩、俄、蒙、日等国代表就尽快在东北亚区域建立海陆空运输网络、加快东北亚各国的金融开发与合作等议题进行了深入的研究和讨论。

5 月 17 日

"2001 年中日经济合作会议"在长春举行。该会议的成功举办为东北三省与日本各地区的经济发展开辟了新的合作渠道和合作方式。

6 月 19 日

中国图们江地区开发项目协调小组第二次全体会议在北京召开。

8 月 22 日

第七届环日本海（东海）据点城市会在日本境港市召开，会议核心主题是加强据点城市间的深层次友好合作。

9 月 9 日

第二届东亚区域旅游论坛在印度尼西亚召开。

11 月 26 日

UNDP 图们江地区开发项目国家协调员会议在北京召开。

2002 年

2 月 4 日

UNDP 图们江地区开发项目秘书处中朝边境贸易代表团赴朝鲜罗先市，就取消邀请函制度、重新进行互市贸易、公路建设等问题进行了会谈。

6 月 1 日

中国派出由外经贸部副部长龙永图担任团长的代表团参加 UNDP 在俄罗斯海参崴（符拉迪沃斯托克）组织的图们江地区开发项目第六次政府间协商委员会部长级会议。会议决定将基础设施建设作为工作重点，健全区域间经济合作的法律和制度框架。

8 月 31 日

图们江下游地区三国地方政府会议在中国珲春市举行。会议就开展三国跨国旅游问题进行了讨论。

9 月 1 日

中国珲春、俄罗斯哈桑区和朝鲜罗先市地方政府首脑在珲春市举行会晤，达成了开辟环形跨国旅游线路的协议。

9 月 2 日

第三届图们江地区国际投资贸易洽谈会在中国延吉市举行。来自中国、日本、俄罗斯、韩国等十几个国家和地区 5000 多名客商参会。

9 月 5 日

环日本海（东海）地方政府首脑会议更名为"东北亚地区国际交流与

合作地方政府首脑会议",并在中国吉林省召开此次会议。

9月7日

东北亚经济会议组织委员会第六次会议在长春市召开。

9月11日

东北亚地区地方政府联合会第4次全体会议在俄罗斯哈巴罗夫斯克边疆区举行。会议批准了朝鲜和蒙古国加入,为筹备秘书处的成立组织了共同事务机构。

9月22日

第三届东亚区域旅游论坛在菲律宾宿务省召开。

10月8日

第八届环日本海(东海)据点城市会议在韩国束草市召开,会议研究制订了加强环日本海据点城市间开展实质性经济交流的方案。

2003年

6月30日

朝鲜与韩国合作规划、开发的朝鲜开城工业园区开工仪式在开城市郊的工地现场举行。开城工业园区是根据韩朝部长级会谈达成的协议而设立的朝鲜主权管辖下的经济特区,其主旨是吸引韩国企业投资。

7月19日

九届全国政协副主席宋健一行8人,到珲春市考察并听取该市经济发展情况汇报。

8月22日

第九届环日本海(东海)据点城市会议在俄罗斯海参崴举行。

8月27~29日

中国、朝鲜、美国、俄罗斯、韩国和日本在中国北京举行首轮"六方会谈"。会议达成了一项主席声明,就下一轮会谈的时间进行了商议。

9月1日

韩国投资考察团一行12人,到珲春市边境经济合作区、出口加工区、防川进行考察。

10月

中共中央、国务院发布《关于实施东北地区等老工业基地振兴战略的若干意见》,支持东北地区等老工业基地加快调整改造。

10月21日

珲春市政府、UNDP、日本贸易振兴机构联合举办了"图们江运输走廊珲春会议",探索开设图们江地区和日本之间的航路可能性,会后各国代表签署了《珲春宣言》。

2004年

3月24日

亚洲开发银行、国务院发展研究中心和吉林省政府发展研究中心在长春市联合主办了"振兴东北老工业基地国际研讨会"。

7月8日

由UNDP筹备组织的图们江地区开发项目第七次政府间协商委员会部长级会议在长春开幕。会议评估和讨论了图们江项目目前的进展以及实现可持续发展的途径。

7月11日

国家发展改革委、科技部联合批准成立"中国与周边国家区域开发专家组",全国政协委员、中国原驻联合国大使秦华孙任专家组组长。

7月15~18日

首届"东北亚高新技术及产品博览会"在沈阳举办,旨在落实国家东北地区老工业基地战略部署,促进东北亚地区科技交流与合作。

7月20日

第九届东北亚地区国际交流与合作地方政府首脑会议在蒙古国首都乌兰巴托召开。

9月1日

第十届环日本海(东海)据点城市会议在中国图们市举行。会议主题为环日本海国际经贸合作与中国老工业基地振兴。

9月5日

第四届东亚区域旅游论坛在日本米子市召开。

9月7日

东北亚地区地方政府联合会第5次全体会议在黑龙江省哈尔滨市召开,会议决定在韩国庆尚北道设立秘书处,并成立边疆合作专门委员会。

9月25日

由国家发改委和国务院振兴东北办公室主办、大连市人民政府承办的振兴东北暨东北亚合作国际研讨会在大连召开。

2005 年

8月5日

辽宁、吉林、黑龙江检验检疫局在长春市举行了《辽宁、吉林、黑龙江检验检疫局关于支持"中国吉林·东北亚投资贸易博览会"检验检疫大通关工作协议》的签字仪式。

8月29日

第六届东北亚港湾局长会议在中国北京召开。中、日、韩三国代表就港口在经济全球化下的发展交换了意见。

8月31日

第十一届环日本海（东海）据点城市会议在日本境港市举行。

9月2日

首届中国吉林·东北亚投资贸易博览会在长春举行。博览会对外贸易累计成交额 2.92 亿美元。共签订投资类项目 276 个，吸引外来投资 753.94 亿元。

同日，东北亚经济合作暨大图们江区域投资发展论坛和图们江地区开发项目第八次政府间协商委员会部长级会议在长春召开。成员国一致同意在 1995 年协议基础上顺延 10 年合作关系，同时将图们江地区开发项目更名为大图们倡议（GTI），在交通、旅游、能源、投资与环境 5 个领域优先展开合作。

9月20日

第十四届东北亚经济论坛在沈阳举行。九届全国政协副主席、前国务委员宋健做了题为"和谐和睦与发展"的主题报告。

9月21日

"2005 年东北亚高新技术博览会"在中国沈阳国际会展中心举行。本届博览会以"加强东北亚区域合作、依靠科技创新、促进高新技术产业发展"为主题，突出国际性、综合性和科技与经贸互动特色。

11月8日

第十届东北亚地区地方政府首脑会议在韩国江原道春川市召开。

2006 年

2月21日

由中国、俄罗斯、韩国、蒙古国和日本 5 个国家的地方政府、民间团体和企业联合主办的第二届图们江运输走廊会议在中国珲春市举行。本次会议就流经吉林省境内的图们江运输走廊的作用以及开通日本海航线等问题进行了详细探讨。

3月28日

大图们倡议秘书处主任优斯一行，在中国及吉林省有关部门负责人的陪同下，到延边州进行调研。

5月18日

以"交流合作·发展共赢"为主题的2006东北亚暨环渤海国际商务节在河北廊坊国际会展中心开幕。

5月22日

由东北三省及内蒙古自治区政府和日中东北开发协会共同主办的2006（长春）中日经济合作会议在吉林省长春市举行。

7月18日

中国和蒙古国两国在内蒙古边境城市阿尔山正式签署文件，确定阿尔山—松贝尔口岸以及口岸界河开通建设项目。

9月1日

第十一届东北亚地区地方政府首脑会议在中国长春市召开。

9月2~6日

由商务部、国务院东北办和吉林省政府共同主办的第二届中国吉林·东北亚投资贸易博览会在长春国际会展中心举行。本届博览会对外贸易成交额达3.84亿美元。来自美国、俄罗斯等15个国家和地区及内地18个省（区、市）的客商共与吉林省签订257个项目，总投资额达674亿元人民币。

同期，东北亚经济合作论坛在长春开幕。国务院副总理吴仪在会上做了"以打造经济合作平台、构建繁荣和谐的东北亚"为主题的主旨演讲。

9月12日

东北亚地区地方政府联合会第6次全体会议在韩国釜山广域市召开。会议决定成立科学技术专门委员会，变更边疆合作专门委员会协调员，同时新批准会员27个。

9月14日

第六届东亚区域旅游论坛在马来西亚沙捞越州举办。

10月19日

第十二届环日本海（东海）据点城市会议在韩国东海市召开。

11月5日

第七届东北亚港湾局长会议在日本东京举行，会议代表具体商谈了东北亚港口间合作事宜。

2007年

5月31日

2007（哈尔滨）中日经济合作会议在黑龙江省哈尔滨市举行。

6月16日

气候环境合作东北亚论坛暨东北亚气候与环境研究中心成立仪式在黑龙江哈尔滨市举行。

7月18日

中国首家俄罗斯工业园区在珲春奠基，该园区主要用于发展利用俄罗斯资源的水产品加工业、木材加工业及针对俄罗斯市场的食品加工业、建材加工业等。同日，珲春俄罗斯工业园区及东北亚运输走廊开发论坛在珲春举行。

8月25日

第十三届环日本海（东海）据点城市会议在中国珲春市召开。

9月2日

第三届中国吉林·东北亚投资贸易博览会在长春市开幕。中共中央政治局委员、国务院副总理曾培炎出席开幕式，并参观了展览。

同日，东北亚经贸合作高层论坛在长春成功举办。曾培炎副总理发表了主旨演讲。

9月5日

第七届东亚区域旅游论坛在泰国清迈省召开。

10月30日

第十二届东北亚地区地方政府首脑会议在日本鸟取县召开。

11月9日

中日蒙东部区域合作开发国际研讨会议在珲春举行，三方签署了《珲春协议》。

11月15日

大图们倡议第九次政府间协商委员会部长级会议在俄罗斯符拉迪沃斯托克召开。会议决定，正式成立能源委员会、旅游委员会、环境委员会、商务咨询委员会。成员国同意将交通物流作为重点合作领域。

11月27日

由国家发改委、商务部、科技部、外交部、国务院振兴东北办五部门组成的国务院调研组专程赴吉林省，就构建"长吉图开放带动先导区"有关问题进行调研。

2008年

6月22日

由中国发改委、外交部、科技部、财政部、商务部、海洋局、中国开发区协会等7个部门组成的调研组就编制《图们江区域合作开发规划》到延边地区进行专题调研。

7月21日

第八届东亚区域旅游论坛在蒙古国中央省召开。

8月27日

第十四届环日本海（东海）据点城市会议在日本鸟取县召开。

8月28日

大图们江区域国际合作开发延边论坛在中国延吉市举行，大图们倡议秘书处主任娜塔丽娅等出席论坛。

9月1日

东北亚地区地方政府联合会第7次全体会议在中国济南市召开。会议决定设立海洋渔业专门委员会及旅游专门委员会。

9月1日

第四届东北亚经济合作论坛在长春市开幕。14位来自联合国机构及国际金融组织高官、东北亚区域相关国家及地方政府高官、国内企业代表等在会上发言，诺贝尔经济学奖获得者、欧元之父蒙代尔也应邀出席并发表演讲。

9月2日

第二届东北亚经贸合作高层论坛在长春市召开，中共中央政治局委员、国务院副总理王岐山出席并发表了主旨演讲。

9月3日

第四届中国吉林·东北亚投资贸易博览会在长春国际会展中心隆重开幕。本届博览会对外贸易成交额达4.75亿美元，比上届增长15.85%。

9月7日

第十三届东北亚地区地方政府首脑会议在俄罗斯符拉迪沃斯托克

召开。

10月26日

由中、日、韩、俄四国地方政府和企业共同打造的四国联运航线试航成功。该航线从吉林省珲春市由陆路抵达俄罗斯扎鲁比诺港，海上经停韩国束草港，最后抵达日本新潟，航线长约800海里，只需要一天半的时间。

试航成功当天，吉林省日本工业园区奠基仪式在珲春边境经济合作区举行。此前，俄罗斯工业园区、韩国工业园区、吉港工业园区已经相继落户于此。

10月27日

由中国人民对外友好协会、中国国际贸易促进委员会、中国人民外交学会、辽宁省人民政府共同主办的2008东北亚发展论坛在沈阳举行。

12月28日

经国务院领导批准，中国图们江区域合作开发专家组成立。

2009年

3月24日

大图们倡议第十次政府间协商委员会部长级会议在蒙古国乌兰巴托市召开。大图们倡议正式由成员国主导并建立轮值主席国机制，由轮值主席国的部长担任轮值主席。大图们倡议正式成立交通委员会，并先后召开了第二届大图们倡议投资论坛和商务咨询委员会会议。

5月

朝鲜宣布退出大图们倡议合作机制。

7月23日

第十四届东北亚地区地方政府首脑会议在蒙古国中央省举行，本次会议的主题为"加强区域合作，克服世界经济危机的影响"。

8月16日

东北亚边境贸易中心项目在珲春边境经济合作区开工，该项目计划总投资100亿元，将建设国际商贸、生产加工、度假旅游、国际教育、文化创意、生态居住六大功能板块，旨在打造图们江区域国际合作开发的先导性工程。

8月25日

2009环日本海（东海）地区地方人大、议会、杜马促进区域经济贸易暨图们江地区国际合作开发论坛在延吉开幕。

8月28日

2009第五届中国延吉·图们江地区国际投资贸易洽谈会在延吉市开幕。

8月30日

国务院召开常务会议，正式批复《中国图们江区域合作开发规划纲要——以长吉图为开发开放先导区》，这标志着以长吉图为开发开放先导区的中国图们江区域合作开发上升为国家战略，并被赋予了沿边开放先行先试的使命。

9月1日

第三届东北亚经济贸易合作高层论坛在长春市举行。中共中央政治局常委、国务院副总理李克强出席论坛并讲话。

同日，第五届东北亚经济合作论坛在中国长春市举行。

同日，第五届中国吉林·东北亚投资贸易博览会在长春市举行。本届博览会吉林省和国内外投资商签订投资合同项目252个，项目总投资额达1711.68亿元人民币，吸引域外资金总额1637.38亿元人民币。

9月2日

全国政协经济委员会和吉林省政协借东北亚博览会的契机共同举办长吉图开发开放研讨会。

9月23日

中俄元首正式批准《中国东北地区同俄罗斯联邦远东及东西伯利亚地区合作规划纲要（2009~2018）》，中俄远东合作迎来新机遇。

10月10日

第二次中日韩领导人会议在北京举行，中国国务院总理温家宝、日本首相鸠山由纪夫、韩国总统李明博出席会议。

11月20日

吉林省委、省政府在北京人民大会堂东大厅召开长吉图开发开放先导区建设座谈会，国家相关部委领导和专家共同探讨长吉图开发开放先导区建设情况。

11月27日

中国政府与UNDP合作30周年纪念活动暨大图们倡议图片展在北京举行。

2010年

1月4日

朝鲜北部港口城市罗津先锋市升级为特别市（即直辖市），朝鲜对外开放的步伐又向前迈进一步。

1月20日

俄罗斯总理普京批准了《远东和贝加尔地区2025年前经济社会发展战略》，这意味着俄罗斯远东开发战略进入最终实施阶段。

5月26日

第十五届东北亚地区地方政府首脑会议在韩国江原道举行。东北亚地区五国五省（道、区、县）政府首脑就加强区域合作、促进共同繁荣深入交换看法。

5月29日

第三次中日韩三国领导人会议在韩国济州岛举行，国务院总理温家宝在讲话中指出，要加快建立更为高效安全和快速的物流体系。

7月26日

首届大图们倡议（GTI）图们江水资源保护学术研讨会在延吉召开。

8月27日

第十六次环日本海（东海）据点城市会议在中国吉林省延边州召开，会议以"加强环日本海（东海）区域合作，促进图们江区域合作开发"为主题，在加快通道建设，促进跨国贸易，发展跨境旅游，提升区域交流，推动图们江区域合作开发等方面进行深入探讨。

8月30日

2010第六届中国延吉·图们江地区国际投资贸易洽谈会在延吉市举行。

9月1日

大图们倡议第十一次政府间协商委员会部长级会议在中国长春市举行，会议通过了《长春宣言》。

同日，珲春至图们高速公路顺利建成通车，这标志着长珲高速公路全线贯通，长吉图大通道全线畅通，结束了珲春市没有高速公路的历史。

9月2日

第六届中国吉林·东北亚投资贸易博览会、第四届东北亚经贸合作高层论坛、东北亚经济合作论坛及地方发展论坛在长春市举办。

同日，首届图们江区域重点城市论坛在长春市举行，来自日本敦贺市、韩国浦项市等图们江区域重点城市30余位代表，对通道建设、开辟环日本海（东海）航线等区域合作问题进行了研究探讨并提出对策建议。

11月4日

第一届中国珲春、韩国束草、俄罗斯哈桑市长联席会议在珲春召开,会议就设立多国旅游经济特区达成了广泛的合作共识,签署了《中国珲春、韩国束草、俄罗斯哈桑市长联席会议备忘录》。

2011年

5月11日

由大图们倡议秘书处主办,中国商务部国际司、吉林省经济技术合作局承办的东北亚地方合作机制研讨会在延吉市召开。

5月22日

第四次中日韩领导人会议在日本东京举行。中国国务院总理温家宝、日本首相菅直人和韩国总统李明博出席会议。

6月9日

中朝共同开发和共同管理罗先经济贸易区项目启动仪式在朝鲜罗津举行,共启动了5个项目。

6月13日

经珲春圈河口岸,直接跨越国境的中国首批赴朝鲜跨境自驾游结束三天行程顺利回国,标志着全国首个赴朝鲜跨境自驾游正式开通。

7月19日

以"深化合作共创繁荣"为主题的东北亚地区地方政府联合会第八次事务会议在银川隆重召开。

7月26~28日

吉林省和罗先特别市中朝共同开发和共同管理罗先经济贸易区联合工作委员会第一次会议在长春召开,双方代表共同签署了《关于中朝罗先经贸区(2011~2020)规划框架的协议》。

8月3日

中国珲春—俄罗斯扎鲁比诺—日本新潟航线首航,标志着第一条横贯日本海连接中国东北地区与日本西海岸,并兼具运距短、用时少、费用低优势的中日间陆海联运航线正式形成。

8月30日

2011第七届中国延吉·图们江地区国际投资贸易洽谈会在延吉市闭幕。本届洽谈会共签订投资项目31项,投资总额超111亿元。

9月5日

第十六届东北亚地区地方政府首脑会议在长春举行,各方重点就东北亚区域能源的合作开发利用进行了探讨。

9月6日

第七届中国吉林·东北亚投资贸易博览会开幕式暨第五届东北亚经贸合作高层论坛在长春国际会展中心开幕。

9月28日

大图们倡议第十二次政府间协商委员会部长级会议在韩国江原道平昌召开。会议决定成立大图们倡议东北亚地方政府合作委员会。

10月9日

第十二届东北亚港湾局长会议在杭州举行,与会各方交换了"港口物流发展"意见,签署了会议纪要。

12月20日

中、日、韩、俄东北亚陆海联运合作论坛和政府磋商会议在中国哈尔滨市召开。

2012年

4月4日

第十七届东北亚地区地方政府首脑会议在日本鸟取县举行,各国代表共同签署了《第十七届东北亚地区地方首脑会议共同宣言》。

4月13日

国务院正式批准在吉林省珲春市设立中国图们江区域(珲春)国际合作示范区,并下发《关于支持中国图们江区域(珲春)国际合作示范区建设的若干意见》(国办发〔2009〕19号)。

5月13日

第五次中日韩领导人会议在北京召开,中国总理温家宝、韩国总统李明博、日本首相野田佳彦出席会议。

7月25日

2012东北亚地区地方政府联合会第九次全体会议在中国银川举行。

8月14日

中朝共同开发和共同管理罗先经济贸易区和黄金坪、威化岛经济区联合指导委员会第三次会议在北京召开。

9月2日

第八届中国延吉·图们江地区国际投资贸易洽谈会在延吉市开幕。

9月6日

第八届中国吉林·东北亚投资贸易博览会暨第六届东北亚经贸合作高层论坛在长春国际会展中心开幕。

9月7日

经国务院批准，从第九届开始，中国吉林·东北亚投资贸易博览会将正式更名为中国—东北亚博览会。

10月10日

大图们倡议第十三次政府间协商委员会部长级会议在俄罗斯符拉迪沃斯托克召开。会上，中、蒙、韩三国进出口银行（EXIM）签署了启动东北亚进出口银行联盟的备忘录。

10月26日

中朝共同开发和共同管理罗先经济贸易区管委会正式挂牌成立。同日，还举行了中朝罗先经贸区元汀—罗津公路通车仪式。

2013年

3月20日

中国珲春—俄罗斯扎鲁比诺—韩国束草"新蓝海"航线通航仪式在中俄珲春口岸举行，标志图们江区域大通道建设进入新阶段。

6月27日

韩国总统朴槿惠对华展开"心信之旅"，与中国国家主席习近平举行首次首脑会谈。

8月2日

中俄两国举行了珲春—马哈林诺铁路国际联运首发列车发车仪式和接车仪式。

8月30日

第九届中国延吉·图们江地区国际投资贸易洽谈会成果新闻发布会在延吉召开，此次洽谈会收获投资项目42项，总投资140.9亿元，其中域外投资139.2亿元。

同日，大图们倡议东北亚地方政府合作委员会第一次会议在中国长春市举行。

9月4日

中国图们江地区开发项目协调小组会议在北京举行，研究协调长吉图开发开放先导区建设中的若干事项。

9月6日

第九届中国—东北亚博览会及第七届东北亚经贸合作高层论坛在长春国际会展中心开幕。本届东博会对外商品贸易成交额8.4亿美元，比上届增长10.3%。国内贸易成交额22.5亿元人民币，比上届增长8.5%。

10月24日

周边外交工作座谈会在北京召开。中共中央总书记、国家主席、中央军委主席习近平在会上发表重要讲话，强调要更加奋发有为地推进周边外交，为我国发展争取良好的周边环境，使我国发展更多惠及周边国家，实现共同发展。

同日，图们江国际合作学会、吉林省延边州政府、珲春国际合作示范区管委会共同举办首届中国吉林延边·俄罗斯远东边境市长合作会议，为两国政府交流和企业合作搭建平台。

10月25日

国务院总理李克强会见蒙古国总理阿勒坦呼亚格，共同签署了《中蒙战略伙伴关系中长期发展纲要》，明确提出双方将加快推进阿尔山—松贝尔铁路口岸及跨境铁路通道建设。中蒙"两山"（阿尔山—乔巴山）铁路建设被纳入其中。

10月30日

第十八届东北亚地区地方政府首脑会议在俄罗斯符拉迪沃斯托克举行。会上，各地方政府首脑就重点加强经贸、物流、旅游、航线扩展、环保等领域合作，促进东北亚地区共同发展交换了意见。

同日，大图们倡议第十四次政府间协商委员会部长级会议在蒙古国乌兰巴托举行。会议期间，各代表团还分别与国际发展机构、东北亚进出口银行、东北亚地方政府等召开了联席会议，举行了东北亚经济合作论坛。会后发表了《乌兰巴托宣言》。

11月12日

十八届三中全会闭幕，审议通过《中共中央关于全面深化改革若干重大问题的决定》。全会提出要以开放促改革，"要放宽投资准入，加快自由贸易区建设，扩大内陆沿边开放"。

11月，国务院出台了《关于加快沿边地区开发开放的若干意见》，正式拉开了加快中国沿边开发开放的序幕。

12月17日

吉林省唯一对俄国际铁路运输线——中俄珲马（珲春—马哈林诺）铁路恢复常态化运输。并于2014年5月首次实现多品类、双向运输试运行。

2014年

3月3~7日

2014年蒙古国交通运输会议在乌兰巴托举行，与会中国、俄罗斯、蒙古国、朝鲜等国代表就蒙古国进出口过境货物铁路运量达成协议。

3月11日

中、俄、朝图们江区域旅游厅（局）长圆桌会议在珲春市举行。三国代表签署了有关共同致力于中、俄、朝图们江区域旅游开发合作、推动编制图们江三角洲区域旅游规划、建立长效沟通机制等多项内容的旅游合作会议纪要。

5月14日

珲春—扎鲁比诺港集装箱专列首次试运行。

5月20日

在中、俄两国元首的见证下，吉林省省长巴音朝鲁代表吉林省人民政府，在上海亚信峰会签约仪式上与俄罗斯苏玛集团总裁维诺库洛夫签署了合作建设俄罗斯扎鲁比诺万能海港合作框架协议。

7月2日

中国国际贸易学会图们江分会与延边州、珲春市共同举办第二届中国延边·俄罗斯远东市长合作会议，进一步推动中俄远东务实合作向纵深发展。

7月3日

中国国家主席习近平对韩国进行国事访问，双方表示将通过早日建成中韩自贸区联手推动区域经济一体化进程，构建亚洲开放融合发展格局。

7月21日

第十九届东北亚地区地方政府首脑会议在蒙古国乌兰巴托市举行。各地方政府首脑签署了《第十九届东北亚地区地方政府首脑会议共同宣言》。

7月23日

吉林省政府代表团抵达莫斯科，与俄罗斯苏玛集团就加快扎鲁比诺万能海港建设进行会谈。

7月25日

2014中国图们江区域（珲春）现代国际物流论坛在吉林省珲春市召开，论坛主题为"立足区位优势，强化国际合作，全力打造图们江区域现代国际物流基地"。

8月21日

中国国家主席习近平对蒙古国进行了国事访问。其间，蒙中两国签署了26个文件，涉及能源、通信、旅游、运输、金融等多个领域。

8月28日

第十届中国延吉·图们江地区国际投资贸易洽谈会在延吉国际会展中心举办。

9月11日

中、俄、蒙三国元首首次会晤，中国国家主席习近平提议把丝绸之路经济带同俄罗斯跨欧亚大铁路、蒙古国"草原之路"倡议进行对接，打造中俄蒙经济走廊。

9月17日

大图们倡议第十五次政府间协商委员会部长级会议在吉林省延吉市召开。会议批准了大图们倡议法律过渡方案，力求2016年5月将大图们倡议转变为独立的国际组织。同时，成员国共同决定成立大图们倡议四国研究机构网络和东北亚进出口银行联盟。

10月12日

国务院总理李克强对俄罗斯进行了为期3天的正式访问，两国总理共同见证了39项重要双边合作文件的签署，涉及经贸、金融、高铁、人文等多个领域。

10月15日

第五届东北亚地区地方立法机构论坛在中国长春举行。会议提出希望通过地方立法机构加强区域合作，推进跨境经济合作、通道建设、区域旅游等，促进合作共赢。

10月23日

第二届大图们倡议国际贸易投资博览会在韩国江原道江陵市举行。

10月24日

中国、印度、新加坡等在内21个成员国在北京签约，成立亚洲基础设施投资银行。

11月9日

中国国家主席习近平在钓鱼台国宾馆会见俄罗斯总统普京,双方签署包括《关于通过中俄西线管道自俄罗斯联邦向中华人民共和国供应天然气领域合作的备忘录》、《中国石油天然气集团公司与俄罗斯天然气工业公司关于经中俄西线自俄罗斯向中国供应天然气的框架协议》协议。

11月10日

中国国家主席习近平在人民大会堂会见韩国总统朴槿惠,双方签署了中韩两国政府关于结束中国—韩国自由贸易协定谈判的会议纪要,中韩自贸区实质性谈判完成。

11月24日

中国长春至俄罗斯海参崴(符拉迪沃斯托克)国际货运线路首发通关仪式在珲春市举行。此线路的开通标志着中俄两国在打造东北亚地区综合交通运输枢纽进程中迈出了坚实的一步。

12月11日

中俄两国在北京召开了"中俄在远东地区合作"圆桌会议。

同月,俄罗斯总统普京批准同意建设首批14个远东跨越式开发区。

2015年

2月1日

UNDP大图们倡议成员国旅游高官能力建设培训会在中国阿尔山召开。

3月28日

国家发改委、外交部、商务部联合发布了《推动共建丝绸之路经济带和21世纪海上丝绸之路的愿景与行动》,并明确指出"发挥内蒙古联通俄蒙的区位优势,完善黑龙江对俄铁路通道和区域铁路网,以及黑龙江、吉林、辽宁与俄远东地区陆海联运合作,推动构建北京—莫斯科欧亚高速运输走廊,建设向北开放的重要窗口"

4月9日

中共中央政治局常委、国务院总理李克强在吉林省委书记巴音朝鲁、省长蒋超良陪同下在吉林省就第一季度经济形势和民生状况进行专题调研。

5月9日

UNDP大图们倡议成员国多目的地旅游产品大赛在辽宁省举行。

5月19~22日

中共吉林省委书记巴音朝鲁率团赴俄罗斯远东地区进行友好访问，落实中俄两国元首达成进一步推进丝绸之路经济带建设同欧亚经济联盟建设对接的重要共识。巴音朝鲁在会见俄滨海边疆区州长米克卢舍夫斯基时，就加快推进扎鲁比诺万能港建设，共建中国珲春—海参崴（符拉迪沃斯托克）跨境高速铁路等事宜进行商谈。

5月24日

中国吉林省珲春—俄罗斯扎鲁比诺—韩国釜山陆海联运定期航线正式开通起航。6月6日，该航线实现双向运输。

6月1日

历经10年酝酿和14轮谈判，中韩两国在首尔正式签署中韩自贸区协定。

6月11日

中国珲春经朝鲜罗津港到上海的内贸货物跨境运输集装箱航线开通并实现首航。

7月13日

俄罗斯总统普京签署设立符拉迪沃斯托克自由港法案。

7月16日

习近平总书记赴吉林省考察调研，把首站安排在延边朝鲜族自治州。

习近平指出，设立长吉图开发开放先导区是中央一项重要部署，对于扩大沿边开放、加强面向东北亚的国家合作，对于振兴东北地区等老工业基地，具有重要意义。先导区要全域科学规划，实现资源要素集约高效利用，努力建成东北地区对外开放的示范区。

8月7日

大图们倡议东北亚地方政府合作委员会第三次会议在蒙古国乔巴山市召开，与会各国就加强和增进区域互信和交流合作等议题进行了探讨。

8月17日

第六届图们江文化论坛在中国图们市举办，中、俄、韩、蒙四国专家学者参会并就"图们江文化与东北亚区域合作"议题进行发言。

9月1~6日

第十届中国—东北亚博览会在长春举行，来自东北亚、东南亚、美洲、欧洲、非洲等111个国家和地区的1万多名境外客商参会，对外贸易成交额为 80130.8 万美元，国内贸易成交额为 229663.1 万元人民币；共签订投资合同项目 325 个，引资总额达 2201 亿元人民币。

9 月 20 日

吉图珲（吉林至图们至珲春）高铁正式开通运营，长春至珲春时间缩短至 3 小时左右，结束珲春不通旅客列车的历史，也使从延吉到北京时间比原来缩短近 14 个小时，仅需 9 小时左右。

（吉林大学东北亚研究院讲师　孙　猛、
吉林省图们江国际合作学会　丁智勇/整理）

八　图们江区域合作开发 20 年重要文件

时　间	国家/组织机构	文件名称
1995 年 12 月 6 日	中、俄、朝	《关于建立图们江地区开发协调委员会的协定》
1995 年 12 月 6 日	中、俄、朝、韩、蒙	《关于建立图们江经济开发区及东北亚开发协商委员会的协定》
1995 年 12 月 6 日	中、俄、朝、韩、蒙	《图们江经济开发区及东北亚环境准则谅解备忘录》
1996 年 3 月 17 日	中国八届人大四次会议	《国民经济和社会发展"九五"计划和 2010 年远景目标纲要》中第一次写入"搞好图们江地区开发开放"内容
1996 年	俄罗斯联邦政府	《远东和外贝加尔地区 1996～2005 年经济与社会发展联邦专项纲要》
1997 年 12 月	中俄双方代表	《关于中俄两国代表团就利用俄罗斯远东港口运输中国货物的会议意向》
1998 年 8 月	中国计委牵头组织编制	《中国图们江地区开发规划》
2000 年 6 月	朝鲜、韩国	《北南共同宣言》
2002 年 10 月 23 日	朝鲜最高人民会议常任委员会	《关于设立朝鲜民主主义人民共和国金刚山旅游区的政令》
2003 年 10 月	中共中央、国务院	《关于实施东北地区等老工业基地振兴战略的若干意见》
2005 年 9 月 2 日	GTI	大图们倡议成员国《长春宣言》
2009 年 8 月 30 日	中国国务院	《中国图们江区域合作开发规划纲要——以长吉图为开发开放先导区》
2009 年 9 月 23 日	中俄两国政府	《中国东北地区同俄罗斯联邦远东及东西伯利亚地区合作规划纲要（2009～2018）》
2010 年 1 月 20 日	俄罗斯联邦政府	《远东和贝加尔地区 2025 年前社会经济发展战略》
2011 年 7 月 28 日	中国吉林省和朝鲜罗先市	《关于中朝罗先经贸区（2011～2020 年）规划框架的协议》

续表

时间	国家/组织机构	文件名称
2012年4月13日	中国国务院	《关于支持中国图们江区域（珲春）国际合作示范区建设的若干意见》
2012年10月10日	GTI	《2012~2015年大图们倡议战略行动计划》
2013年10月25日	中国、蒙古国	《中华人民共和国和蒙古国战略伙伴关系中长期发展纲要》
2013年12月14日	中国国务院	《关于加快沿边地区开发开放的若干意见》
2014年12月29日	俄罗斯	《俄联邦社会经济跨越式发展区联邦法律》
2014年9月17日	GTI	大图们倡议成员国《延边宣言》
2015年3月28日	中国发改委、外交部、商务部	《推动共建丝绸之路经济带和21世纪海上丝绸之路的愿景与行动》
2015年6月1日	中国、韩国	《中华人民共和国政府和大韩民国政府自由贸易协定》
2015年7月13日	俄罗斯	《关于符拉迪沃斯托克自由港联邦法律》

（吉林省图们江国际合作学会　丁智勇/整理）

九　中国图们江区域合作开发专家组成员

中国图们江区域合作开发专家组是经国务院批准的中国参与图们江国际合作研究的智库机构，专家组成员名单如下。

组长：	
蒋正华	十届全国人大常委会副委员长
副组长：	
李德洙	国家民委原主任、中央统战部原副部长
邵　鸿	全国政协常委、九三学社中央常务副主席
岳惠来	吉林省军区原司令员
张景安	科技部原党组成员、欧亚科学院院士、中国国际经济交流中心常务理事
杜　平	国家信息中心常务副主任（兼专家组秘书长）
成员：	
李京文	中国工程院院士、北京工业大学管理学院院长
陆大道	中国科学院院士、中国科学院地理所研究员
施祖麟	国务院参事、清华大学教授
李　铁	中国国际贸易学会副会长、吉林省图们江国际合作学会会长
冯　飞	国家工信部产业政策司司长，原国务院发展研究中心产业经济研究部部长
杨开忠	北京大学秘书长
王稼琼	首都经济贸易大学校长
肖金成	国家发展和改革委员会宏观经济研究院国土与区域所所长
王胜今	原吉林大学常务副书记
魏后凯	中国社会科学院工经所研究员
李　普	科技部人才中心主任
执行副秘书长：	
邱成利	科技部政策法规司调研员

十　中国图们江地区开发项目协调小组工作简况

（一）组织分工

1992年，国务院同意建立图们江地区开发项目研究协调小组，1999年4月，经国务院批准更名为中国图们江地区开发项目协调小组。按照国务院批复，协调小组组长由国家发展改革委分管负责同志担任，副组长由外交部、科技部、财政部、商务部、吉林省人民政府分管负责同志担任，教育部、公安部、国土资源部、环境保护部、住房城乡建设部、交通运输部、海关总署、质检总局、旅游局、外专局、海洋局、铁路局和中国铁路总公司相关司局负责同志为成员。协调小组办公室设在国家发展改革委地区经济司。

国家发展改革委主要负责总体协调工作，并侧重于规划战略的制定、组织召开重要的工作会议、协调确定重大的决策，解决重大的问题；外交部主要负责对外政策的把关及涉外重大事项的对外谈判等；科技部主要负责前瞻性的课题研究和人力资源培训等；财政部主要负责研究落实财政资金方面的支持措施以及其他相关政策措施；商务部主要负责与联合国开发计划署及图们秘书处的联系及重大对外经贸事项的协调；协调小组各成员单位按照各自的职能分工开展相应工作。

（二）工作纪要

1. 图们江地区开发项目研究协调小组组织会议情况

（1）1991年12月，国家科委和吉林省共同主持召开图们江地区开发对策研究会议，邀请国家计委、外交部、外经贸部、海洋局等部门负责人和专家参加，集中讨论了图们江开发的特殊政策问题；图们江地区的基础设施、产业结构与布局；投资环境与渠道；图们江地区的周边合作问题；

跨国经济区问题；该项目的组织落实等问题。会议建议由国家科委、国家计委、外经贸部、吉林省人民政府向国务院请示，申请成立图们江地区开发项目研究协调小组。

（2）1992年4月13日，经国务院同意，国务院办公厅印发《关于参加联合国开发计划署图们江地区开发项目前期研究协调管理委员会的复函》（国办函〔1992〕32号），成立由国家科委、国家计委、经贸部、外交部、交通部和吉林省人民政府组成图们江地区开发项目研究协调小组，由国家科委担任组长、国家计委担任副组长，其主要任务是：协调参加联合国开发计划署的图们江地区开发项目前期研究协调管理委员会的有关活动；研究参与图们江开发的前期方案；沟通各有关方面的信息；为对外谈判提供决策意见。

（3）1992年7月10日，图们江地区开发项目研究协调小组召开第一次会议，会议由时任协调小组组长、国家科委副主任惠永正和时任协调小组副组长、国家计委副主任刘江主持。会议确立了下一阶段的研究工作原则，对图们江地区的开发研究工作起到了重要的指导作用。

（4）1993年7月26日，图们江地区开发项目研究协调小组召开第二次会议，会议由时任协调小组组长、国家科委副主任惠永正和时任协调小组副组长、国家计委副主任陈耀邦主持，会议总结了前一段工作情况，对联合国开发计划署提出的《关于图们江地区开发的协定》进行了研究和修改，讨论了拟上报国务院的《关于签署联合国开发计划署图们江地区开发项目两个协定的请示》。

（5）1996年2月，图们江地区开发项目研究协调小组召开会议，制订了1996年协调小组行动计划方案。其主要行动是：协助完成秘书处选址及办公室组建工作；筹备两个委员会在京召开的一次国际会议；出版《图们江地区开发开放——21世纪宏伟工程》一书；赴图们江地区考察，进行图们江地区开发项目人才培训等。

2. 项目协调小组组织会议情况

（1）1999年，由于国务院机构改革，且原协调小组人员的工作有了较大变动，为了进一步加强图们江地区开发工作的协调，国家发展计划委员会、科技部、对外贸易经济合作部、外交部向国务院上报了《关于进一步加强中国图们江地区开发项目协调工作有关问题的请示》（计地区〔1999〕

208号)。4月,经国务院批准,原图们江地区开发项目研究协调小组更名为中国图们江地区开发项目协调小组,组长单位为国家计委,副组长单位为科技部、外经贸部、财政部、外交部、吉林省人民政府;办公室仍由国家计委、科技部、外经贸部等部门的司局单位组成,增加国家经贸委、财政部、国土资源部、铁道部、建设部、海关总署、环保总局和外专局为成员单位。

(2) 1999年6月28日,中国图们江地区开发项目协调小组第一次全体会议在北京召开。时任协调小组组长、国家计委副主任刘江出席会议并做了重要讲话,会议由时任协调小组副组长、科技部副部长惠永正主持。与会同志还听取了时任协调小组副组长、吉林省副省长魏敏学关于图们江地区开发情况介绍,讨论了"中国图们江地区开发规划",通过了中国图们江地区开发项目协调小组工作职能和分工。惠永正同志在会议结束时做了总结发言。

(3) 2001年6月19日,中国图们江地区开发项目协调小组第二次全体会议在北京召开。会议总结了协调小组第一次全体会议以来的工作,分析了图们江地区国际合作开发的内外形势,明确了下一阶段的工作任务。时任协调小组组长、国家计委副主任刘江,时任协调小组副组长、外经贸部副部长龙永图,时任协调小组副组长、吉林省副省长魏敏学及各成员单位的有关负责同志和联络员出席了会议。

(4) 2002年7月24日,中国图们江地区开发项目协调小组第三次全体会议在吉林省延边州延吉市召开,时任协调小组组长、国家计委副主任刘江主持会议,时任协调小组副组长、科技部副部长李学勇,商务部副部长龙永图等参会。会议总结了协调小组前一阶段的工作进展情况,通报了我国图们江地区开发开放情况及图们江地区第六次政府间协商会议情况,研究了下一阶段工作,讨论了增加公安部、旅游局、出入境检验检疫局、内蒙古自治区等为协调小组成员单位的问题。

(5) 2005年8月3日,中国图们江地区开发项目协调小组第四次全体会议在北京召开。时任协调小组组长、国家发改委副主任刘江主持会议,时任协调小组副组长、科技部副部长李学勇等参会。吉林省介绍了近三年来图们江区域合作的进展情况;商务部介绍了我国参加图们江区域合作第八次政府间部长级会议组团构成设想和中方与会的主体基调;会议还研究了将我国内蒙古自治区纳入图们江区域合作范围的问题。

(6) 2008年3月25日，中国图们江地区开发项目协调小组第五次全体会议在北京召开。协调小组组长、国家发展改革委副主任杜鹰主持了会议，协调小组成员单位的代表参加了会议。会议围绕落实温家宝总理在十届全国人大常委会副委员长蒋正华《关于加快图们江地区开发开放的建议》上的批示精神，听取了各部门在新形势下推进图们江地区开发开放的意见和建议，总结经验，明确方向，部署了下一阶段推进图们江地区开发开放的重点工作，确定编制新的图们江地区开发规划。

(7) 2012年1月6日，中国图们江地区开发项目协调小组第六次全体会议在北京召开，时任协调小组组长、国家发展改革委副主任杜鹰主持会议，协调小组成员单位及中央对外联络部、工业和信息化部、国家民委、安全部、农业部、人民银行、税务总局、银监会、证监会、保监会、能源局、国家开发银行有关负责同志参加了会议。会议听取了图们江地区开发开放进展情况和在珲春设立国际合作示范区有关工作进展情况，审议了《关于设立中国图们江区域（珲春）国际合作示范区的意见（讨论稿）》，研究讨论了中国图们江区域（珲春）国际合作示范区需国家支持的有关政策。

(8) 2013年9月4日，中国图们江地区开发项目协调小组第七次全体会议在北京召开。时任协调小组组长、国家发展改革委副主任杜鹰主持召开会议，就吉林省人民政府提请协调小组予以研究解决的重大基础设施项目、合作平台建设、金融支持、扩大对外开放等事项进行了研究。同时确认，国家铁路局、中国铁路总公司代替原铁道部参加协调小组工作。时任吉林省人民政府省长巴音朝鲁同志出席会议并讲话，协调小组成员单位和有关部门负责同志以及吉林省有关单位和地方负责人出席了会议。

3. 项目协调小组办公室组织会议情况

(1) 2003年12月11日，中国图们江地区开发项目协调小组办公室在北京召开了办公室工作会议。协调小组各成员单位及我驻俄罗斯大使馆、宏观经济研究院有关人员参加了会议。会议通报了2003年我国图们江地区开发开放进展情况及对俄合作的有关问题，分析了图们江地区国际合作开发前景，讨论了2004年第七次图们江政府间协商会议的议题，议定了协调小组办公室2004年工作要点。

(2) 2004年12月23日，中国图们江地区开发项目协调小组办公室在北京召开了工作会议。协调小组各有关单位联络员参加了会议，吉林省政府、延边州政府、珲春市政府的有关负责同志也参加了会议。会议通报了2004年我国图们江地区开发开放进展情况，分析了图们江地区国际合作开发的前景，讨论了图们江地区开发的急需解决的问题，议定了协调小组办公室2005年工作要点。

（3）2006年1月23日，图们江地区开发项目协调小组办公室在北京召开了工作会议。协调小组各有关单位的联络员参加了会议。会议通报了2005年在吉林省长春市召开的图们江地区开发项目第八次政府间会议的有关情况，分析了我国图们江地区开发开放进展情况和合作开发的前景，讨论了图们江地区开发急需解决的问题，议定了协调小组办公室2006年工作要点。

（4）2008年10月22日，中国图们江地区开发项目协调小组办公室在北京召开工作会议，外交部条法司、科技部政策法规司、财政部行政政法司、商务部国际司、国家海洋局国际司、吉林省人民政府图们江开发领导小组办公室有关负责同志参加会议。吉林省延边州图们江地区开发办公室和延边州珲春市图们江地区开发办公室同志列席会议。会上，科技部政策法规司介绍了调整补充后的专家咨询组建议名单；商务部国际司报告了图们江秘书处人员组成情况及中方选派工作人员的初步设想以及提升图们江区域合作机制的有关行动情况；吉林省图们江开发办报告了建立"中俄珲春—哈桑跨国边境经济合作区的设想"以及开展第三次环日本海考察的初步设想；会议还研究了大图们江地区负责区域合作的县处级干部的培训问题。

（5）2011年8月15日，中国图们江地区开发项目协调小组办公室在北京召开工作会议，听取了吉林省有关方面关于图们江区域国际合作开发有关情况的汇报，研究了《吉林省政府关于设立中国图们江区域（珲春）特殊经济合作区的请示》。协调小组办公室各成员单位有关同志出席会议并做了发言。

4. 其他重要事项

（1）2004年10月，国务院批复同意了《国家发展改革委关于图们江区域开发合作最新形势及今后工作重点的请示》（发改地区〔2004〕2211号），增加国务院振兴东北办、国务院西部开发办、教育部、公安部、旅游局、质检总局、海洋局等部门为协调小组成员单位。

（2）2008年，因国务院机构改革，东北办、西部办不再作为协调小组成员单位。

（国家发展改革委地区司　李春根/整理）

十一　中国商务部（外经贸部）组织图们江区域国际合作历任负责人

部门	主管部领导	时　间	主办司	司　长	业务部门（处）	处　长
外经贸部	谷永江	1995～1999年	交流中心	龙永图	交流中心	赵永利　王　圳
外经贸部	龙永图	1999～2002年	交流中心	张向晨	交流中心	赵永利　李锟先
外经贸部	龙永图	2002～2003年	交流中心	张向晨	交流中心	赵永利　王　伟
商务部	魏建国	2003～2008年	交流中心	俞建华	交流中心	赵永利　王　伟
商务部	易小准	2008～2011年	国际司	俞建华	六　处	孙元江　李毅红
商务部	俞建华	2011～2013年	国际司	尹宗华	六　处	陈　超
商务部	王受文	2013～2015年	国际司	张少刚	六　处	陈　超　杨正伟
商务部	王受文	2015年至今	国际司	张少刚	六　处	杨正伟

（吉林省经济技术合作局联络中心　梁旭彦/整理）

十二　中国国际贸易学会图们江分会简介

中国国际贸易学会图们江分会（吉林省图们江国际合作学会），2012年11月27日经国家民政部和吉林省民政厅批准成立，是中国唯一研究图们江区域合作开发的社团组织和专业智库。目前，学会共有理事420余人，其中，企业理事32家，开发区理事26家，经贸理事65人，学术理事300余人。2013年，学会承建了社科领域两个重点研究基地——东北亚（图们江）国际合作研究基地和东北亚国际语言文化研究基地。2014年9月，在大图们倡议第十五届政府间协商委员会会议上，中国国际贸易学会成为大图们倡议中、韩、俄、蒙四国学术机构网络中方学术牵头单位，国家商务部国际司、中国国际贸易学会指定中国国际贸易学会图们江分会（吉林省图们江国际合作学会）全权负责中方学术牵头工作。

学会成立以来，始终秉持"创新研究、辅助决策、开拓平台、引领合作"的宗旨，取得了一系列具有理论高度和应用价值的研究成果。

在书籍出版方面，学会已出版《中国东北地区面向东北亚区域合作开放战略研究》、《长吉图战略的"东进西连"发展战略研究》、《新形势下中俄区域合作研究》、《吉林沿边开放问题研究》等图们江国际合作系列丛书。2015年4月，学会组织编撰了《图们江区域合作蓝皮书：图们江区域合作发展报告（2015）》，填补了我国次区域合作研究一项空白。

在课题研究方面，学会共承担国家发改委、吉林省社科基金、吉林省政府厅局级课题近30项。其中，《长吉图大通道建设行动计划》和《强化吉林省对蒙合作，主动融入国家"一带一路"研究》等课题成果引起国家相关部委重视并采用；《中蒙"阿尔山—乔巴山"（两山）铁路通道建设研究》及跟踪研究成果，得到吉林省委、省政府主要领导重要批示，并责成相关部门落实推进；《强化边境口岸的国际互联互通建设推进吉林省沿边开放问题研究》、《吉林省设立自由贸易园区研究》、《吉林沿边开放问题与对策研究》均得到吉林省委、省政府主要领导批示；《吉林省东部区域经济发展战略研究》为吉林省制定区域发展战略提供了直接依据；学会主要负责人牵头撰写的关于图们江出海口的建议，获国务院常务副总理和两位国务委员重要批示。由国家十二部委联合调研推进。

在开展国内外学术活动方面，举办大图们倡议中、韩、俄、蒙研究机构网络成员参加国际合作学术研讨会，在图们江学术领域产生广泛影响；连续两年与延边州政府共同举办中国延边·俄罗斯远东市长合作会议，为中俄两国政府交流和企业合作搭建平台；先后在辽宁省沈阳、大连，吉林省延吉、珲春、图们，内蒙古自治区兴安盟，北京等地举办专题研讨会、座谈会，为学会东北地区院校、研究机构学术理事学习交流创造条件。

在拓宽研究渠道方面，图们江学会建立了国际、国内、东北地区和重点领域4个层面的学术合作网络。国际上，学会与大图们倡议秘书处、韩国对外经济政策研究院、俄罗斯对外贸易研究院、蒙古国国家发展研究院建立学术交流机制，定期合作开展课题研究并举办学术活动；在国内，学会努力加大与中国图们江区域合作开发专家组、国家发改委、外交部沟通联系和合作力度，并接受国家商务部工作指导，实现常态化信息沟通交流。

学会联合来自中国社科院、中国海洋大学、大连理工大学、内蒙古大学、黑龙江省社科院、吉林大学、吉林省社科院等20余所全国著名高校和东北地区科研院所专家学者和学术理事，共同开展图们江区域合作研究。此外，学会还分别与吉林省长吉图战略实施领导小组办公室和中朝罗先经济贸易区管委会等参与图们江区域合作主要部门签订了战略合作协议，建立信息共享机制，共同开展相关领域课题研究。

在日常工作中，学会定期编辑出版《图们江合作》期刊，并于2015年7月1日正式开通中国图们江合作网（www.tmjhz.org），为关注图们江区域合作的专家学者及广大网友提供最新的区域合作前沿信息和交流平台。

十三　吉林省长吉图开发开放先导区战略实施领导小组办公室简介

吉林省长吉图开发开放先导区战略实施领导小组办公室（以下简称"吉林省长吉图办"）是中共吉林省委、省政府成立的吉林省长吉图开发开放先导区战略实施领导小组的常设办事机构。2013年2月，吉林省机构编制委员会办公室印发了《关于调整省长吉图规划实施办公室机构设置及编制配置的批复》，明确吉林省长吉图办为正厅级单位建制，下设综合处、规划协调处、改革指导处和投资促进处4个职能处。主要职责：按照省长吉图开发开放先导区战略实施领导小组的工作部署，组织编制规划、计划和实施方案，并抓好推动实施；研究提出体制机制创新和先行先试及相关政策建议；负责与国家衔接沟通，争取国家政策支持；研究提出推动改革创新、基础设施建设、产业升级、开放合作等重点工作；协调推动长吉产业创新发展示范区（吉林长春新区）建设工作；负责省政府图们江区域合作开发领导小组办公室职责；履行制订年度工作计划，明确责任分工，推动组织落实和监督考评工作。

吉林省长吉图办成立3年来，在省委、省政府的正确领导下，按照抓好"总体设计、统筹协调、整体推进、监督考核"16字工作总要求，围绕推进实施长吉图战略的重点、难点工作，解放思想，大胆创新，务实推进，各项工作取得积极成效。长吉图战略规划体系不断完善。制定并实施了《长吉图开发开放先导区战略实施重点工作推进方案（2013～2015年）》、《吉林省加快沿边地区开发开放实施方案（2015～2020年）》、《吉林省扩大对俄罗斯和蒙古经贸合作重点工作推进方案》。编制完成了长吉图战略空间发展、产业发展、特色旅游、交通发展、科技创新、商贸流通、环境保护与资源利用等专项规划。争取国家支持取得重大突破。经领导高位推动，各部门积极努力，争取到国家长吉图战略专项资金（2013～2014年）每年8亿元，共计24亿元资金用于长吉图通道基础设施建设。

提请国家召开图们江地区开发项目协调小组专题会议，研究解决吉林省提出的 25 个重大事项，其中有 11 项已经落实，其他事项正积极推进。积极稳妥安排使用省长吉图专项引导资金。4 年累计安排资金 5.3 亿元，重点支持了通道基础设施、重要功能平台、特色产业、改革创新等方面项目建设。建立起长吉图战略实施政策支撑体系。制定出台了《吉林省人民政府关于推进长吉图开发开放先导区战略深入实施若干政策措施的意见》、《吉林省人民政府关于支持长吉产业创新发展示范区建设的若干政策》。体制机制改革创新和先行先试工作迈出坚实步伐。借鉴上海自贸区经验，在吉林省组织开展了企业准入"单一窗口"（"三证一章"合并）管理制度等 6 个先行先试工作事项，并取得积极进展。加大宣传力度，长吉图战略的影响力得到提升。利用传统媒体、网络新媒体，采取集中报道、专题报道等多种形式扩大对外宣传。积极利用国内外投资贸易博览会、商品交易会等经贸合作平台，广泛推介长吉图战略。理论研究取得丰硕成果。积极借助外脑外智，深入开展《长吉图战略与国家"一带一路"战略有机结合问题研究》、《长吉图战略实施"东进西连"研究》、《长吉图战略先行先试顶层设计研究》、《长吉图腹地与窗口前沿联动发展机制研究》等多项重大课题研究工作，许多研究成果已转化为省委、省政府工作决策。长吉图工作推进机制得到完善。省、市（州）县（区）和中省直有关部门都成立了专门工作机构，专职、专人负责长吉图战略实施工作。

长吉图战略是吉林省唯一的"国字号"战略。吉林省长吉图办作为吉林省委、省政府推进长吉图战略实施的综合协调部门，担负的责任重大，使命光荣。吉林省长吉图办要在省委、省政府的正确领导下，认真贯彻落实习近平总书记重要讲话精神，解放思想，开拓创新，攻坚克难，深入实施长吉图战略，不断开创工作新局面。

后 记

由中国国际贸易学会图们江分会和吉林省长吉图战略实施领导小组办公室共同组织策划、编撰的《图们江合作二十年》一书终于呈现在读者面前。这是国内第一部全面记录图们江区域合作开发20年历史进程的学术专著，也是东北亚（图们江）国际合作研究基地出版的"图们江国际合作系列丛书"之一。

以1995年12月6日《关于建立图们江地区开发协调委员会的协定》、《关于建立图们江经济开发区及东北亚开发协调委员会的协定》和《关于建立图们江经济开发区及东北亚环境准则谅解备忘录》三个文件的签署为标志，由UNDP自1991年开始倡导和支持的图们江地区国际合作开发项目，正式从前期研究论证阶段转入区域合作开发的实施阶段。图们江合作开发是在东北亚局势风起云涌、中国改革开放波澜壮阔的时代背景下开启和进行的。2015年，图们江区域合作开发迎来了20周年。在这继往开来的历史节点上，对图们江合作开发历史进程进行回顾和总结，对图们江合作开发的未来进行谋划和展望，具有深远意义。这也是中国国际贸易学会图们江分会组织出版《图们江合作二十年》一书的初衷。

十届全国人大常委会副委员长、中国图们江区域合作开发专家组组长蒋正华对此书的出版，给予高度肯定，并欣然作序，这对我们是极大的鼓舞和支持。

中国国际贸易学会图们江分会于2012年11月27日经民政部批准成立，是中国唯一研究图们江区域合作开发的社团组织和专业智库，是大图们倡议中、韩、俄、蒙四国学术机构网络中方学术牵头单位。

此次图们江学会充分发挥其"智库"专家的资源优势，邀请国内外相关领域专家学者参与《图们江合作二十年》的编撰工作。来自中国图们江区域合作开发专家组、大图们倡议秘书处、韩国对外经济政策研究院、俄罗斯外贸研究院、蒙古国国家发展研究院以及国内知名大学、科研院所的专家学者，以认真求实、科学客观的态度，参与稿件撰写，为本书的问世做出了极大的贡献。

为了全面、系统地完成《图们江合作二十年》一书的编撰工作，我们走访了一些20世纪90年代初参与图们江开发论证和起步阶段工作的老领导、专家学者，通过搜集、吸收和借鉴前人的研究成果，从全局角度对图们江区域合作的现状、问题进行了较为深入的分析和权威的论证，力求资料翔实、数据可靠和信息准确。

编撰本书，我们着力体现以下六点：一是高端性。我们荣幸地邀请了十届全国人大常委会副委员长蒋正华以前辈角度专门为本书撰稿，对图们江区域合作决策进程进行回顾，并提出新的期望。二是国际性。大图们倡议秘书处以及韩、俄、蒙三国学术研究机构参与撰稿，中、韩、俄、蒙四国历任图们江秘书处主任以国际视角解读和研讨图们江区域合作的路径和趋势。三是区域性。东北四省区以及延边州、珲春市是我国参与图们江合作的核心区域，他们分别从各省（区）、市角度，对参与图们江合作开发情况以及取得的成就进行总结。四是学术性。国内著名学者和东北三省一区从事图们江区域合作开发研究的专家学者围绕图们江区域合作20年发表原创观点和真知灼见。五是权威性。我们对我国领导图们江区域合作的组织体系进行梳理，邀请包括以国家发改委为组长的中国图们江地区开发项目协调小组、商务部、外交部、科技部和中国图们江区域合作开发专家组等参与图们江合作的国内主要部委相关领导撰写了文章，特别是早期组织图们江地区开发的吉林省副省长魏敏学、科技部张景安、在国内学术界颇有影响的中国社会科学院原副院长朱佳木都参与了研究，使本书更具权威性。六是资料性。完整收录图们江区域合作20年的各方面历史资料，掌握真实信息，极具智库研究和参考价值。

可以说，本书的编撰出版，既是图们江合作20年伟大实践的重要成果，也是依托上述实践进行学术研究和理论探索的智慧结晶。值此，向长期以来积极参与图们江合作开发的领导者和建设者致以由衷的敬意！向国内外相关机构和专家学者付出的辛勤努力表示衷心感谢！

本书由李铁主编，王维娜、邱成利任副主编，徐青民统稿，尹建华、吴可亮、朱岩、丁智勇负责稿件的统筹和编辑工作。本书的出版得到了中国图们江区域合作开发专家组领导以及社会科学文献出版社的大力支持和帮助。大图们倡议秘书处、商务部国际经贸关系司、吉林省政府发展研究中心等在部分稿件组织协调中发挥了重要作用，在此一并表示感谢。由于受认知和视野的局限，书中难免有疏漏和不当之处，希望得到同行和读者的批评指正。

《图们江合作二十年》编委会
2015 年 11 月